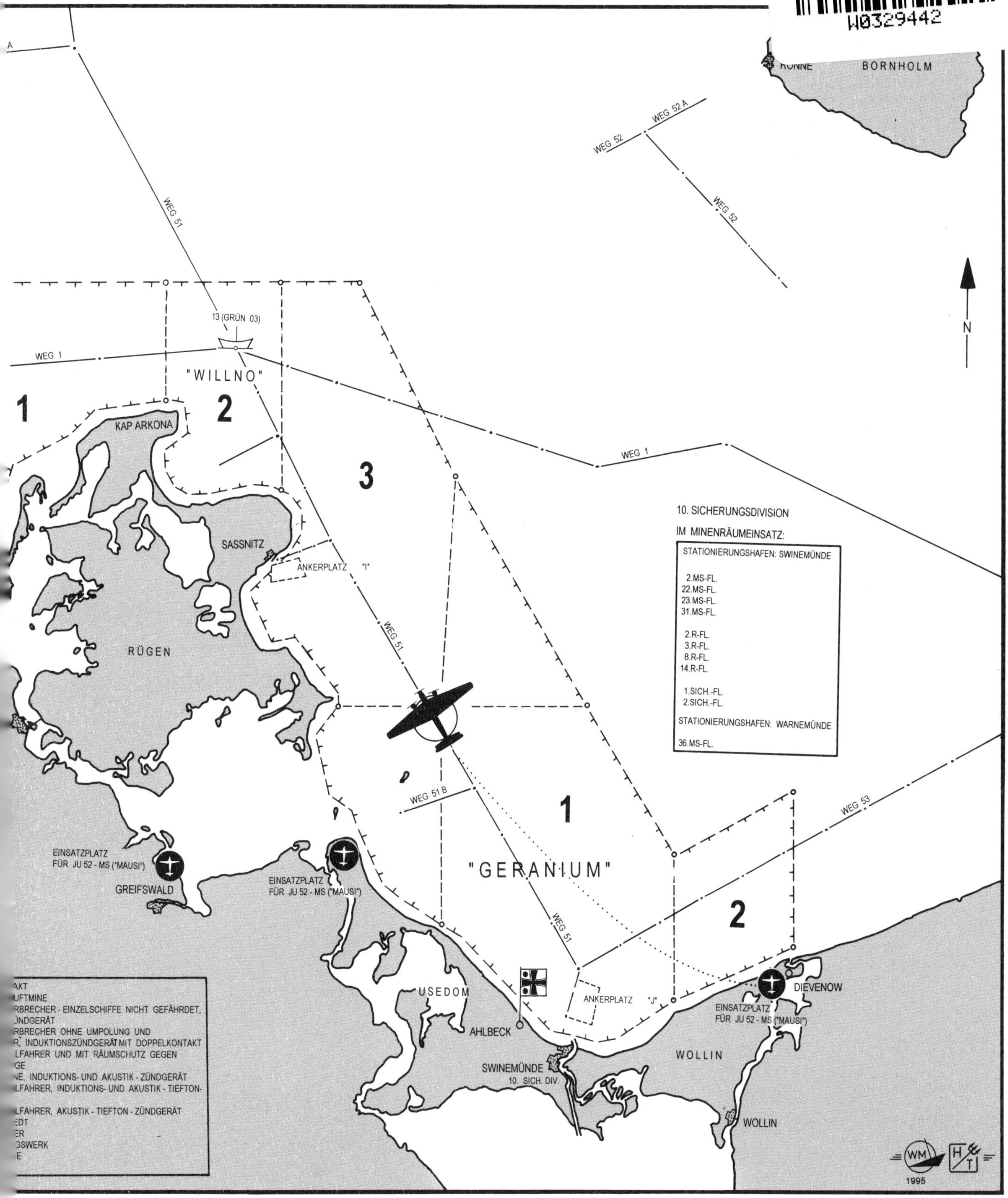
RØNNE
BORNHOLM
WEG 52 A
WEG 52
WEG 52
WEG 51
N
13 (GRÜN 03)
WEG 1
"WILLNO"
1
2
KAP ARKONA
3
WEG 1
10. SICHERUNGSDIVISION
IM MINENRÄUMEINSATZ:
STATIONIERUNGSHAFEN: SWINEMÜNDE
2.MS-FL.
22.MS-FL.
23.MS-FL.
31.MS-FL.
2.R-FL.
3.R-FL.
8.R-FL.
14.R-FL.
1.SICH.-FL.
2.SICH.-FL.
STATIONIERUNGSHAFEN: WARNEMÜNDE
36.MS-FL.
SASSNITZ
ANKERPLATZ "I"
WEG 51
RÜGEN
WEG 51 B
1
WEG 53
EINSATZPLATZ FÜR JU 52 - MS ("MAUSI")
GREIFSWALD
EINSATZPLATZ FÜR JU 52 - MS ("MAUSI")
"GERANIUM"
WEG 51
2
USEDOM
ANKERPLATZ "J"
DIEVENOW
EINSATZPLATZ FÜR JU 52 - MS ("MAUSI")
AHLBECK
SWINEMÜNDE
10. SICH. DIV.
WOLLIN
WOLLIN
AKT
UFTMINE
RBRECHER - EINZELSCHIFFE NICHT GEFÄHRDET,
ÜNDGERÄT
RBRECHER OHNE UMPOLUNG UND
R, INDUKTIONSZÜNDGERÄT MIT DOPPELKONTAKT
LFAHRER UND MIT RÄUMSCHUTZ GEGEN
GE
NE, INDUKTIONS- UND AKUSTIK - ZÜNDGERÄT
LFAHRER, INDUKTIONS- UND AKUSTIK - TIEFTON-
LFAHRER, AKUSTIK - TIEFTON - ZÜNDGERÄT
EDT
ER
GSWERK
E
WM
H T
1995

WOLFGANG MÜLLER

Schiffsschicksale Ostsee 1945

Schiffsschicksale Ostsee

Meiner lieben Frau gewidmet

WOLFGANG MÜLLER

Schiffsschicksale Ostsee 1945

BILDER
UND
DOKUMENTE

KOEHLERS VERLAGSGESELLSCHAFT · HAMBURG

Foto- und Dokumentationsnachweis

Soweit die Abbildungen nicht aus der Sammlung des Autors stammen, oder ihm aus dem Privatbesitz der Zeitzeugen für die Veröffentlichung überlassen worden sind, wurden sie für nachstehend aufgeführte Seiten zur Verfügung gestellt von:

Archiv Volkswerft GmbH; Stralsund: 159 (oben/unten), 163 (oben)
Archiv der Hansestadt Stralsund: 83 (oben)
Archiv der Hansestadt Rostock: 54
Betriebsarchiv der Stralsunder Hafen- und Lagerhausgesellschaft mbH: 86
Bundesarchiv, Koblenz: 32 (oben)
U-Boot-Archiv, Cuxhaven: 9, 114 (Doku.), 155, 162 (mitte)
Marinemuseum Dänholm, Stralsund: 40 (unten), 50
Wehrmuseum Bornholm, Rönne: 131 (oben/unten), 132, 133 (oben/unten)

Beckmann, H. K.: 19
Belde, G.: 48 (oben/unten)
Braatz, R.: 18 (oben)
Csallner, H.: 63, 64 (oben), 70, 102
Clement, G.: 109 (oben/unten), 112 (oben, links)
Duske, S.: 21 (oben)
Ewald, R.: 151 (unten)
Frhr. v. Luttitz: 171 (oben), 172 (oben, rechts)
Gallas, W.: 18 (unten)
Gilardoni, G.: 21 (unten)
Goroncy, G.: 39
Grunert, M.: 169 (unten, rechts)
Ittner, S.: 91, 92 (oben/unten)
Israel, U.: 143, 146
Iwanow, M. F.: 125
Jäger, K.: 152, 156 (oben, rechts)
Jung, D.: 139 (unten)
Kugler, R.: 29, 30 (oben/unten), 33, 34 (oben), 36 (oben/unten), 37 (oben), 105 (unten), 106 (oben/mitte), 107 (oben/unten), 108 (oben/unten), 134, 135, 136, 143 (unten)
Kunze, G.: 136 (unten), 137
Kramer, R.: 57 (Doku.), 90 (unten)
Lange, W.: 150 (unten)
Lange, W.: 83 (unten)
Lemachko, B.: 101 (mitte/unten)
Lindberg, L.: 71
Marten, K.-H.: 171 (unten)
Meier, H.-J.: 84 (oben), 85 (oben), 117, 118 (oben)
Moll, J.: 94 (oben/unten)
Möller, U.: 56 (unten)
Nachtigall, O. H.: 42 (unten), 42 (Doku.), 162 (unten)
Nickisch, W.: 41 (Doku.), 50 (Doku.), 51
Nowarra, H. J.: 17 (oben/unten)
Pfefferle, E.: 11 (unten), 28 (oben/unten), 37 (mitte), 142 (oben)
Prager, H. G.: 98 (unten), 99 (oben)
Prause, W.: 16
Quadt, H.-G.: 75, 76 (oben/unten), 69 (Doku.), 113 (unten)
Rieve, H. O.: 103 (unten)
Rothe, C.: 150 (oben)
Schatz, E.: 44
Schadewald, H.: 22 (unten), 23 (oben), 23 (unten), 24, 25 (links)
Schenk, P.: 99 (mitte)
Schmitz, H.: 15 (unten, links)
Schneider, G. D.: 99 (unten), 105 (oben), 158 (mitte), 167
Schrader, H. F.: 25 (rechts)
Schubert, G.: 20 (oben)
Schulze, E.: 138, 154 (oben/unten)
Schulz, O.: 88
Seifert, G.: 68 (Doku.), 69 (Doku.), 113 (unten)
Strobel, D.: 65 (oben)
Surbier, F.: 140/141
Wammers, O.: 143 (mitte)
Weber, G.: 89
Wentzel, H. G.: 96 (oben/unten)
Wimmer, E.: 156 (oben, links)

Foto S. 12: Aus »Die letzten Kriegstage – Ostseehäfen 1945« S. 275

Das für die Schutzumschlagvorderseite verwendete Foto zeigt die 2. MS-Fl. auf dem Marsch in die Ostsee.
Für die Umschlagrückseite wurde ein Foto verwendet, daß eine abgestellte Ju 52-MS zeigt, bei der die »Mausischleife« sehr gut zu erkennen ist.

Die Deutsche Bibliothek – CIP-Einheitsaufnahme

Schiffsschicksale Ostsee 1945: Bilder und Dokumente /
Wolfgang Müller. – Hamburg: Koehler, 2001
ISBN 3-7822-0612-6
NE: Müller, Wolfgang

ISBN 3-7822-0612-6; Warengruppe 63

Schutzumschlaggestaltung, Layout und Produktion:
Stephanie Achilles
Gesamtherstellung: Druckerei zu Altenburg GmbH
Printed in Germany

Inhalt

Vorwort

Vor über 50 Jahren endete mit der Kapitulation der deutschen Wehrmacht am 8. Mai 1945 der Zweite Weltkrieg in Europa. In Erinnerung an die letzten Kriegsmonate des Jahres 1945 haben wir, die Autoren, in dem Buch »Gesunken und verschollen« die Kampfhandlungen in einem abgegrenzten Küsten- und Seegebiet der südwestlichen Ostsee dargestellt.
Im Anhang dieses Buches wurden zwei Wracklisten, bezogen auf das betrachtete Seegebiet, aufgenommen. In diesen Listen sind alle im Verlauf des Zweiten Weltkrieges in Wracklage gekommenen Schiffe und Boote aufgeführt.
Im Verlaufe des Krieges konnten aus den unterschiedlichsten Anlässen tausende von Fotografien von Pressekorrespondenten, Dienststellen oder einzelnen Wehrmachtsangehörigen (trotz der Verbote!) angefertigt werden. So war es möglich, daß ehemalige Kriegsteilnehmer uns eine Vielzahl von Erinnerungsfotos zur Verfügung stellten, von denen wir nur einen kleinen Teil veröffentlichen konnten. Da jedoch gerade Fotos die Erinnerungen besonders erlebbar werden lassen und sehr eindrucksvoll das Erlebte für die Nachwelt dokumentieren, bestand der Leserwunsch, einen Bildband zu dem oben genannten Buch zu veröffentlichen.
In dem vorliegenden Band wurde der Schwerpunkt auf eine aussagefähige Erläuterung des jeweiligen Fotos gelegt, der Textteil zu den einzelnen Kapiteln sehr kurz gehalten und vorwiegend zur Darlegung neuer Erkenntnisse genutzt. Mit dieser Vorgehensweise hoffe ich, dem Wunsch und den Erwartungen der Leser entsprochen zu haben.
Die Inhaltsverzeichnisse beider Bücher stimmen prinzipiell überein und wiederspiegeln wiederum nur die Ereignisse im Seegebiet der südwestlichen Ostsee. Eine Bild- und Dokumentenwiederholung wurde weitgehendst vermieden. Die Verwendung spezieller Karten lassen auch hier das Geschehen wieder übersichtlich erscheinen. Die in Wracklage gekommenen Schiffe und Boote werden nicht mehr tabellarisch aufgeführt. Bei Notwendigkeit wird auf die Wracknummer in den Wracklisten WL-1 und WL-2 des Buches »Gesunken und verschollen« verwiesen.
Umfangreiche Recherchen sowie Gespräche mit Zeitzeugen haben die Authentizität der Darstellungen weiter erhöht. Dabei mußte oftmals festgestellt werden, daß der Inhalt von Originaldokumenten, vor allem in den letzten Wochen des Krieges geschrieben, nicht immer den tatsächlichen Kriegsereignissen vor Ort entsprach und personengebundene Berichte zeitgemäß gefärbt waren. Die Aussagen von Befragten und das Zusammentragen neuer Fakten gestattete es mir, so manches Ereignis neu zu bewerten.
Beide Bücher ergänzen sich gegenseitig und können doch unabhängig von einander gelesen werden. Mit dem neuen Buch hoffe ich, sowohl dem Historiker als auch dem maritim interessierten Leser weiterhin detaillierte und vor allem neue Angaben übermitteln zu können. Trotz genauer Prüfung der Rechercheergebnisse können sich Fehler eingeschlichen haben, so daß jegliche Art von Korrekturen willkommen sind.
Im weiteren möchte ich den Leser darüber informieren, daß es eine Fortsetzung in bezug auf das Geschehen in der östlichen und westlichen Ostsee geben wird.

Stralsund, im Februar 1996 *Wolfgang Müller*

ÜBERSICHTSKARTE DER OSTSEE MIT DER ABGRENZUNG DES BETRACHTETEN SEEGEBIETES

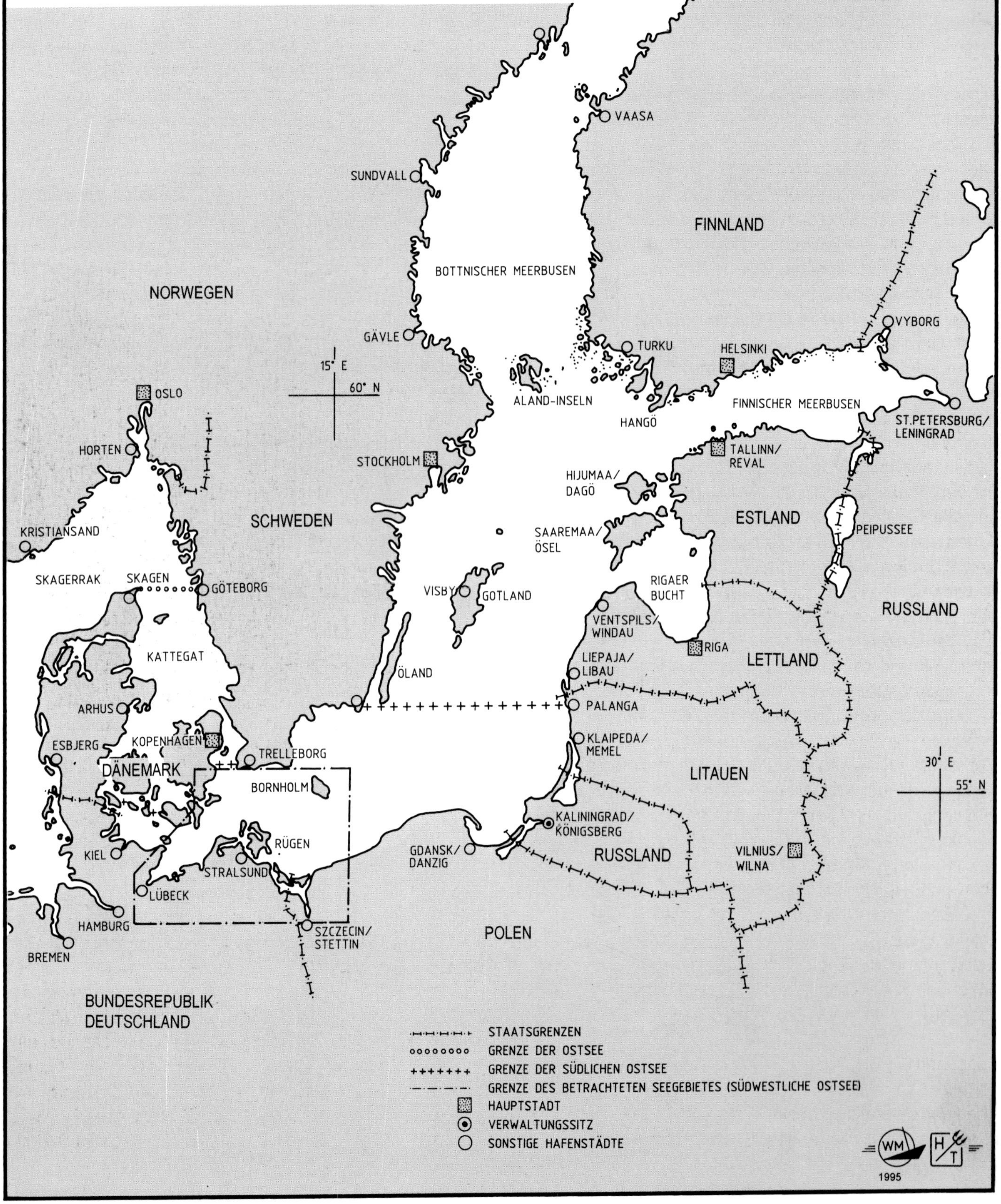

1945 – Die letzten Monate des Krieges

Das Kriegsjahr 1945 begann für die Völker mit der Hoffnung, daß der seit über fünf Jahren tobende Zweite Weltkrieg in absehbarer Zeit zu Ende gehen würde.
Das Jahr 1944 hatte der deutschen Wehrmacht eine Niederlage nach der anderen gebracht. Im Westen war der Atlantikwall durchbrochen worden. Frankreich, Belgien und Teile Hollands waren befreit. An der Ostfront war die Heeresgruppe (HGr.) Nord von Leningrad bis an die lettische Ostseeküste zurückgeworfen und eingekesselt worden. Die Verbindung zur existierenden HGr. Mitte, die selbst in schweren Abwehrkämpfen bis auf wenige Kilometer östlich von Warschau zurückgehen mußte, ging verloren. Hitler verließ am 20. November 1944 die »Wolfsschanze«, das Führerhauptquartier in Ostpreußen, und begab sich nach Berlin in die Reichskanzlei.
Auch die HGr.A mußte bis an die Weichsel und die HGr. Süd sich vom Schwarzen Meer bis auf Budapest zurückziehen. In Süditalien waren die Amerikaner und in Griechenland Briten gelandet, in Jugoslawien befand sich die Partisanenarmee Titos auf dem Vormarsch.
Die Verbündeten des Deutschen Reiches, Rumänien und Bulgarien, hatten kapituliert und waren auf die Seite der Alliierten gegen Deutschland in den Krieg getreten, während Finnland mit der Sowjetunion einen Waffenstillstandsvertrag geschlossen und so aus den Kämpfen ausgeschieden war.
Die Wehrmacht war an allen Fronten in Abwehrkämpfe verwickelt und wurde unaufhaltsam in das Reichsinnere zurückgedrängt.
Acht Tage früher als geplant und dem Hilfeersuchen des britischen Premierministers Churchill folgend, gingen im Morgengrauen des 12. Januar 1945 die sowjetischen Armeen von der Ostsee bis zu den Karpaten auf einer Frontlänge von 600 Kilometern zu einer neuen Großoffensive über, der »Weichsel-Oder-Operation«.
Am 14. Januar 1945 eröffnete die 1. Belorussische Front unter dem Befehl von Marschall Shukow die Hauptoffensive. Bereits am 30. Januar 1945 erreichte die Vorausabteilung der 5. Stoßarmee die Oder bei der Ortschaft Kienitz und drang noch in der Nacht zum 31. Januar über die zugefrorene Oder auf das Westufer vor. Nur 60 bis 70 Kilometer vor Berlin bildete sie den ersten Brückenkopf.
Ausgehend vom Verlauf der seit dem 16. April 1945 begonnenen sowjetischen Offensiven im Rahmen der »Berliner Operation« bestand die Gefahr, daß der Nordraum Deutschlands abgeschnitten wird. Entsprechend dem sowjetischen Operationsplan begannen am 20. April 1945 die Armeen der 2. Belorussischen Front ihre Angriffe. Sie hatten den Hauptstoß im Norden von Ost nach West zu führen und alle deutschen Truppen nördlich Berlins zur Küste hin abzudrängen. Gleichzeitig stießen von Westen her die Truppen der 2. Britischen Armee auf das Reichsgebiet vor. In dieser Phase des Verlaufes der Kampfhandlungen auf dem Territorium des Deutschen Reiches und unter dem Zwang der Erfolge der Alliierten, ernennt Hitler am 20. April 1945, an seinem 56. Geburtstag, Großadmi-

Generaladmiral Hans-Georg von Friedeburg, Oberbefehlshaber der Kriegsmarine, führte im Auftrag von Großadmiral Dönitz erfolgreich die Kapitulationsverhandlungen mit dem britischen Feldmarschall Montgomery durch und unterschrieb als Vertreter der Marine die bedingungslose Gesamtkapitulation der deutschen Wehrmacht.
Als am 23. Mai 1945 auf Erwirken der Sowjetunion, die neue Reichsregierung in Flensburg verhaftet wird, nimmt er sich das Leben.

ral Dönitz zum »Oberbefehlshaber-Nordraum« und erteilt ihm den Befehl zur sofortigen Einleitung von Maßnahmen zur Verteidigung dieses Gebietes. Am 22. April, dem letzten Tag vor der endgültigen Einschließung Berlins durch die Rote Armee, fährt Dönitz zurück nach Plön, wo sich seit dem 25. März sein Stabsquartier »Koralle« befand. Unerwartet für alle, verübt Hitler am 30. April im Bunker der Reichskanzlei in Berlin Selbstmord. In seinem »politischen Testament« ernennt er Großadmiral Dönitz zum »Reichspräsidenten und Obersten Befehlshaber der Wehrmacht«.
Um sich eine gewisse Handlungsfreiheit für die neue Regierung und des OKW bei den kommenden Kapitulationsverhandlungen mit den Westalliierten zu erhalten, wird das Stabsquartier »Koralle« aufgrund der Annäherung britischer Truppen in der Nacht vom 2. zum 3. Mai von Plön nach Flensburg-Mürwik verlegt. Der Nord-Ostsee-Kanal wird als letzte Widerstandslinie gegen die von Süden heranrückenden britischen Verbände erklärt und durch die »Seefestung« Kiel organisiert. Die Stadt Kiel selbst wird zur offenen Stadt erklärt.
Im Gegensatz zur Westfront kam es an der Ostfront zu besonders erbitterten Abwehrkämpfen, die erst mit der bedingungslosen Gesamtkapitulation der deutschen Wehrmacht am 9. Mai 1945, 1.00 Uhr deutscher Sommerzeit, ihr Ende fand.

Am 4. Mai 1945 unterzeichnete Generaladmiral von Friedeburg im Auftrag von Großadmiral Dönitz, dem neuen deutschen Staatsoberhaupt, die deutsche Teilkapitulation gegenüber den britischen Truppen im Nordwestraum.
Feldmarschall Sir Bernhard L. Montgomery, Oberbefehlshaber der alliierten 21. Heeresgruppe, nimmt die Kapitulationsurkunde entgegen.

Nachrichtenblatt Nr. 1 vom 18. Mai 1945

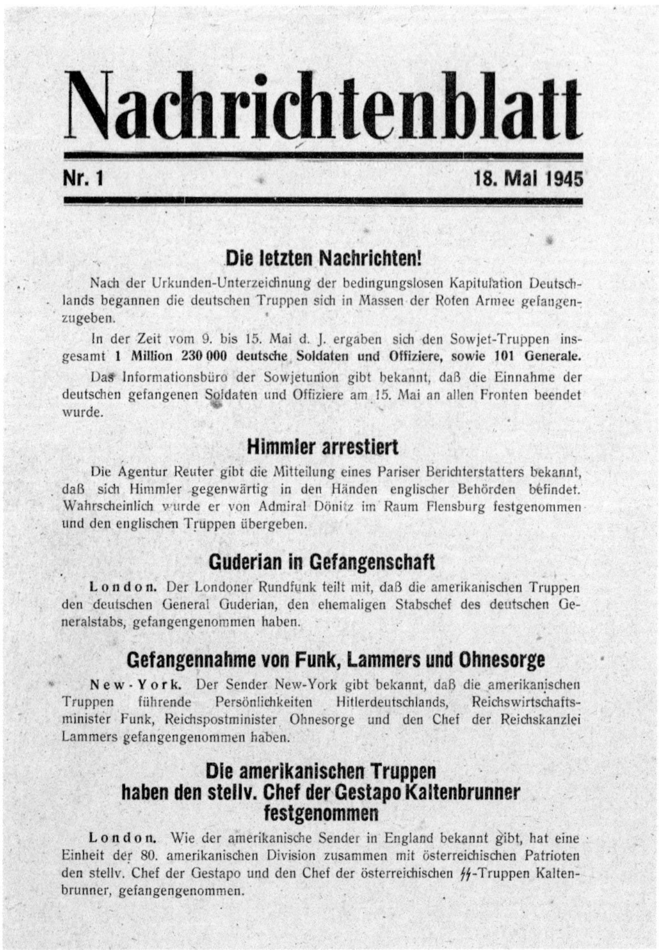

Nachrichtenblatt

Nr. 1 **18. Mai 1945**

Die letzten Nachrichten!

Nach der Urkunden-Unterzeichnung der bedingungslosen Kapitulation Deutschlands begannen die deutschen Truppen sich in Massen der Roten Armee gefangenzugeben.

In der Zeit vom 9. bis 15. Mai d. J. ergaben sich den Sowjet-Truppen insgesamt **1 Million 230 000 deutsche Soldaten und Offiziere, sowie 101 Generale.**

Das Informationsbüro der Sowjetunion gibt bekannt, daß die Einnahme der deutschen gefangenen Soldaten und Offiziere am 15. Mai an allen Fronten beendet wurde.

Himmler arrestiert

Die Agentur Reuter gibt die Mitteilung eines Pariser Berichterstatters bekannt, daß sich Himmler gegenwärtig in den Händen englischer Behörden befindet. Wahrscheinlich wurde er von Admiral Dönitz im Raum Flensburg festgenommen und den englischen Truppen übergeben.

Guderian in Gefangenschaft

London. Der Londoner Rundfunk teilt mit, daß die amerikanischen Truppen den deutschen General Guderian, den ehemaligen Stabschef des deutschen Generalstabs, gefangengenommen haben.

Gefangennahme von Funk, Lammers und Ohnesorge

New-York. Der Sender New-York gibt bekannt, daß die amerikanischen Truppen führende Persönlichkeiten Hitlerdeutschlands, Reichswirtschaftsminister Funk, Reichspostminister Ohnesorge und den Chef der Reichskanzlei Lammers gefangengenommen haben.

Die amerikanischen Truppen haben den stellv. Chef der Gestapo Kaltenbrunner festgenommen

London. Wie der amerikanische Sender in England bekannt gibt, hat eine Einheit der 80. amerikanischen Division zusammen mit österreichischen Patrioten den stellv. Chef der Gestapo und den Chef der österreichischen SS-Truppen Kaltenbrunner, gefangengenommen.

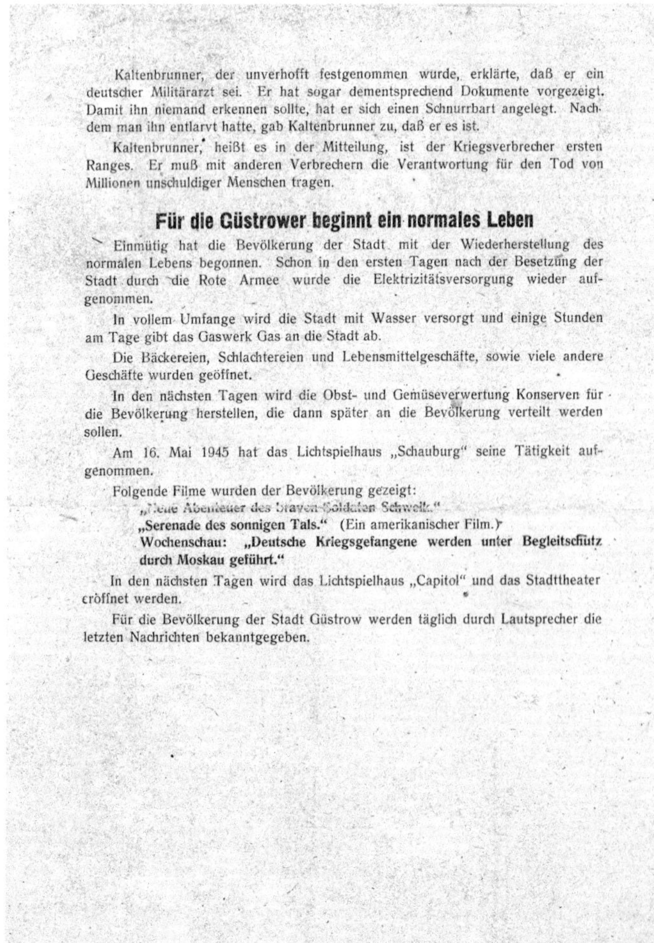

Kaltenbrunner, der unverhofft festgenommen wurde, erklärte, daß er ein deutscher Militärarzt sei. Er hat sogar dementsprechend Dokumente vorgezeigt. Damit ihn niemand erkennen sollte, hat er sich einen Schnurrbart angelegt. Nachdem man ihn entlarvt hatte, gab Kaltenbrunner zu, daß er es ist.

Kaltenbrunner, heißt es in der Mitteilung, ist der Kriegsverbrecher ersten Ranges. Er muß mit anderen Verbrechern die Verantwortung für den Tod von Millionen unschuldiger Menschen tragen.

Für die Güstrower beginnt ein normales Leben

Einmütig hat die Bevölkerung der Stadt mit der Wiederherstellung des normalen Lebens begonnen. Schon in den ersten Tagen nach der Besetzung der Stadt durch die Rote Armee wurde die Elektrizitätsversorgung wieder aufgenommen.

In vollem Umfange wird die Stadt mit Wasser versorgt und einige Stunden am Tage gibt das Gaswerk Gas an die Stadt ab.

Die Bäckereien, Schlachtereien und Lebensmittelgeschäfte, sowie viele andere Geschäfte wurden geöffnet.

In den nächsten Tagen wird die Obst- und Gemüseverwertung Konserven für die Bevölkerung herstellen, die dann später an die Bevölkerung verteilt werden sollen.

Am 16. Mai 1945 hat das Lichtspielhaus „Schauburg" seine Tätigkeit aufgenommen.

Folgende Filme wurden der Bevölkerung gezeigt:
„Neue Abenteuer des braven Soldaten Schwejk."
„Serenade des sonnigen Tals." (Ein amerikanischer Film.)
Wochenschau: „Deutsche Kriegsgefangene werden unter Begleitschutz durch Moskau geführt."

In den nächsten Tagen wird das Lichtspielhaus „Capitol" und das Stadttheater eröffnet werden.

Für die Bevölkerung der Stadt Güstrow werden täglich durch Lautsprecher die letzten Nachrichten bekanntgegeben.

Die Minengefahr in der südwestlichen Ostsee

Die in der westlichen und südwestlichen Ostsee verlaufenden Seestraßen haben eine durchschnittliche Wassertiefe von 10 Metern und waren ab 1942 ständig durch Minen des Gegners gefährdet. Die Sicherung dieser Nachschubwege verlangte von den Sicherungskräften in Tag- und Nachteinsätzen enorme Anstrengungen.
Lagebeurteilung des Marineverbindungsoffiziers beim Luftflottenkommando 6 vom 7. März 1945 – Auszug:

»Der Gegner wird versuchen, durch Verminung mit der Luftwaffe aus dem Westen den Nachschub über See zu stören und lahmzulegen. Dies wird er in der Enge Gedser-Darßer Ort mehr oder weniger wirksam durchführen können. Erhöhter Bedarf an Minensuchflugzeugen ist deshalb zu erwarten.«
Die Verminung der Seegebiete der westlichen und mittleren Ostsee erfolgte vorwiegend durch die britische Luft-

Ein britischer Bomber vom Typ »Lancaster«. Am 3. März 1942 erfolgte der erste operative Einsatz des Bombers als Minenleger. Die Bomben- oder Minenzuladung betrug 3,18 Tonnen.

Eine britische Fallschirm-Grundmine wird geborgen.

ÜBERSICHTSKARTE ZUR MINENGEFAHR IN DER SÜDWESTLICHEN OSTSEE - 1945

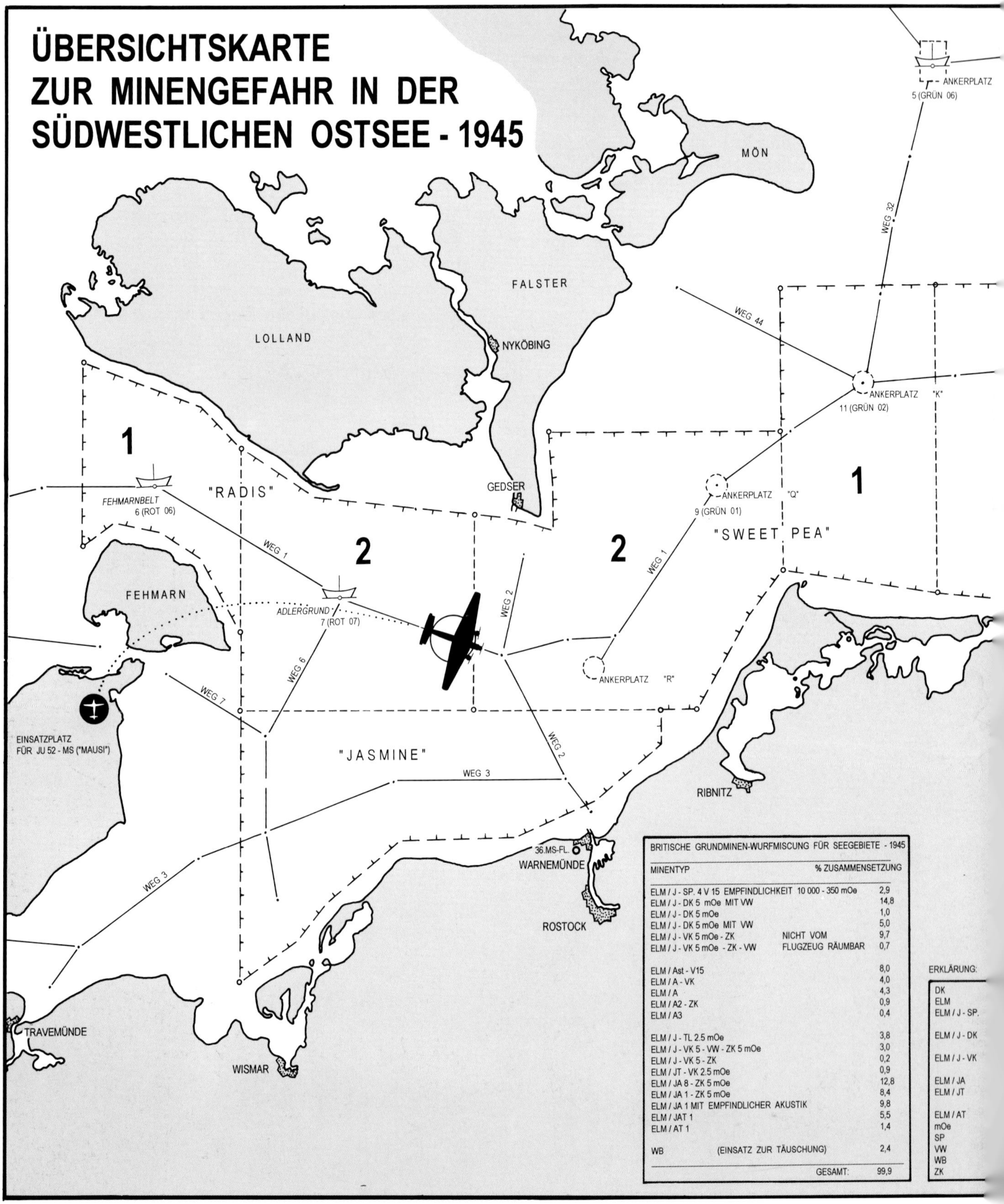

BRITISCHE GRUNDMINEN-WURFMISCUNG FÜR SEEGEBIETE - 1945

MINENTYP		% ZUSAMMENSETZUNG
ELM / J - SP. 4 V 15 EMPFINDLICHKEIT 10 000 - 350 mOe		2,9
ELM / J - DK 5 mOe MIT VW		14,8
ELM / J - DK 5 mOe		1,0
ELM / J - DK 5 mOe MIT VW		5,0
ELM / J - VK 5 mOe - ZK	NICHT VOM	9,7
ELM / J - VK 5 mOe - ZK - VW	FLUGZEUG RÄUMBAR	0,7
ELM / Ast - V15		8,0
ELM / A - VK		4,0
ELM / A		4,3
ELM / A2 - ZK		0,9
ELM / A3		0,4
ELM / J - TL 2.5 mOe		3,8
ELM / J - VK 5 - VW - ZK 5 mOe		3,0
ELM / J - VK 5 - ZK		0,2
ELM / JT - VK 2.5 mOe		0,9
ELM / JA 8 - ZK 5 mOe		12,8
ELM / JA 1 - ZK 5 mOe		8,4
ELM / JA 1 MIT EMPFINDLICHER AKUSTIK		9,8
ELM / JAT 1		5,5
ELM / AT 1		1,4
WB	(EINSATZ ZUR TÄUSCHUNG)	2,4
	GESAMT:	99,9

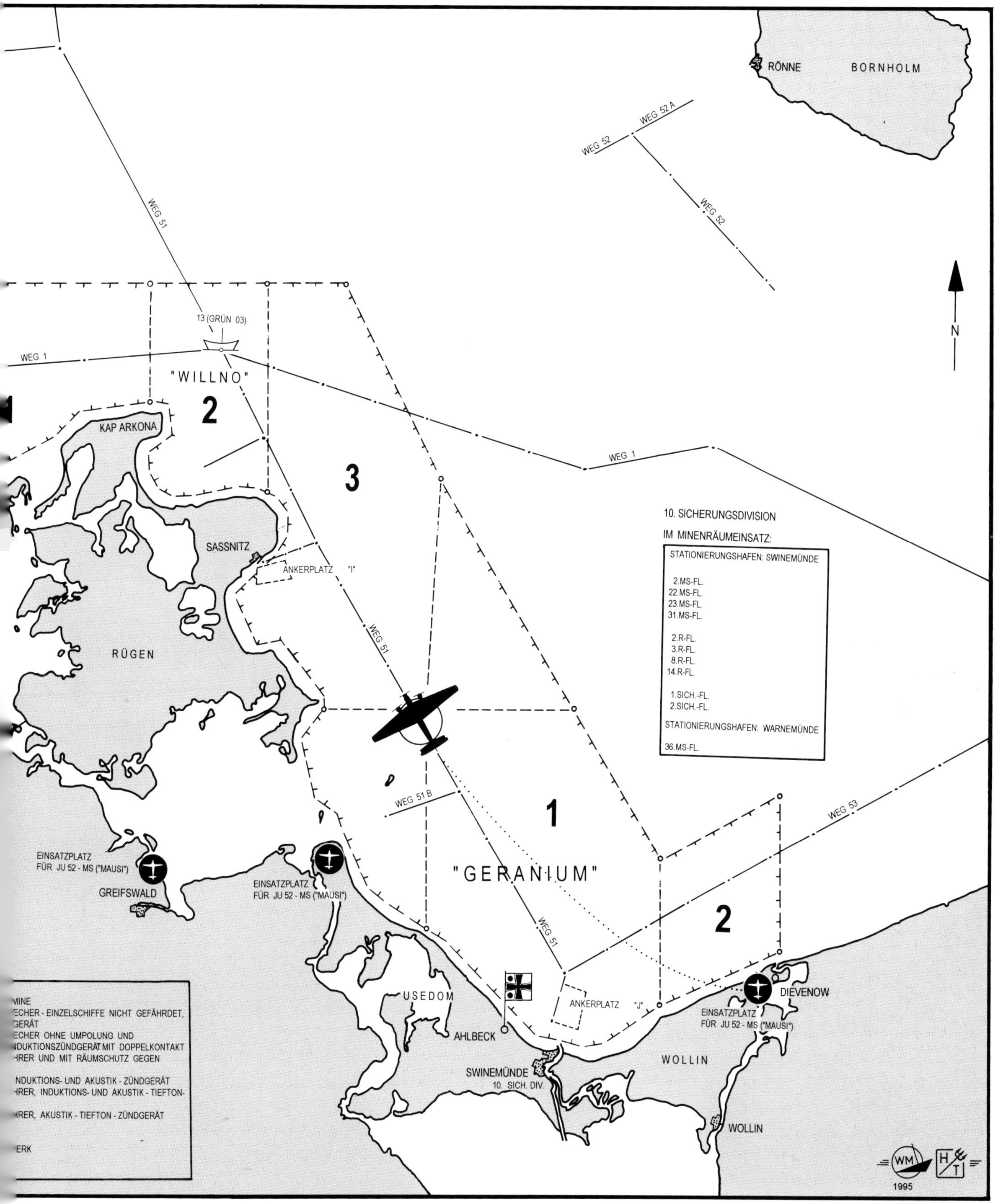
RÖNNE
BORNHOLM
WEG 52
WEG 52 A
WEG 52
WEG 51
N
13 (GRÜN 03)
WEG 1
"WILLNO"
2
KAP ARKONA
3
WEG 1
10. SICHERUNGSDIVISION
IM MINENRÄUMEINSATZ:
STATIONIERUNGSHAFEN: SWINEMÜNDE
2.MS-FL.
22.MS-FL.
23.MS-FL.
31.MS-FL.
2.R-FL.
3.R-FL.
8.R-FL.
14.R-FL.
1.SICH.-FL.
2.SICH.-FL.
STATIONIERUNGSHAFEN: WARNEMÜNDE
36.MS-FL.
SASSNITZ
ANKERPLATZ "I"
WEG 51
RÜGEN
WEG 51 B
1
WEG 53
EINSATZPLATZ
FÜR JU 52 - MS ("MAUSI")
GREIFSWALD
EINSATZPLATZ
FÜR JU 52 - MS ("MAUSI")
"GERANIUM"
2
WEG 51
USEDOM
ANKERPLATZ "J"
DIEVENOW
EINSATZPLATZ
FÜR JU 52 - MS ("MAUSI")
AHLBECK
SWINEMÜNDE
10. SICH. DIV.
WOLLIN
WOLLIN
MINE
ECHER - EINZELSCHIFFE NICHT GEFÄHRDET,
GERÄT
ECHER OHNE UMPOLUNG UND
IDUKTIONSZÜNDGERÄT MIT DOPPELKONTAKT
HRER UND MIT RÄUMSCHUTZ GEGEN
NDUKTIONS- UND AKUSTIK - ZÜNDGERÄT
HRER, INDUKTIONS- UND AKUSTIK - TIEFTON-
HRER, AKUSTIK - TIEFTON - ZÜNDGERÄT
ERK
1995

Sperrbrecher *Spbr. 34* ex *Falke,* seit dem 1. Oktober 1939 als Vorpostenboot *V 104* im Einsatz bei der 1. Vp-Flottille. Im Mai/Juni 1940 erfolgte der Umbau zum kleinen VES-Sperrbrecher. Als *Spbr. 34* kam das Schiff ab 1. Oktober 1940 zum Einsatz. Im August 1941 wurde es in *Spbr. 134* umbenannt.
Es sank am 4. August 1944 durch Bombentreffer auf der Reede von Lorient. Auf dem Foto sieht man an der Steuerbordseite die Verkleidung der umlaufenden VES-Wicklung.

Vermessung:	997 BRT
L/B/T:	72,54 m / 10,18 m / 4,38 m
Geschw.:	10,0 sm/h
Bes.:	100 Mann
Bew.:	2 x 8,8 cm, 6 x 2 cm.

Minensuchboote vom Typ 35 der 2. MS-Fl. auf dem Marsch. Das im Vordergrund laufende Boot *M 6* wurde am 30. November 1940 vor Lorient durch Minentreffer versenkt. Dabei fielen 21 Kameraden.

Vermessung:	874 t
L/B/T:	68,10 m / 8,70 m /2,65 m
Geschw.:	18,3 sm/h (max.)
Bes.:	84 Mann
Bew.:	1 x 10,5, 2 x 3,7 cm, 2 x 2 cm, Zuladung von 30 Minen möglich.

waffe (RAF) mit ihrem neuen Bomber vom Typ »Lancaster«. Die Firma Avro hatte mit diesem Bomber das geeignete Trägermittel für den britischen Mineneinsatz geschaffen. Im März 1942 startete die »Lancaster« zu ihrem ersten operativen Einsatz als Minenleger. Zum Einsatz kamen Grundminen mit Fernzündung. Für den Flugzeugabwurf war diese Mine mit einem Fallschirm ausgerüstet, die Einsatztiefe lag bei 10 bis 20 Metern und war somit ideal zur Verminung von flachen Seegebieten.
Es wurden magnetische und akustische Zündgeräte benutzt. Um das Räumen zu erschweren, war man im Verlauf des Krieges dazu übergegangen, beide Zündprinzipien zu kombinieren. So machte z. B. die magnetische Einwirkung eines Schiffes die Mine zündbereit, während die folgende akustische Einwirkung die Mine zur Explosion brachte. Im weiteren stattete man den Zünder u. a. mit Verzögerungskontakten, Verzögerungsuhrwerk, Zeiteinrichtung und Zählkontakten aus. Von besonderer Bedeutung war der Zählkontakt. Dieser ermöglichte die Einstellung bis zu 24 Zählschritten. Das heißt, daß die Mine maximal 23 mal von einem Schiff überlaufen werden konnte und erst beim 24. Überlauf detonierte. Um eine hohe Effektivität und Übersichtlichkeit in der Verminung der Ostsee zu erreichen, legte die britische Luftwaffe sogenannte Minengärten fest. Diese wurden zielgerichtet in bestimm-

Minensucher der 1. MS-Fl. beim Minenräumen in der Ostsee.
Blick nach achtern von Bord des Minensuchers *M 204*. Am 20. Juli 1944 im Finnischen Meerbusen bei einem sowjetischen Fliegerangriff schwer beschädigt und am nächsten Tag gesunken.

Vermessung:	878 t
L/B/T:	68,40 m/8,70 m/ 2, 65 m
Geschw.:	18,3 sm/h
Bes.:	120 Mann
Bew.:	2 x 10,5 cm 1 x 3,7 cm Einzellafette, 1 x 2 cm Vierling, 2 x SMG.

Ansicht der Räumwinsch und des achteren 10,5 cm Geschützes des Bootes *M 204* mit der Bedienungsmannschaft.

Eine aufgeschwommene Ankertaumine wird abgeschossen.

ten Zeitabschnitten durch die RAF angeflogen und stets Wurfmischungen von Grundminen mit unterschiedlichen Zündeinrichtungen abgeworfen. Dazu gehörten auch Wasserbomben mit Zeitzündern. Sie dienten der Gegnertäuschung und detonierten völlig unerwartet.
In Auswertung des Ersten Weltkrieges und der intensiven Weiterentwicklung auf dem Gebiet der Minenwaffe, war es der deutschen Seekriegsleitung klar, welche Schwierigkeiten die Verminung verursachen würde. Um die Minenge-

Ein Erinnerungsfoto des E-Maaten Willy Prause (x) an seine Dienstzeit bei der 30. MS-Fl. vom 12. Februar bis zum 30. November 1945 an Bord des Minensuchbootes *M 291*. Die technischen Maate von *M 291*. An dem im Hintergrund liegenden Minensuchboot ist sehr gut die an der abklappbaren Spiere gefahrene Gräuschboje mit Turbinenantrieb und Vierkantkopf zu erkennen. Der Einsatz der Gräuschboje erfolgte gegen Minen mit akustischen Zündern.

fahr in Grenzen zu halten, richtete die Kriegsmarine mit Beginn des Zweiten Weltkrieges Zwangswege ein. Gekennzeichnet waren diese durch Tonnen und Wachschiffe. Bei Minengefahr wurde der Zwangsweg gesperrt und durch Minensucher anschließend beräumt. So konnte eine relative Sicherheit für Einzelfahrer und Geleite gewährleistet werden.

Durch das Bergen britischer Grundminen gelangte das deutsche Sperr-Versuchskommando in den Besitz der Zündgeräte, wodurch es möglich wurde, die erforderliche Räumtechnik zu entwickeln. Vor allem ging es darum, das elektromagnetische Zündsystem durch ein künstliches Magnetfeld zum »Ansprechen« zu bringen.

Zu den elektrischen und akustischen Geräten, die von einem Minensucher gegen die Grundfernzündungsmine eingesetzt werden konnten, gehörte das Kabelfernräumgerät, das Schleppspulgerät, der Hohlstab, die Geräuschboje und das Knallkörpergerät.

Eine andere Art der Minenbekämpfung bestand in dem Einsatz von Sperrbrechern. Das waren umgebaute Handelsschiffe, die mit einer VES-Anlage (Voraus-Eigen-Schutz) ausgerüstet waren. Diese erzeugte in Vorausrichtung ein umpolbares künstliches Magnetfeld. Im kombinierten Einsatz mit der Geräuschboje und dem Knallkörpergerät konnte erfolgreich auf den Zünder der Mine eingewirkt werden.

Die gewonnenen physikalischen Erkenntnisse nutzte man auch gleichzeitig zur Installation von Minen-Eigen-Schutz-Anlagen (MES-Anlagen). Während im Kriegsschiffbau der Einbau von MES-Anlagen projektmäßig vorgesehen war, mußten die Handelsschiffe erst umgerüstet werden. So verlegte man zur Erzeugung eines künstlichen Magnetfeldes im oder um den Schiffskörper eine Wicklung. Im stromdurchflossenen Zustand erzeugte die Wicklung ein Magnetfeld, das dem natürlichen Magnetfeld des Schiffes entgegengesetzt war und dieses aufhob. Damit sprach der Induktionszünder beim Überlauf des Schiffes nicht an.

Es ist Herrn Ministerialdirigent Th. Benecke zu danken, daß die Luftwaffe in die Bekämpfung der Seemine einbezogen worden war. Die Kriegsmarine verfügte im Zweiten Weltkrieg nicht über eigene Fliegerkräfte und war auf die Unterstützung durch die Luftwaffe (See) angewiesen. Im September 1939 erhielt Ministerialdirigent Th. Benecke beim Sperr-Versuchskommando Kiel Kenntnis von dem Zündsystem der britischen Fernzündungsmine. In Absprache mit dem Physiker Prof. Dr. Gerlach begann bei der Firma Junkers die Umrüstung einer Ju 52. Sie erhielt die Bezeichnung Ju 52-MS und die Tarnbezeichnung »Mausi«. Nach Abschluß der erfolgreichen Erprobung an der Nordsee, wurde 1940 das »Sonderkommando Mausi« aufgestellt.

Zum Einsatz kamen weiterhin Flugzeuge der Typen BV 138-MS und Ha 139-B/MS. Die Standardmaschine blieb aber die Ju 52. Hierbei wurden alle möglichen Versionen umgerüstet, so daß die Festlegung auf eine Baureihe nicht gegeben ist.

Aus dem »Sonderkommando Mausi« ging später die 1. Minensuchgruppe hervor und war in Weddewarden bei Bremerhaven stationiert. Truppendienstlich unterstanden die Besatzungen mit ihren Maschinen der Luftwaffe, einsatzmäßig aber der Kriegsmarine. So verlegten die einzelnen Staffeln, in der Regel mit je 12 Maschinen Ju 52-MS ausgerüstet, in die jeweiligen Einsatzgebiete von Norwegen bis ins Mittelmeer.

Fernschreiben des Luftwaffenführungsstabes an die Luftflotte 6 und die Luftflotte Reich: »Aufgrund verschärfter Minenlage im Belt und Ostsee Minensuch- und Minenräumeinsätze mit Ju 52 im Einvernehmen mit MOK verstärken. Betriebsstoffe aus Beständen der Luftflotten. Sonderzuweisungen erfolgen nicht.«

Die rapide zunehmende Minengefahr in Fahrwasserstraßen, Häfen, bei Brücken, in Schleusen und besonders

Eine Ju 52-MS im Räumeinsatz. Gut zu erkennen ist die »Mausi-Schleife«, ein Metallring von 14,30 Metern Durchmesser, der unter dem Rumpf montiert wurde. In ihm befand sich eine Wicklung mit 64 Windungen aus Aluminiumdraht. Zur Erzeugung eines künstlichen Magnetfeldes lieferte ein im Rumpf installierter Generator von 150 kW die erforderliche elektrische Energie.
Die Flughöhe betrug in Abhängigkeit von der Wassertiefe 10 bis 50 Meter. Bei Zündung einer Mine mit Verzögerungseinstellung explodierte diese etwa 100 bis 300 Meter hinter der Maschine. War keine Verzögerung eingestellt, so konnte es vorkommen, daß die Mine direkt unter der Maschine detonierte.

S/L/H:	29,25 m / 18,90 m / 4,50 m
Triebwerk:	3 x 9 Zyl. BMW 132A
Startl.:	3 x 660 PS
Geschw.:	290 km/h
Gipfelh.:	6 300 m
Suchh.:	10–50 m
Reichw.:	1 300 km
Bes.:	3–4 Mann
Bew.	1–2 MG 15 oder MG 131

Eine abgestellte Ju 52-MS. Auch hier ist die »Mausi-Schleife« sehr gut zu erkennen. Die Umrüstung der Ju 52 erfolgte bei den Junkers Flugzeug- und Motorenwerken AG Dessau.

Minenräumerfolg einer Ju 52-MS beim Überfliegen eines durch Minen verseuchten Seegebietes. Zur Beweisführung mußte der Bordschütze die Minendetonationen fotografieren.
Den Angehörigen des Sonderkommandos Ju 52-»Mausi« Minensuchgruppe 1 wurde für das erfolgreiche Minenräumen von der Kriegsmarine das Minensuchabzeichen verliehen.

die neue Mine mit Druckzünder, veranlaßte die Kriegsmarine im Sommer 1944 die Aufstellung einer Minentauchereinheit. Sie bestand aus Sperrwaffenspezialisten, die eine zusätzliche Taucherausbildung erhielten, um so im Bedarfsfall die Mine am Liegeplatz unter Wasser zu entschärfen.
Die Kriegsmarine war mit ihrer bewährten Räumtaktik bis zum Kriegsende erfolgreich in der Minenbekämpfung. Durch den Einsatz neuer Waffen und Trägermittel wuchs auch die Bedeutung der Sicherungskräfte für das Küstenvorfeld. Dieser Entwicklung Rechnung tragend, setzte die deutsche Kriegsmarine bis zu 40 Prozent ihres Schiffsbestandes zur Minenberäumung ein.
Verantwortlich für die Sicherung in der südwestlichen Ostsee war die in Swinemünde stationierte 10. Sicherungsdivision und unterstand dem »Kommandierenden Admiral westliche Ostsee«.

Auf dem Flugplatz von Budapest anläßlich des Verlegungsfluges der 1. MS-Staffel im Oktober 1944 nach Greifswald-Ladebow (v. l. n. r.) Funker Ob.Gefr. Gerdes, Bordschütze Uffz. Otto Funk und Bordmechaniker Wilhelm Gallas.
Staffelkapitän war Fliegerhauptmann Kretschmer.
Mit 12 Maschinen Ju 52-MS führte er im Seegebiet der südwestlichen Ostsee die Minensuche weiter durch.

Die 10. Sicherungsdivision

Mit dem verstärkten Mineneinsatz der westalliierten Luftstreitkräfte auf die Ostseeausgänge sowie dem Vormarsch der Roten Armee auf die baltische Küste und dem Ausscheiden Finnlands am 4. September 1944 aus dem Kriegsgeschehen, wurde die Ostsee zunehmend zum Operationsgebiet der Alliierten. Aufgrund des Vormarschs der Westalliierten war die Kriegsmarine gezwungen, ihre Sicherungskräfte in die Heimat zurückzuführen und setzte sie verstärkt in der Ostsee ein.
Die mangelnde Luftunterstützung veranlaßte das OKM, alle zur Verfügung stehenden Kampfeinheiten verstärkt mit Flak-Waffen auszurüsten.
Den militärischen Erfordernissen Rechnung tragend, erfolgte 1944 eine Umgliederung der Befehlsverhältnisse im Küstenvorfeld des Ostseeraumes.

8. Sich.Div	9. Sich.Div.	10. Sich.Div.
Aufgestellt:		
20. 4. 1944	17. 6. 1944	2. 12. 1944
Zu sicherndes Seegebiet:		
Dänisches Küstenvorfeld einschließlich Kattegat und Skagerrak.	Von Rixhöft bis in das SG der verbleibenden östlichen Ostsee.	Von Flensburg bis Rixhöft.
Divisionschef:		
Kapt.z.S. Max Klein 04.44–05.45	K.Adm. Böhmer 06.44–10.44 F.Kapt. von Blanc 10.44–05.45	K.Adm. Hans Bütow 12.44–02.45 F.Kapt. Heydel 02.45–05.45
Stützpunkt (letzter):		
Aarhus	Hela	Swinemünde

Führerschiff *Reiher* des Kommandeurs der 10. Sicherungsdivision.
Vermessung: 1311 BRT
L/B/T: 74,76 m / 11,71 m / 3,79 m
Geschw.: 11,5 sm/h
Bew.: 2 x 8,8 cm, 4 x 2 cm.

Vorpostenboote der 13. Vp-Fl. auf der Reede vor Swinemünde.
Die Flottille war 1944 im Geleitdienst Westraum eingesetzt und wurde im Januar 1945 aufgelöst. Die verbliebenen Boote sollen auf die 8., 14. und 20. Vp-Fl. aufgeteilt worden sein. Nachweislich verlegte aber der Flo.Chef mit einigen der Boote zu seinem neuen Einsatzstützpunkt Swinemünde.

Bei der Aufstellung der 10. Sicherungsdivision (10. Sich. Div.) am 2. Dezember 1944 befand sich der Gefechtsstand in Ahlbeck. Zwischenzeitlich erfolgte eine Verlegung nach Swinemünde bevor F.Kapt. Heydel dann letztendlich im März 1945 auf das Führerschiff *Reiher* einstieg. Einsatzmäßig war die Division dem Kommandierenden Admiral westliche Ostsee, K.Adm. Günther Schubert (April bis Mai 1945) unterstellt. Sein Gefechtsstand befand sich in Ahlbeck. In der nachstehenden Liste sind die Flottillen aufgeführt, von denen nachweislich Kampfeinheiten von Swinemünde aus im Einsatz waren. Hierbei muß davon ausgegangen werden, daß sich nicht der jeweilige Flottillenstab in jedem Fall in Swinemünde befand (*), sondern nur Einzelschiffe einsatzmäßig abkommandiert worden waren.

Räumboote der 14. R-Fl. bei der Geleitsicherung.

1945 – Der 10. Sicherungsflottille unterstellte Flottillen		
Einheiten	Kommandeur (letzter)	
5. A-Fl.*		
8. A-Fl.	Oblt.z.S. Schneider, Gerd-Dietrich	
2. MS-Fl.	Kptlt. Rosenow (?)	
22. MS-Fl.	K.Kapt. Pfleger, Hermann	
23. MS-Fl.	Kptlt. Behn, Willy	
31. MS-Fl.	Kptlt. Prater	
36. MS-Fl.	K.Kapt. Reinhold, Fritz	
2. R-Fl.	Kptlt. Merk, Hans-Joachim	
3. R-Fl.	Kptlt. Klassmann	
8. R-Fl.	Kptlt. Bross	
14. R-Fl.	Kptlt. Nordt	
1. Sich. Fl.	Kapt.z.S. Schulz, Gerhard	
2. Sich. Fl.	Kptlt. Dr. med. dent. Reimann, Helmut	
3. Vp-Fl.	K.Kapt. Böttger, Gottfried	
9. Vp-Fl.	Kptlt. Kirschenlohr	
13. Vp-Fl.	K.Kapt. Dr. Lobeck	
20. Vp-Fl.*	K.Kapt. Puttfarken	
59. VP-Fl.*	K.Kapt. Arretz	
11. UJ-Fl.*	F.Kapt. Wunderlich	(zugl. U-Jagdführer Ostsee)
12. UJ-Fl.*	K.Kapt. Köplin	

Ritterkreuzträger Kptlt. Otto Nordt, Chef der 14. R-Flottille.
Nach der Landung der Alliierten am 6. Juni 1944 in der Normandie verlegte die Flottille aus ihrem französischen Stützpunkt Le Havre gemeinsam mit der 8. A-Fl. nach Rotterdam.
September 1944 begaben einige Boote der Flottille über Delfzijl nach Borkum und Wilhelmshaven. Im Februar 1945 erfolgte die Verlegung nach Swinemünde.

Vorpostensicherungsboot *Vs 247* der 2. Sich.Fl. ex: *DPK 39,* ex: *KFK 207* auf Vorposten vor Swinemünde vor Anker liegend.

Der Untergang des Lazarettschiffes »A«-Berlin

Das Lazarettschiff »A«-*Berlin* (WL-1 Nr.: 28) auf dem Marsch in der Ostsee im Herbst 1944. Im Rahmen der Mobilmachung erfolgte im Juli 1939 der Umbau des Passagierschiffes zum Lazarettschiff. Am 19. September 1939 bei der Schweizer Schutzmacht notifiziert und von Großbritannien am 3. Oktober 1939 bestätigt. Im Einsatz vom 23. 8. 39 bis 15. 1. 40 und vom 9. 4. 40 bis 31. 1. 45.
Letzter Geschwaderarzt Dr. med. Hans Frido Schrader.
Vermessung: 15 286 BRT
L/B/T: 174,30 m / 20,98 m / 9,04 m
Geschw.: 16,5 sm/h.

Das Lazarettschiff »A«-*Berlin* verließ am 31. Januar 1945, gegen Mittag Swinemünde, um einen Verwundetentransport von der Ostfront durchzuführen. Aufgrund der Eislage konnten die Räumeinheiten den Weg vor dem Schiff nicht befahren. So lief die *Berlin,* sozusagen als Eisbrecher, mit nachfolgendem Räumgeleit aus. Nach Passieren der Kriegsansteuerungstonne »Swinemünde« erteilte Kapitän Krone den Befehl zur Einsteuerung auf den Zwangsweg 53. Gegen 15.00 Uhr erfolgte der erste Minentreffer zwischen hinterem Kessel- und Maschinenraum und versetzte das Schiff vorerst in einen manövrierunfähigen Zustand.
Im Rahmen der Kriegsvorbereitung (Mobilmachung) Deutschlands erfolgte durch Weisung des Marineamtes der Umbau der Passagierschiffe *Berlin* und *Stuttgart* zum Lazarettschiff.

Name	Vermessung	Reederei	Lazarettschiff
Berlin	15 286 BRT	Norddeutscher Lloyd	»A«
Stuttgart	13 387 BRT	Deutsche Arbeitsfront	»C«

Mit dem Umbau und der Ausrüstung zu militärischen Lazarettschiffen wurden für die *Berlin* der Technische Betrieb der HAPAG und für die *Stuttgart* die Schiffswerkstätten der Amerika-Linie in Hamburg beauftragt. Die Arbeiten begannen am 23. Juli 1939 und konnten am 23. August 1939, acht Tage vor dem Einmarsch in Polen, beendet werden.

Oslo Winter 1942/43. Das Lazarettschiff »A«-*Berlin* in Bereitschaft.

Im Hafen von Oslo werden Verwundete an Bord des Lazarettschiffes *Berlin* gebracht.

Gemäß der Haager Konvention, der zweiten Friedenskonferenz in Den Haag von 1907 und des Genfer Abkommens erhielten die Schiffe den vorgeschriebenen äußeren weißen Anstrich mit einem waagerecht umlaufenden, anderthalb Meter breiten grünen Streifen.
Die Schornsteine wurden beidseitig mit roten Kreuzen bemalt. Diese mußten jeweils nachts von Scheinwerfern angestrahlt werden.
Am Tage der Indienststellung beim Sanitätsamt Ost reichte Deutschland die Notifizierung seiner Lazarettschiffe bei der Schweizer Schutzmacht ein. Nach Eröffnung der Kampfhandlungen gegenüber Polen notifizierte die Schweizer Schutzmacht die Lazarettschiffe am 19. September 1939 und gab dieses den kriegführenden Parteien bekannt. Großbritannien bestätigte am 3. Oktober die Notifizierung und damit die Anerkennung der als Rote-Kreuz-Schiffe fahrenden deutschen Schiffe.
Beide Schiffe führten die Nationalflagge sowie die in dem Genfer Abkommen vorgesehene weiße Flagge mit dem roten Kreuz. Als am 1. September um 5.45 Uhr der Überfall auf Polen begann, lagen beide Schiffe, entsprechend der Forderung des OKW, in Pillau. Sie befanden sich dort bereits seit dem 25. August in Einsatzbereitschaft.
Nach dem Beginn des Zweiten Weltkrieges kamen beide Schiffe in den verschiedensten Seegebieten mit Unterbrechung zum Einsatz. Bei dem britischen Fliegerangriff auf den Flottenstützpunkt Gotenhafen am 9. Oktober 1943 wird das LZ »C«-*Stuttgart* durch Bomben getroffen und vernichtet.

Verwundete werden in See von einem Lastkahn, der längsseits der *Berlin* gegangen ist, übernommen.

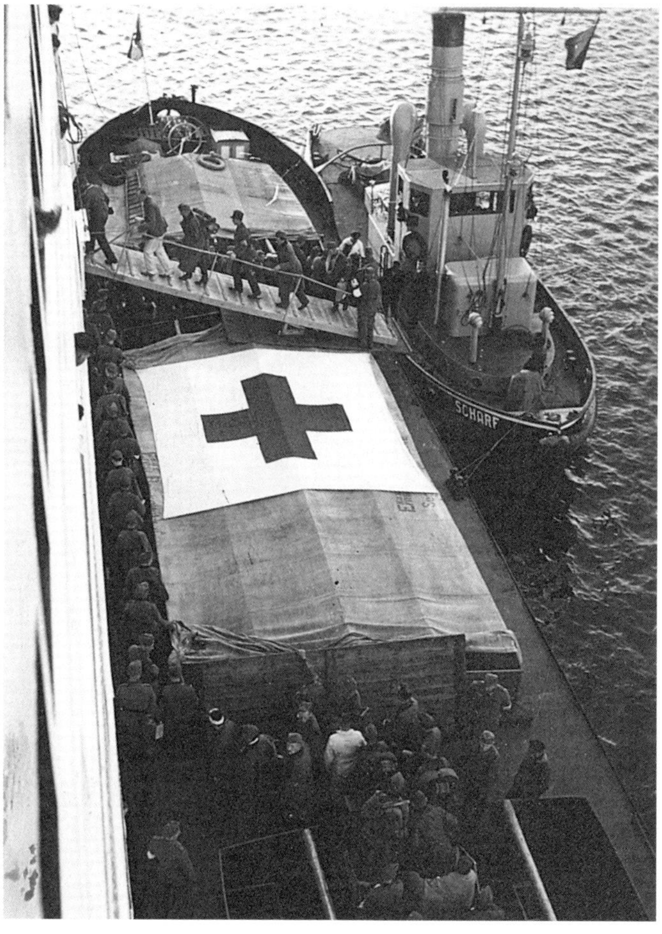

Entsprechend der Frontlage wird LZ »A«-*Berlin* Mitte 1944 von Aarhus in die östliche Ostsee nach Swinemünde verlegt.
Die erbarmungslose Kriegführung an der Ostfront forderte auf beiden Seiten sehr hohe Verluste. Die Anzahl der Verwundeten, die in die Lazarette transportiert werden mußte, stieg erheblich an.
Nachdem die HGr.Nord, ab 25. Januar 1945 umbenannt in HGr.Kurland, landseitig eingekesselt worden war, die Verbände der HGr. Weichsel an die Küste der Ostsee gedrängt wurden, waren die Verwundetentransporte nicht mehr mit Lazarettzügen möglich.
Es blieb für die Verwundeten dieser Heeresgruppen nur noch der Seeweg übrig.
Die Sowjetunion, die die Notifizierung deutscher Lazarettschiffe ausdrücklich abgelehnt hatte – sie zweifelte an der vertragstreue Deutschlands –, erkannte den Immunitätsschutz deutscher Lazarettschiffe nicht an. So wurde jedes Schiff der Kriegsmarine einschließlich der Lazarettschiffe durch die sowjetische Luftwaffe angegriffen.
Aus dieser Situation heraus setzte die deutsche Seekriegsleitung in der Ostsee verstärkt grau gestrichene und bewaffnete Verwundetentransportschiffe (VTS) ein. Man verzichtete bewußt auf das »Rote Kreuz« und erreichte durch das Fahren im Geleit eine höhere Sicherheit für die Verwundeten.
Trotzdem baute man noch 1945 die Schiffe *General San Martin, Marburg, Monte Olivia* und *Monte Rosa* zu Lazarettschiffen um, weil auf diesen im Geleit eingesetzten Schiffen die Verwundeten besser als an Bord der VTS versorgt werden konnten.
Auf seiner letzten Fahrt nach Osten wird das Lazarettschiff »A«-*Berlin* im britischen Minengarten »Geranium« am 31. Januar 1945, im Seegebiet nördlich Swinemünde durch zwei Minentreffer versenkt. Dank der geringen Wassertiefe von etwa 12,5 Metern, konnte das Schiff auf ebenen Kiel auf dem Grund aufsetzen und damit in einer stabilen Lage verharren.
Da eine Bergung des Lazarettschiffes durch das Marine-, Bergungs- und Seedienstkommando zeitlich nicht mehr

Das LZ »A«-*Berlin* beim Anlegemanöver im Hafen Swinemünde.

Fähnrich Hans Schadewaldt. Er gehörte zum Sanitätspersonal des Marinelazaretts in Osternothafen und erlebte die in Swinemünde ankommenden Verwundetentransporte von der Ostrfront.

Geschwaderarzt Dr. med. Hans Frido Schrader im Gespräch mit seinem Schwager, F.Kapt.(Ing.) Heiner Ehlert (†), im Sommer des Kriegsjahres 1943.
Dr. Schrader übernimmt 1944 als Chefarzt und militärischer Kommandeur das Lazarettschiff »A«-*Berlin.*

realisiert werden konnte, wurde die gesamte medizinische Ausrüstung geborgen und für das in der Zwischenzeit zum Lazarettschiff umgebaute Passagierschiff *Monte Olivia* genutzt. Leider kam es bei seinem ersten Auslaufen nach Osten in der Kieler Förde zu einer Havarie mit dem getaucht liegenden U-Boot *U 3524.* Dabei wurde das Unterwasserschiff der *Monte Olivia* derart beschädigt, daß ein weiterer Einsatz nicht mehr möglich war.

Evakuierungstransporte in der Ostsee

Genau drei Jahre nach dem Überfall auf die Sowjetunion am 22. Juni 1941 trat die Rote Armee auf der gesamten Frontbreite am 22. Juni 1944 zum Großangriff, zur Zerschlagung der deutschen Wehrmacht, an.
Aufgabe der 1. Baltischen und der 3. Belorussischen Front war es, gemeinsam mit der 3. Luftarmee die deutsche HGr. Nord (die spätere HGr. Kurland) vom Hinterland abzuschneiden. Bereits am 10. Oktober 1944 erreichen Einheiten der 1. Baltischen Front bei Polangen nördlich von Memel die Ostsee, wodurch die HGr. Nord eingekesselt und vom Hinterland abgeschnitten wird. Mit dem Durchbruch der sowjetischen Truppen zur Ostsee, der Rückeroberung des Finnischen Meerbusens und durch das Ausscheiden Finnlands aus dem Krieg konnte die Baltische Rotbannerflotte (BRF) jetzt verstärkt U-Boote und Schnellboote einsetzen. Gleichzeitig erweiterte sich der Aktionsradius ihrer Seefliegerkräfte, so daß sie verstärkt Torpedoflugzeuge zum Einsatz bringen konnten.
Die gesamte Ostsee war zum Kampfgebiet geworden und erforderte eine verstärkte Sicherung der deutschen Küstenstädte, Häfen, Werften und Ausbildungsbasen.
Die 4. U.L.D. mit ihrem Stützpunkt Memel war die östlichste Dienststelle der Kriegsmarine in der Ostsee und mußte aufgrund des Vordringens der Roten Armee im November 1944 evakuiert werden.
Noch im Winter 1944/45 wurden unter dem Einfluß machtvoller Offensiven der Alliierten die Evakuierungen sowohl im Westen als auch im Osten des Reichsgebietes angeordnet. Pläne für die Evakuierung der Zivilbevölkerung aus den grenznahen Gebieten waren bereits vor Kriegsbeginn erarbeitet worden und lagen somit vor. Nachdem bekannt geworden war, daß durch die europäische Konsultativkommission der Alliierten am 12. September und 14. November 1944 ein Abkommen zur Aufteilung und Verwaltung des Reichsgebietes nach der Kapitulation Deutschlands ausgearbeitet worden war, erfolgte ab Januar 1945 eine grundlegende Veränderung der Evakuierungspolitik.
In dieser Zeit hatten sowjetische Truppen die alten deutschen Reichsgrenzen in Ostpreußen erreicht und überschritten. Am 20. Oktober 1944 eroberten sie den deutschen Ort Nemmersdorf und ermordeten in menschenverachtender Weise die zurückgebliebene Zivilbevölkerung. Als dieser Ort Tage später von deutschen Einheiten zurückerobert wurde, sah man, was sowjetische Soldaten angerichtet hatten. Die Männer waren erschossen worden, während die Frauen und Mädchen mehrfach vergewaltigt und anschließend umgebracht oder an Scheunentore und Leiterwagen festgenagelt worden waren. Diese Verbrechen, begangen in einer Haßorgie der Soldaten, sollten die weiteren Kampfhandlungen der Roten Armee auf deutschem Reichsgebiet weiterhin begleiten. Von jetzt ab waren Zivilisten nicht nur Raub, Vergewaltigung und der Tötung ausgesetzt, sondern auch noch der Verschleppung und Vertreibung durch Russen und Polen. Im Artikel 49 der 4. Genfer Konvention des Roten Kreuzes ist festgeschrieben, daß die Vertreibung der Bevölkerung eines besetzten Gebietes verboten ist.
(Die von den Nationalsozialisten seinerzeit auch praktizierte Zwangsumsiedlung wurde vom Nürnberger Tribunal sowohl als Kriegsverbrechen als auch als Verbrechen gegen die Menschlichkeit verurteilt. Doch wer schützte damals das deutsche Volk vor der Willkür der Sieger aus dem Osten? – d. Verf.)

Dicht über der See greifen sowjetische Torpedoflugzeuge an.

Abschuß eines sowjetischen Kampfflugzeuges über der Ostsee.

Aus diesen genannten Gründen mußten zum Schutz der Bevölkerung operative Maßnahmen zur Evakuierung eingeleitet werden. Leider wurden oftmals Maßnahmen des OKH und OKM durch die uneinsichtige Haltung der NSDAP-Führung zunichte gemacht oder sie kamen zu spät.

Unaufhaltsam drang die Rote Armee, unterstützt von der neuen polnischen Armee, immer weiter nach Westen vor. Im Rahmen der »Weichsel-Oder-Operation« erreichten ihre Vorauseinheiten bereits am 30. Januar die Oder. Die Landverbindung zwischen dem pommerschen Nordraum und dem Reich war damit abgeschnitten. Einheiten der HGr. Nord, der HGr. Mitte und der HGr. Weichsel sowie die flüchtende Zivilbevölkerung wurden so an die Küste der Ostsee gedrückt.

Entlang der südöstlichen Ostseeküste kam es dadurch im Bereich der Häfen zu Truppen- und Flüchtlingsansammlungen, die nur noch seeseitig versorgt und evakuiert werden konnten. Die sich so herausbildenden Verteidigungsbereiche wurden nun mit allen zur Verfügung stehenden Mitteln verteidigt. Besonders den Soldaten des Heeres kam die Aufgabe zu, aufopferungsvolle Abwehrkämpfe bis zur sprichwörtlichen letzten Minute zu führen, um dadurch die Evakuierungen seitens der Marine, der Luftwaffe und der Landungspioniere des Heeres zu ermöglichen.

Beladung eines sowjetischen Torpedoflugzeuges vom Typ Iljuschin Il-4T der BRF auf einem Feldflugplatz im Bereich der baltischen Küste. Den sowjetischen Piloten gelang die Torpedierung von über 50 deutschen Schiffen in der Ostsee.

Der Einsatz deutscher Lufttorpedos war in der Ostsee nicht gegeben, da die BRF keine tiefgehenden Schiffe in Fahrt brachte. Neben der Il-4T kamen weiterhin als Träger die britischen Typen H.P.52 und die amerikanische Douglas Boston zum Einsatz. Diese Maschinen erhielt die Sowjetunion im Rahmen des Leih- und Pachtvertrages von den westlichen Alliierten. Im Verlaufe des Krieges kamen dann modifizierte Il-2 und Tu-2 hinzu.

Spw./L.:	21,44 m / 14,76 m
Triebwerk:	2 x M-88B Sternmotoren mit je 1100 PS
Geschw.:	354 km/h in Meeresnähe
Reichw.:	3 800 km
Bes.:	3 Mann
Bew.:	2 x 7,62 mm MG SchKAS (beweglich), 1 x 12,7 mm MG UBT, 1 000 kg Bomben im internen Schacht und einen 940 kg Torpedo extern.

Ein Geleit im Winter 1944/45 in der Ostsee. Rechts im Bild ist die Geräuschboje mit Turbinenantrieb eines Sicherungsfahrzeuges zu erkennen.

Vorpostenboote bei der Geleitsicherung in bewegter See.

Die sinkende *Göttingen,* aufgenommen von Bord des Kampfbootes *M 328* am 23. Februar 1945. Die *Göttingen* befand sich mit dem Tanker *Gerdmer* im Geleit der Sicherungsfahrzeuge *M 602* und *M 801* auf dem Marsch nach Libau. An Bord befanden sich etwa 1 000 Soldaten. Am 23. Februar, kurz nach 4.00 Uhr, wird das Schiff durch ein sowjetisches U-Boot torpediert.

Vermessung:	6 267 BRT
L/B/T:	139,20 m / 18,50 m / 7,90 m
Geschw.:	12,0 sm/h.

Hafen Kolberg im März 1945. Unter Zurücklassung der meisten Gepäck- und Ausrüstungsgegenstände erfolgt die Evakuierung der Flüchtlinge und Soldaten.

VERTEIDIGUNGSBEREICHE

Gebiet/Stadt/Ort	Räumung/Kapitulation
1. Sworbe (Sörve)	24. 11. 1944
2. Kurland	
Häfen: -Windau (Ventspils)	09. 05. 1945
-Libau (Liepaja)	09. 05. 1945
3. Memel (Klaipeda)	28. 01. 1945
4. Königsberg (Kaliningrad)	09. 04. 1945
5. Pillau (Baltisk)	25. 04. 1945
6. Braunsberg (Braniewo)	30. 03. 1945
7. Weichselniederung	09. 05. 1945
9. Danzig (Gdansk)	29. 03. 1945
10. Gotenhafen (Gdynia)	29. 03. 1945
11. Oxhöft (Oksywie)	29. 03. 1945
14. Kolberg (Kolobrzeg)	18. 03. 1945
15. Stepenitz (Stepnica)	07. 03. 1945
16. Hagen (Reclaw)	07. 03. 1945
17. Stettin (Szezecin)	26. 04. 1945
18. Usedom/Wollin	
Hafen: Swinemünde (Swinoujscie)	05. 05. 1945
19. Saßnitz	05. 05. 1945
20. Insel Bornholm	09. 05. 1945

Laut Führerbefehl OKW/WFST/QU 1 Nr. 004775/44 g.Kdos vom 12. Juli 1944 hatte der Oberbefehlshaber der Kriegsmarine, Großadmiral Dönitz, die Führung der Seetransporte für die von der Heimat abgeschnittenen Gebiete zu übernehmen. Entsprechend der militärischen Lage im Ostseeraum ergab sich die Notwendigkeit, die Flüchtlingstransporte mit den taktischen Aufgaben der Kriegsmarine zu koordinieren. Diese Aufgabe übertrug Großadmiral Dönitz, entsprechend den Ausführungsbestimmungen zum Führerbefehl, dem K.Adm. Konrad Engelhardt. Als »Chef der Schiffahrtsabteilung der Seekriegsleitung« des OKM (Sk. Adm. Qu. AVI) übernahm er zugleich die Funktion als »Seetransportchef der Wehrmacht« (Seetra-Chef). Schiffe und Boote der Kriegs- und Handelsmarine standen damit in der Ostsee unter einer einheitlichen Führung. Ab 9. März 1945 erfolgte dann auch die Unterstellung der Seefahrzeuge der Luftwaffe (See), unter dem Befehl des Seetransportchefs östliche Ostsee, Korvettenkapitän Harries.

Zur Gewährleistung einer sicheren operativen Führung der gesamten Evakuierungsmaßnahmen verlegte K.Adm. Engelhardt seinen Stab von Hamburg auf das Frachtschiff *Malaga* (2 146 BRT). Nach Ausfall der Zentrale in Hamburg wurde die Führung der Seetransporte in der Ostsee dem MOK Ost in Kiel (Qu III) unter K. Kapt. Eschricht übertragen. Die Verantwortung für die Gesamtorganisation verblieb jedoch beim Seetra-Chef.

Ausgehend vom gegnerischen Waffeneinsatz mußten die Schiffe und Boote gegen U-Boote, Minen und Fliegerangriffe geschützt werden. Vor allem der Minenkrieg in der Ostsee zwang das OKM zur verstärkten Sicherung der Zwangswege und Reeden. Besonders galt es ab Januar 1945, die vorstoßenden sowjetischen U-Boote unter Wasser zu drücken, um so deren Handlungen einzuschränken und die Verluste an deutschen Überwassereinheiten in Grenzen zu halten. Dieser Aufgabe Rechnung tragend, erfolgte im Verband der Luftflotte 6 am 22. Januar 1945 die Aufstellung einer Sicherungsgruppe unter dem Fliegerführer 6 mit Kommandositz auf dem Seefliegerhorst Kamp.

Das Walfangmutterschiff *Walter Rau* nach seiner Außerdienststellung.
Die Außerdienststellung erfolgte am 6. Mai 1945. Bis zum Frühjahr gehörte das Schiff als Hilfsbeischiff zur 24. U-Fl. mit Stützpunkt Memel. Danach kam es im Rahmen der Evakuierung als Verwundetentransportschiff (VTS) zum Einsatz. Chefarzt war M.Stb.Arzt Dr. Jess.

Vermessung:	13 751 BRT
L/B/T:	175,00 m / 22,67 m/10,23 m
Geschw.:	12,0 sm/h.

Im System der Sicherung des Küstenvorfeldes hatten das OKM und die Luftwaffe im Verlauf des Krieges den Ausbau einer Funkmeßkette von Estland bis zur Kieler Bucht veranlaßt. Damit war, unter Ausnutzung modernster Technik, eine effektive Geleitführung sowie Minenabwurfbeobachtung und Navigationshilfe gegeben. Zur weiteren Informationsgewinnung über die Luftlage wurde das Funkmeßnetz des Flugmeldedienstes genutzt. Um den in Seenot geratenen Menschen zu helfen, war seit dem 20. Oktober 1944 die Seenotgruppe 81/Ostsee auf dem Seeflieger-

Das Walfgangmutterschiff *Walter Rau* im Einsatz als Flüchtlingstransporter.

Auf der Evakuierungsfahrt von Pillau nach Hela werden die Flugsicherungsschiffe *Boelcke* und *Greif* am 16. April 1945 von sowjetischen Flugzeugen angegriffen, die *Boelcke* durch Bombentreffer versenkt.

Vermessung:	1351 t
L/B/T:	78,00 m / 10,80 m / 3,65 m
Geschw.:	21,5 sm/h
Bes.:	66 Mann
Bew.:	3 x 3,7 cm 2 x 2 cm, 2 MG.

Flugsicherungsschiff *Greif* der Seenotgruppe 81/Ostsee.

Der Besatzung unter Kapitän Joachim Misch aus Travemünde gelang es im Kriegsjahr 1945, etwa 20000 Menschen aus den östlichen Frontgebieten zu evakuieren. Am 16. April 1945 trat das Schiff schwer beschädigt von Hela den Marsch nach Westen an.

Vermessung:	890 t
L/B/T:	72,00 m / 10,60 m / 3,00 m
Antriebsart:	2 x Voeith-Schneider-Propeller
Geschw.:	18,7 sm/h
Bes.:	63 Mann
Bew.:	keine
Krananlage:	Fahrbarer Portal-Dreh-Kran mit einer Tragfähigkeit von 13,0 t bei einer Ausladung von 6 bis 13 m.

Flüchtlinge haben sich auf dem Seefliegerhorst in Neutief (Pillau) eingefunden, um mit Schiffen der Luftwaffe (See) nach Westen evakuiert zu werden. Zu diesem Zeitpunkt, es ist der 25. Februar 1945, ist das Flugsicherungsschiff *Hans Albrecht Wedel* in den Hafen des Seefliegerhorstes eingelaufen.

Flugsicherungsschiff *Hans Albrecht Wedel* wird am 8. Februar 1945 um 12.20 Uhr in der Danziger Bucht bei einem sowjetischen Flugzeugangriff durch Bombentreffer versenkt.

Vermessung:	1 375 t
L/B/T:	83,80 m / 11,00 m / 3,35 m
Geschw.:	21,5 sm/h
Bes.:	66 Mann
Bew.:	1 x 3,7 cm, 10 x 2 cm.

Fregattenkapitän Erich Brauneis, am 16. März 1894 in Wien geboren, diente im Ersten Weltkrieg bei der österreichischen k. u. k. Kriegsmarine. Nach einem bewegten Privatleben meldete er sich bei der deutschen Kriegsmarine, worauf er am 1. Dezember 1938 als Oblt.z.S. z.V. einberufen wurde. Im Verlauf des Zweiten Weltkrieges übernahm er verschiedene Kommandos. Für seine hervorragenden militärischen Leistungen als Flo.Chef der 24. L-Fl. wurde ihm am 28. Dezember 1944 das Ritterkreuz des EK verliehen und am 11. Januar 1945 sein Name in die Ehrentafel der Marine eingetragen.
Am 8. März erfolgte seine Ernennung zum Leiter des Meldekopfes Pillau. Damit hatte er die Sicherung und Koordinierung aller im Raum Ostpreußen anfallenden Transport- und Geleitaufgaben durchzuführen. Als in der Nacht vom 25./26. April Pillau geräumt werden muß, verlegt Brauneis an die Weichselmündung. Erst der letzte Geleitbefehl der 9. Sich.Div. »G 2451« vom 8. Mai 1945 entband ihn von dieser für den Heeresnachschub und für den Flüchtlingsstrom gleich wichtigen Aufgabe. Brauneis konnte auf seinem erprobten Chefboot *SW 11* wieder selbst die Führung seiner Flottille übernehmen und lief mit dem letzten Geleit, das Hela verließ, nach Westen ab.

horst Bug/Rügen neu aufgestellt worden. Der Einsatz erfolgte auf der gesamten Ostsee und in direktem Zusammenwirken mit der Seekriegsleitung bzw. mit den in Seenot geratenen Schiffen und Booten.
Hauptzielhäfen der Evakuierungstransporte waren bis Mitte April 1945 Swinemünde als Zentralhafen sowie die Häfen Stettin, Saßnitz, Rönne und Kopenhagen. Durch die hohe Transportleistung der Schiffe kam es in den Zielhäfen kurzzeitig zur Ballung von Soldaten und Flüchtlingen. Nicht alle konnten sofort mit der Eisenbahn ins Reichsinnere transportiert werden. In Abhängigkeit von der Größe und vom Typ der Handelsschiffe wurden mitunter Tausende von Menschen auf einem Schiff befördert. Als Beispiel seien hier der Untergang des M/P *Wilhelm Gustloff* (25 660 BRT), M/P *Steuben (*14 660 BRT) und des M/S *Goya* (5 230 BRT) genannt. Mit dem Untergang dieser drei Schiffe sind etwa 12 900 Menschen ums Leben gekommen. Das traurigste Kapitel des Seekrieges in der Ostsee und zugleich die größte Schiffskatastrophe der Welt, war der Untergang der *Goya,* bei der etwa 5 900 Menschen den Tod fanden. Doch die Evakuierungstransporte gingen ununterbrochen weiter.
Aufgrund der zusammengebrochenen Luftverteidigung über dem Reichsgebiet war es den alliierten Fernfliegerkräften möglich, nahezu ungehindert Tag- und Nachtangriffe zu fliegen. Die Ansammlung der Schiffe auf den Reeden und in den Häfen waren für die alliierten Flieger ein lohnendes Ziel.
Entsprechend der Bombertaktik der Westalliierten zur Terrorisierung der deutschen Bevölkerung erfolgten auch zielgerichtete Angriffe auf die Evakuierungshäfen Swinemünde, Stettin und Saßnitz. So kamen allein bei dem amerikanischen Bombenangriff am 12. März 1945 auf die Stadt und den Hafen von Swinemünde etwa 23 000 Menschen ums Leben. Militärische Objekte wurden dabei nicht nennenswert beschädigt.
Nachdem sich Hitler am 30. April durch Selbstmord der Verantwortung entzogen und Großadmiral Dönitz zu seinem Nachfolger ernannt hatte, formulierte der Großadmiral als neuernanntes Staatsoberhaupt und Oberbefehlshaber der Wehrmacht in seinem Aufruf vom 2. Mai 1945 die anstehenden Aufgaben (Auszug):
»Meine erste Aufgabe ist es, deutsche Menschen vor der Vernichtung durch den vordrängenden bolschewistischen Feind zu retten. Nur für diesen Zweck geht der militärische Kampf weiter.«
Um dieses Ziel zu erreichen war er bestrebt, eine rein militärische Teilkapitulation im gesamten nordwestdeutschen Raum, ohne Behinderung der Absetzbewegung aus dem Osten zu Lande und zu Wasser mit dem Oberbefehlshaber der 21. alliierten Heeresgruppe, Feldmarschall Montgomery, abzuschließen. In beidseitigem Interesse (Einstellung des U-Boot-Krieges gegen England – d. Verf.) erfolgte am 4. Mai die Unterzeichnung der Kapitulationsurkunde, mit der Maßgabe, daß die Kampfhandlungen gegenüber den britischen Truppen ab 5. Mai 1945 um 8.00 Uhr einzustellen sind.
Damit war es der neuen Reichsregierung gelungen, Zeit zu gewinnen die Evakuierungstransporte weiterzuführen.
»Skl.: Fernschreiben -Kr-Blitz-abgesetzt: 434 7/5.

Korvettenkapitän Erich Brauneis (4 v. l.) mit den Männer seines Stabes auf seinem Chefboot *SW 11* der 24. L-Fl., ein ehemaliges Polizeiboot aus Stralsund.

1800 an KNA/Skl. Funkspruch auf allen Ostsee-Wellen: An alle: Transporte deutscher Menschen aus Osten mit höchster Beschleunigung durchführen.«

Nachdem die bedingungslose Kapitulation unterzeichnet worden war, ergeht am 7. Mai 1945 vom OKW der Befehl »OKW/WFSt Nr. 89003/45 g.K.Chefs« an alle deutschen Streitkräfte der Befehl, ab 9. Mai 1945, 1.00 Uhr (DSZ) allen erlassenen Befehlen der Alliierten Expeditionsstreitkräfte und des sowjetischen Oberkommandos Folge zu leisten. Um aber die Rückführung und damit die Rettung deutscher Soldaten und Flüchtlinge aus dem sowjetischen Einzugsbereich bis zur letzten Minute zu gewährleisten, ergeht ein Zusatzbefehl für die HGr. Kurland und das AOK Ostpreußen, in dem es heißt:

»Alle bis zum 9. Mai 1945, 1.00 Uhr gegebenen Möglichkeiten zum Abtransport über See sind unter äußerster Anspannung aller Kräfte auszunutzen. Alle Schiffe müssen bis zu diesem Zeitpunkt ausgelaufen sein.«

Aufgrund dieses Befehls befanden sich am 9. Mai noch sechs Evakuierungsgeleite aus den Häfen Windau und

Führerschiff *Rugard* des Chefs der 9. Sich.Div., F.Kapt. Adalbert von Blanc. 1927 für die Stettiner Dampfschiffahrts-Gesellschaft J. F. Braeunlich GmbH als Salon-Schnelldampfer gebaut und bei Kriegsausbruch 1939 von der Kriegsmarine übernommen.

Vermessung:	1358 BRT
L/B/T:	76,80 m / 10,90 m / 3,70 m
Geschw.:	15,0 sm/h
Bew.:	1 x 8,8 cm 1 x 3,7 cm Einzellafette 3 x 2 cm Doppellaffetten.

Kommandant des S-Boot-Begleitschiffes *Tsingtau,* Oblt.z.S.(KrO) Kurt Kmetsch.

Libau sowie mehrere kleinere Gleiter der 9. Sich.Div. von Hela und diverse Einzelfahrer im Seegebiet der östlichen Ostsee in See.

Am 8. Mai ergeht um 23.00 Uhr ein offener Funkspruch des Stabes der sowjetischen Baltischen Rotbannerflotte (BRF) an alle deutschen Kampf-, Handels- und Hilfsschiffe in See:

»In Übereinstimmung mit den Bedingungen der Kapitulation und den Befehlen der deutschen Führung haben sie die Häfen Memel und Kolberg zur Übergabe anzulaufen. Allen sich freiwillig Ergebenden wird das Leben, den Offizieren das Behalten der Uniform, Rangabzeichen und Orden garantiert.«

Kein Kommandeur bzw. Kommandant der in See befindlichen Schiffe kam dieser Aufforderung nach. Jeder versuchte, so schnell wie möglichst die sowjetische Operationszone zu verlassen und die britischen bzw. die schwedischen Hoheitsgewässer zu erreichen. Keiner wollte das Risiko eingehen, in sowjetische Kriegsgefangenschaft zu geraten.

Der Stab der BRF führte am darauffolgenden Tag eine intensive Seeaufklärung durch und mußte feststellen, daß seiner Aufforderung zum Einlaufen in die festgelegten Häfen nicht nachgekommen wird. Daraufhin setzte er alles daran, diese Transporte zu verhindern. So erfolgten am 9. Mai, in der Zeit von 17.00 bis 18.00 Uhr, die letzten Angriffe sowjetischer Schnellboote und Fliegerkräfte auf die in See befindlichen Geleite.

Dieser beidseitige Waffeneinsatz, am ersten Tag des Friedens, waren die letzten Kampfhandlungen zwischen Ein-

S-Boot-Begleitschiff *Tsingtau* der 2. Schnellbootsschulflottille.
Im letzten Kriegsjahr war der Stützpunkt der Flottille der Hafen Libau. Mit 3780 Soldaten an Bord verließ das Schiff am 8. Mai den Hafen und trat im letzten Großgeleit seinen Marsch nach Westen an. Ein sowjetischer Torpedoschnellbootangriff auf die *Tsingtau* konnte durch die sie begleitenden S-Boote abgewehrt werden.

Vermessung:	2490 t
L/B/T:	87,46 m / 13,50 m / 4,01 m
Geschw.:	17,5 sm/h
Bew.:	2 x 8,8 cm, 8 x 2 cm.

Pionierlandungsfähre *319* des Landungspionier-Bataillons 128 mit Kurlandkämpfern an Bord auf dem Weg von Windau nach Westen – 9. oder 10. Mai 1945.

heiten der deutschen Kriegsmarine und der Roten Armee. Der Zweite Weltkrieg war damit in Europa endgültig beendet. Nach der bedingungslosen Kapitulation am 9. Mai 1945, 24.00 Uhr MEZ (1.00 Uhr DSZ), äußerte sich Großadmiral Dönitz am 9. Mai in seiner Rede vor Offizieren in Flensburg-Mürwik:

»… General Eisenhower forderte nunmehr die sofortige totale Kapitulation, nachdem wir fast eine Woche lang durch partielle Kapitulationen Vorteile für uns errungen hatten. …

Ich mußte mich daher zur Kapitulation entschließen und habe diese angeordnet. Hierbei war für mich noch mitbestimmend, daß Generaloberst Jodl wenigstens erreicht hatte, daß die Kapitulation und damit das Stehenbleiben in den erreichten Räumen erst in 48 Stunden stattfinden sollte. Hiermit hatten erstens die Heeresgruppen Zeit gewonnen, sich noch nach Westen vor dem russischen Zugriff in amerikanische Hand abzusetzen, und zweitens war es mir möglich, in diesen 48 Stunden noch weitere Flüchtlinge aus dem Kurland- und Ostpreußen-Raum

Hafen Libau: M/S *Wolta* nimmt Ausrüstung und Heereseinheiten an Bord.
Am 7. August 1941 als niederländisches M/S *Aldabi* beschlagnahmt, zum Zielschiff umgebaut und ab 2. Februar 1942 als M/S *Wolta* in Fahrt.

Vermessung:	7368 BRT
L/B/T:	145,35 m / 18,29 m / 7,90 m
Geschw.:	13,5 sm/h
Bew.:	1 x 10,5 cm, 2 x 3,7 cm, 4 x 2 cm, 4 MG.

Pionierfähre 313 beim Ablegen im Hafen Rönneham am 9. Mai 1945.
Unter Gegnerbeschuß geht die Fahrt über die Ostsee und endet im schwedischen Kalmar.

2 cm Vierlingsflak auf einem Vorpostensicherungsboot.

Räumboote und Vorpostenboote ex: Fischereifahrzeuge in der Geleitsicherung der Ostsee.

abzutransportieren. Zur Zeit befinden sich noch 31 Transporter auf dem Wasser der Ostsee, angefüllt mit deutschen Soldaten und Menschen, die in diesen 48 Stunden noch gerettet werden konnten.«
Trotz aller Anstrengungen verblieben noch etwa 320 000 Soldaten in den vier letzten Verteidigungsbereichen. Sie mußten sich den Soldaten der Roten Armee ergeben.

In sowjetische Gefangenschaft gerieten	
Verteidigungsbereich	Soldaten
1. Kurland	ca. 208 000 Mann
2. Weichselmündung	ca. 40 000 Mann
3. Halbinsel Hela	ca. 60 000 Mann
4. Insel Bornholm	ca. 12 000 Mann

Analysiert man die in den bisherigen Veröffentlichungen voneinander abweichenden Transportzahlen deutscher Menschen aus dem Osten, so kann eingeschätzt werden, daß etwa 2,5 Millionen Zivilisten und Soldaten im Verlauf der 115 Tage währenden Seetransporte evakuiert werden konnten. Es muß aber auch erwähnt werden, daß im Zeitraum von Januar 1945 bis zum Kriegsende 123 Handelsschiffe (464 340 BRT) vom Gegner in der Ostsee versenkt worden sind, wobei etwa 19 150 Menschen (0,8 Prozent der über See transportierten) den Tod fanden. Kaum vorhandene Schiffslisten sowie fehlende Belegzahlen der untergegangenen Schiffe werden es uns wohl nie ermöglichen, die wirkliche Zahl an Menschenopfern im Rahmen der Seetransporte exakt zu ermitteln.

OKW-Befehl zur Durchführung der Kapitulation im Nordraum.
(OKW Führungsstab, B.Nr. 003007/45 g. Kdos vom 4. Mai)

„Ab 5. 5. 45 08.00 Uhr deutsche Sommerzeit Waffenruhe gegenüber den Truppen des Feldmarschalls Montgomery. Sie umfaßt alle Verbände des Heeres, der Kriegsmarine, der Luftwaffe und der Waffen-SS im Bereich der Niederlande, Friesland einschließlich der west- und ostfriesischen Inseln und Helgoland, Schleswig-Holstein und Dänemark. Sofort an sämtliche unterstellten Truppen bekanntgeben. Eingang des Befehls nachprüfen. Truppe bleibt mit ihren Waffen in Stellung. In See befindliche Transportbewegungen der Kriegsmarine laufen weiter. Keinerlei Zerstörungen, Schiffsversenkungen und Kundgebungen. Sicherung aller Vorräte. Gehorsam und Disziplin mit eiserner Strenge aufrecht erhalten. Weitere Befehle folgen.*)

gez. Keitel."

*) Anm.:
Abschrift dieses Befehls gem. Chef Mar Rüst B.Nr. 2675/45 g. Kdos vom 5. 5. 45.

OKW-Befehl zur Durchführung der Kapitulation im Nordwestraum.

Seeraumüberwachung durch die Luftwaffe (See)

Nachdem sich die Kriegsmarine aus dem Seegebiet des Finnischen Meerbusens zurückziehen mußte, konnte sie die Baltische Rotbannerflotte in ihrer Basis von Leningrad und Kronstadt nicht mehr blockieren. Dadurch erhöhte sich in der östlichen Ostsee die sowjetische U-Boot-Gefahr.
Die auf dem Seefliegerhorst Nest stationierte Bordfliegergruppe (BFGr.) 196 konnte mit den ihnen zur Verfügung stehenden Maschinen vom Typ Do 18 und Ar 196 nur am Tage U-Boot-Jagd fliegen. Deshalb konnten sich sowjetische U-Boote in der Nacht in Überwasserlage auf Warteposition legen. So gelang es dem sowjetischen U-Boot-Kommandanten, K.Kapt. (Kapitän 3. Ranges) A. I. Marinesko, mit seinem Boot *S 13* die am 30. Januar 1945 nach Westen ablaufende *Wilhelm Gustloff* (25 660 BRT) mit drei Torpedos zu versenken.
Als Großadmiral Dönitz auf der Führerkonferenz am 31. Januar 1945 in Berlin seinen Vortrag betreffs Marineangelegenheiten hielt, berichtete er u.a. auch über den Verlust der *Wilhelm Gustloff.* Dabei verwies er auf die fehlende flächendeckende U-Boot-Jagd durch Flugzeuge, hatte doch der Gegner den eigenen U-Boot-Krieg seit Sommer 1942 durch Flugzeuge, die mit Funkmeßgeräten ausgerüstet waren, stark behindert. Hitler unterstrich die Ausführungen des Ob.d.M. und forderte die Luftwaffe auf,

zu überprüfen, inwieweit der Kriegsmarine Unterstützung gegeben werden kann.
Mit dem Zusammenbruch der Fronten war es der Luftwaffe möglich geworden, Besatzungen und Flugzeuge für die Geleitsicherung in der Ostsee bereitzustellen.
Anfang Januar 1945 erfolgte in Pillau die Aufstellung der Seeaufklärungsgruppe (SAGr.) 126 (F) im Verband der Luftflotte 6, Gruppenkommandeur war Major Nebelin. Für die Gruppe wurden die mit Funkmeßgeräten und Wasserbomben ausgerüsteten Flugboote des Typs BV 138 bereitgestellt. Mit dem Einsatz dieses Flugbootes war es nun endlich möglich, auch in der Dunkelheit der Nacht eine U-Boot-Jagd durchzuführen.
Die 1. und 3. Staffel waren in Bug a. Rügen stationiert, während die 2. Staffel in Pillau verblieb. Bereits am 29. Januar verlegte der Stab der SAGr. 126 von Pillau zur Flieger-Waffenschule (See) Parow.
Flugzeugführer Wilhelm Nickisch berichtet:
»Nachdem ich am 25. August 1944 meinen letzten Aufklärungsflug über dem Schwarzen Meer mit einer Ar 196 durchgeführt hatte, erhielt ich noch am gleichen Tag den Befehl zum Rückflug in die Heimat. Über Warna, Saloniki, Belgrad, Wien und Brandenburg landete ich am 3. September in Travemünde. Nachdem ich die Maschine dort abgestellt hatte, schickte man mich mit dem Zug nach List a. Sylt und von dort wiederum mit dem Zug nach Kopenhagen zur Flugzeug-Ergänzungsstaffel (See). Bereits am 24. Oktober befand ich mich mit einer BV 138 auf einem Navigationsflug nach Kamp in Pommern, mußte ich doch die Ostsee als mein neues Operationsgebiet wieder kennenlernen. War ich doch seit meiner Versetzung, im Juni 1942, ans Schwarze Meer nicht mehr hier gewesen. Mit diesem Flugboot war ich gut vertraut, hatte ich doch im Schwarzen Meer auf der BV 138 und Ar 196 1032 Feindflugstunden hinter mir.
Die Ausbildung, einschließlich der Unterweisung am Schiffszielsuchgerät, dem Funkmeßgerät FuG 200, dauerte bis zum 24. Januar 1945. Danach fuhr ich mit meiner Besatzung nach List und übernahm dort eine neue BV 138. Am 24. Februar starteten wir dann zum Überführungsflug nach Bug a. Rügen.
Personelle Zusammensetzung der Besatzung:

Funktion	Dienstgrad	Name
Kommandant	Lt.	Lieberum
Flugzeugführer	Ob.Fw.	Nickisch, Wilhelm
Bordfunker		unbekannt
Bordmechaniker		unbekannt
Bordschütze		unbekannt

Zu unserer Staffel gehörten etwa neun Maschinen. Unseren ersten U-Boot-Jagdflug startete ich am 27. Februar um 18.10 Uhr und landete am 1. März um 1.29 Uhr in Kopenhagen. Wir hatten eine Strecke von 1600 Kilometern über der Ostsee zurückgelegt. Neben den Überwachungsflügen startete ich aber auch zu sieben Evakuierungsflügen. So konnten wir aus den Fliegerhorsten Nest und Kamp 274 Flüchtlinge mit Gepäck ausfliegen. Die U-Boot-Jagd und Geleitsicherung führten wir bis zum 5. Mai 1945 durch.«

Leutnant der Luftwaffe Günther Goroncy, geb. am 30. Dezember 1923 in Hamburg-Fulsbüttel, war im Zweiten Weltkrieg Beobachter und Kommandant eines Flugbootes BV 138.

Auch von der Nordfront wurden erfahrene Flugzeugbesatzungen abgezogen und kamen in der Ostsee zum Einsatz. So auch die Besatzung von Leutnant Günther Goroncy, die im März 1945 von Tromsö nach Deutschland verlegt wurde. Per Schiff und Bahn kamen sie schließlich am 15. März in Bergen auf Rügen an und gelangten mit dem LKW zum Fliegerhorst Bug. Zur 1. Staffel gehörten neun BV 138, Staffelkapitän war Hptm. Nagel. Die 3. Staffel wurde von Staffelkapitän Hptm. Vogel geführt. Der Kommandant, Leutnant Goroncy, berichtet:

Eine Arado Ar 196 wird von Bord eines Flugsicherungsschiffes zu Wasser gelassen und startet zum Aufklärungsflug. Die Ar 196 wurde als Seeaufklärer und zur U-Boot-Jagd eingesetzt. Die Kriegsmarine setzte die Maschine als Standard-Bordflugzeug ein.

Bes.: 2 Mann
Reichw.: 1 070 km
Geschw.: km/h
Bew.: 2 x 2 cm MG FF in den Flügeln, 1 x 7,9 mm MG 17 auf der Rumpfoberseite, 1 x MG 81 Z (2 x 7,9 mm) im B-Stand
Zuladung: 2 x 50 kg Bomben.

Aufklärungsflugboot Do 18 D im Einsatz über der Ostsee
Bes.: 4 Mann
Geschw.: 250 km/h
Reichw.: 4 225 km
Bew.: 2 x 7,9 mm MG 15.

Eine BV 138 wird auf dem Fliegerhorst Parow startklar gemacht. Unter der rechten Tragfläche ist die Aufhängung für die Spreng- bzw. Wasserbomben zu erkennen.
Das Flugboot vom Typ BV 138 C-1 zeichnete sich besonders durch die robuste Bauausführung, starke Bewaffnung und hervorragende Flugeigenschaften für die Aufklärungs- und Beobachtungsaufgaben aus. Es war mit drei flüssigkeitsgekühlten 12-Zylinder-Junkers-Dieselmotoren mit je 600 PS (441,3 kW) ausgestattet. Die Treibstoffzuladung betrug 5 Tonnen Diesel. Damit erreichten die Piloten eine maximale Flugdauer von 18 Stunden mit einer Reichweite von 4 500 Kilometern. Während benzinbetankte Flugzeuge wegen Treibstoffmangels nicht mehr starten konnten, flogen die BV 138 bis zum Kriegsende ihre Feindflüge im Atlantik, der Nordsee und der Ostsee.

Bes.: 5 Mann (6 Mann max. möglich)
Geschw.: 275 km/h
Gipfelh.: 5 000 m
Bew.: 2 x 2 cm-Kanonen-MG 151/20 im Drehturm, 1 x 1,3 cm MG 131/13, Abwurfwaffen: 6 x SC-50 Spreng- oder 4 Wasserbomben von je 50 kg, Zielgerät »Lotfe 7D«.

Zur funktechnischen Ausrüstung gehörte das zur Ortung von Seezielen entwickelte Funkmeßgerät FuG 200 »Hohentwiel«.

»Nachdem wir in unserem neuen Heimathorst eingetroffen waren, flogen wir unsere U-Jagdeinsätze bis weit in die östliche Ostsee hinein.
Personelle Zusammensetzung der Besatzung:

Funktion	Dienstgrad	Name
Beobachter/Kmdt.	Lt.	Goroncy, Günther
Flugzeugführer	Fw.	Culemann, Carl-Reinhold
Bordfunker	Uffz.	Bleidorn
Bordmechaniker	Uffz.	Lunow
Bordschschütze	Uffz.	Behrens, Hein

Am 23. April befand ich mich wieder einmal im Nachteinsatz. Beim Erreichen der Danziger Bucht flogen wir in diesem Seegebiet mehrere Suchkreise. Es war eine herrliche Vollmondnacht, die Sicht war klar und die See ruhig. Als wir uns nördlich von Hela befanden, registrierte unser Funkmeßgerät ein Ziel in 30 Kilometer Entfernung. Ich ließ auf das Ziel zufliegen und bei einer Entfernung von 10 Kilometern (?) konnten wir ein U-Boot in Überwasserfahrt ausmachen. Wir identifizierten es als ein russisches U-Boot. In 300 Meter Höhe flogen wir das Ziel im spitzen Winkel (10°) von achtern an. Ich machte das Bombenzielgerät ›Lotfe 7D‹ klar und stellte die Wasserbomben-Abwurfeinrichtung auf Reihenwurf ein. Nach dem Abwurf bestätigte der Heckschütze ›Volltreffer!‹ Ob wir das Boot mit unseren sechs 50 Kilogramm schweren Wasserbomben versenkt oder aber nur schwer beschädigt haben, kann ich nicht sagen.«

Die Versenkung eines sowjetischen U-Bootes am 23. April konnte bisher nicht bestätigt werden.

Leutnant Goroncy flog noch am 1. Mai 1945 den Horst der Fl. Waffenschule (See) Parow an und konnte nach dem Start den Vormarsch sowjetischer Einheiten um Stralsund beobachten. Bis zum 3. Mai war er mit seiner Besatzung zur U-Boot-Jagd und Geleitsicherung von Kopenhagen aus eingesetzt.

Auf einer Lagebesprechung beim Luftflottenkommando 6, am 7. März 1945, verlangte der Marineverbindungsoffizier, den Jagdschutz von Geleiten zu verstärken, da die Seewege zu den östlichen Häfen durch die zunehmende Besetzung der pommerschen Küste, immer länger geworden sind.

Durch den Verlust der Luftherrschaft und den unzureichenden Jagdschutz mußte sich die Kriegsmarine damit behelfen, ihre Einheiten verstärkt mit Fla-Waffen auszurüsten, um sich der in Massen anfliegenden sowjetischen Flugzeuge zu erwehren.

So wurde vorgeschlagen, eine Ar 196-Staffel auf Me 410 umzurüsten und eine Jagdgruppe auf der Insel Bornholm zu stationieren. Aufgrund der militärischen Lage konnte dieser Vorschlag nicht mehr realisiert werden.

Auszug aus dem Flugbuch des Flugzeugführers Wilhelm Nickisch (S. 86), das er seit 20. September 1939 führte.
»Am 12. April 1945 war nicht mein letzter Flug, es müßten noch vier Wochen nachgetragen werden …
Anfang Mai löste der Horst-Kommandant vom Fliegerhorst Bug die Bewachung auf und unsere Wehrpässe wurden uns ausgehändigt. Am Nachmittag des 7. Mai erteilte Hptm. Vogel den Befehl zum Abflug nach Kopenhagen. Dort erlebten wir dann die Kapitulation.
Unsere geheimen Funkunterlagen ›Faut‹ wurden verbrannt, der Krieg war auch für uns aus!«

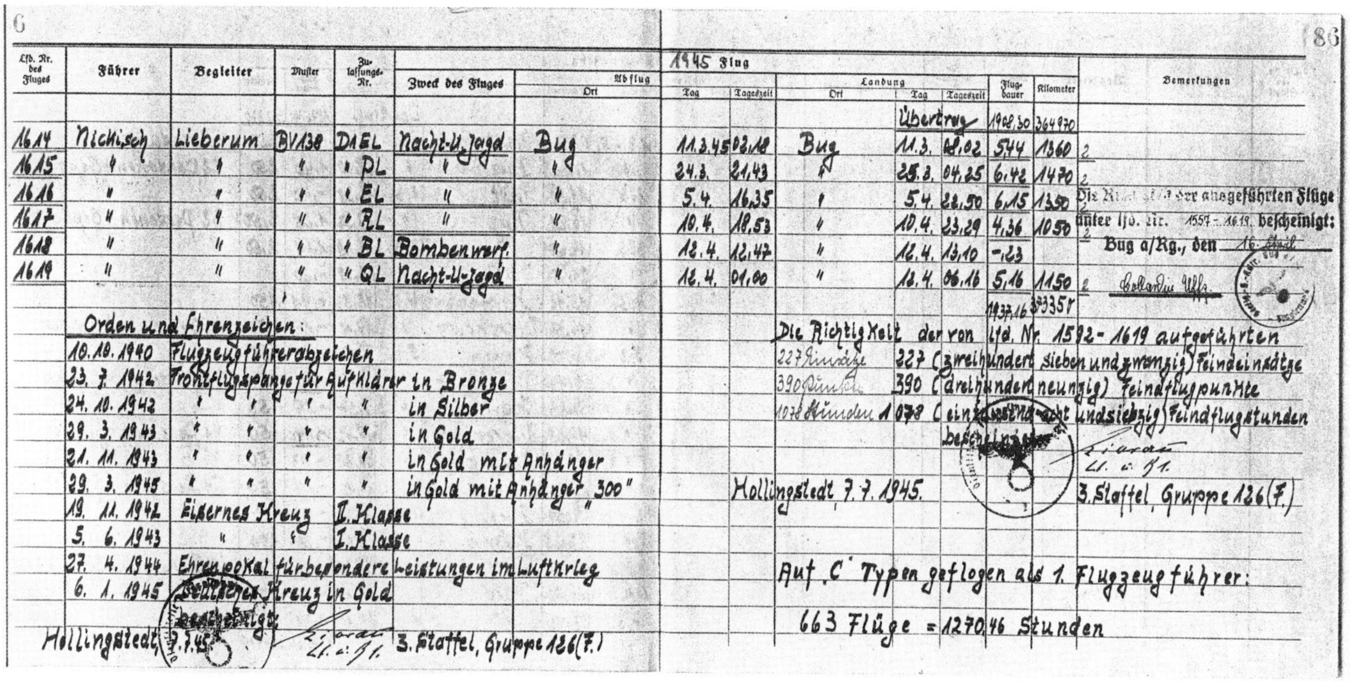
6 — 86

Lfd. Nr. des Fluges	Führer	Begleiter	Muster	Zulassungs-Nr.	Zweck des Fluges	Abflug Ort	Tag	Tageszeit	Landung Ort	Tag	Tageszeit	Flugdauer	Kilometer	Bemerkungen
										Übertrag		1908.30	364970	
1614	Nickisch	Lieberum	BV138	DAEL	Nacht-U-Jagd	Bug	11.3.45	02.18	Bug	11.3.	08.02	5.44	1360	2
1615	"	"	"	PL	"	"	24.3.	21.43	"	25.3.	04.25	6.42	1470	2
1616	"	"	"	EL	"	"	5.4.	16.35	"	5.4.	22.50	6.15	1350	
1617	"	"	"	RL	"	"	10.4.	18.53	"	10.4.	23.29	4.36	1050	
1618	"	"	"	BL	Bombenwurf	"	12.4.	12.47	"	12.4.	13.10	-.23		
1619	"	"	"	QL	Nacht-U-Jagd	"	12.4.	01.00	"	12.4.	06.16	5.16	1150	2
												1937.16	373351	

Die Richtigkeit der ausgeführten Flüge unter lfd. Nr. 1557–1619 bescheinigt:
Bug a/Rg., den 16. April
Hollander Uffz.

Orden und Ehrenzeichen:
10.10.1940 Flugzeugführerabzeichen
23. 7. 1942 Frontflugspange für Aufklärer in Bronze
24. 10. 1942 " " " " in Silber
29. 3. 1943 " " " " in Gold
21. 11. 1943 " " " " in Gold mit Anhänger
29. 3. 1945 " " " " in Gold mit Anhänger „300"
19. 11. 1942 Eisernes Kreuz II. Klasse
5. 6. 1943 " " I. Klasse
27. 4. 1944 Ehrenpokal für besondere Leistungen im Luftkrieg
6. 1. 1945 Deutsches Kreuz in Gold
beglaubigt:
Hollingstedt, 7.7.45 — Lt. u. Stf. — 3. Staffel, Gruppe 126 (F.)

Die Richtigkeit der von Lfd. Nr. 1592–1619 aufgeführten
227 Einsätze 227 (zweihundert sieben und zwanzig) Feindeinsätze
390 Punkte 390 (dreihundert neunzig) Feindflugpunkte
1078 Stunden 1078 (eintausend acht und siebzig) Feindflugstunden
bescheinigt
Lt. u. Stf.
Hollingstedt 7.7.1945. — 3. Staffel, Gruppe 126 (F.)

Auf „C" Typen geflogen als 1. Flugzeugführer:
663 Flüge = 1270.46 Stunden

U-Boote im Einsatz zur Evakuierung

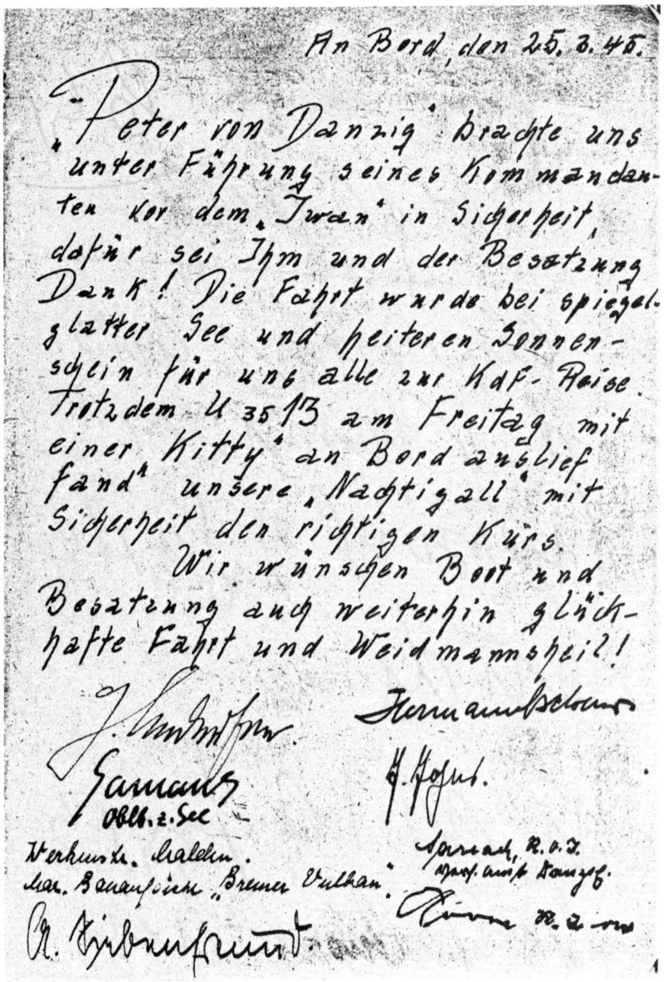

An Bord, den 25.3.45.

„Peter von Danzig" brachte uns unter Führung seines Kommandanten vor dem „Iwan" in Sicherheit, dafür sei Ihm und der Besatzung Dank! Die Fahrt wurde bei spiegelglatter See und heiteren Sonnenschein für uns alle zur KdF-Reise. Trotzdem U 3513 am Freitag mit einer „Kitty" an Bord auslief fand unsere „Nachtigall" mit Sicherheit den richtigen Kurs.

Wir wünschen Boot und Besatzung auch weiterhin glückhafte Fahrt und Weidmannsheil!

Oblt. z. See

Mit der sich zusehend verschlechternden militärischen Lage im Frontabschnitt der Danziger Bucht im Frühjahr 1945 ergab sich die Notwendigkeit, auch U-Boote für die Evakuierung einzusetzen.

Im Rahmen der operativen Planung der Evakuierung hatte die Seekriegsleitung von vornherein, aus Gründen der technischen Sicherheit, keine U-Boote in die Evakuierungsmaßnahmen mit einbezogen.

Doch oftmals standen die U-Boot-Kommandanten situationsbedingt selbst vor der Entscheidung, ob sie zusätzlich Verwandte, Freunde, Flüchtlinge, Verwundete oder Soldaten an Bord nehmen sollten.

Nachfolgende Tabelle gibt einen Überblick über die bisher ermittelten U-Boote, die an den Evakuierungsfahrten beteiligt waren bzw. deren Kommandanten auf eigenen Entschluß Passagiere an Bord nahmen und diese nach Westen brachten. Die Zusammenstellung erfolgte in Abstimmung mit dem U-Boot-Archiv in Cuxhaven (Stand: Februar 1996).

Auszug aus dem Gästebuch von *U 1171/U 3513* »Peter von Danzig«. Am 25. März 1945 traf *U 3513* mit den aus Danzig und Hela Evakuierten in Travemünde ein, wo sich einige Herren in Dankbarkeit in das Gästebuch eintrugen.
So u.a. Herr Jörgen Andersen vom Hauptausschuß Schiffbau – Berlin und Herr Horst Schneider von den Siemens-Schuckert-Werken Berlin.

Oblt.z.S. Otto H. Nachtigall, Kommandant von *U 3513*. Die drei Besatzungsangehörigen kannte er bereits von den Booten *U 430* und *U 1171*. Sie waren die »Alten Hasen« auf *U 3513* (v.l.n.r.) Masch.Gefr. Zug (oder Zuch), Oblt.z.S. O. H. Nachtigall, Masch.Ob. Gefr. Willi Nordmann und Masch.Mt. Kiour.

Monat	U-Boot	von	nach	Evakuierte	Bemerkung
Januar	*U 14*	Gotenhafen	Kiel	2	Fr. u. Kl. Ki.
	U 17	Gotenhafen	Kiel	20	Bes. Angeh.
	U 56	Pillau	Kiel	8–10	Fr. u. Ki.
	U 57	Pillau	Kiel	8–10	Fr. u. Ki.
Januar	*U 58*	Pillau	Kiel	8–10	Fr. u. Ki.
	U 59	Pillau	Kiel	8–10	Fr. u. Ki.
	U 152	Pillau	Kiel	129	Fr. u. Ki.
	U 746	Pillau	Stettin	15	Schw.Verw.
	U 778	Pillau	Stettin	20	Flüchtlinge
	U 828	Danzig	Swinemünde	5	Fr. u. Ki. des I. WO
	U 903	Kolberg	Swinemünde	50	Üb. d. *Gustloff*
	U 1065	Pillau	Warnemünde	16	Verw.
	U 1306	Pillau	Kiel	12	Ki. (KLV)
	U 3501	Danzig	(Westen)	?	Flüchtlinge
	UD 4	Königsberg	Eckernförde	3	Ehep. u. Ki.
Februar	*U 721*	Hela	Warnemünde	31	HJ
	U 747	Gotenhafen	Kiel	30–40	Flüchtlinge
	U 822	Hela	Stettin	1	Fr.
	U 1197	Pillau	Kiel	41	Flüchtlinge
	U 2502	Hela	Travemünde	30	Fr. u. Ki.
	U 2524	Gotenhafen	Warnemünde	25–30	Flüchtlinge
	U 3012	Hela	Swinemünde	60	Flaksoldaten
	U 3514	Hela	Travemünde	8	Schw.Verw.
März bis Kriegsende	*U 721*	Hela	Warnemünde	*	Flüchtlinge
	U 828	Swinemünde	Brunsbüttel	17	6 Fr. u. 11 Ki.
	U 924	Hela	Warnemünde	16	Jungen
	U 999	Hela	Warnemünde	40	Flüchtlinge
	U 1007	Hela	Rönne	35	HJ
	U 1110	Danzig	Kiel	60	Flüchtlinge
	U 1205	Hela	Warnemünde	20	Jungen
	U 1306	Hela	Swinemünde	15	HJ u.
				4	1 Fr. mit 3 Ki.
	U 2503	(Genaue Berichte fehlen noch!)			
	U 2518	Hela	Swinemünde	6	3 Fr. u. 3 Ki.
	U 2521	(Genaue Berichte fehlen noch!)			
	U 2533	Hela	Rönne	50	HJ
	U 3010	Hela	Travemünde	50	Marine-HJ
	U 3012	Hela	Rönne	50	Flaksoldaten
	U 3020	Hela	Travemünde	50	HJ
	U 3023	Hela	Swinemünde	120	Flaksoldaten
	U 3025	Hela	Rönne	50	HJ
	U 3507	Gotenhafen	(Westen)	60	HJ
	U 3511	Hela	Travemünde	50	Jungen
	U 3513	Hela	Travemünde	ca. 70	davon 50 HJ
	U 3517	Danzig	(Westen)	53	Jungen d. KLV
	U 3522	Hela	Rönne	ca. 50	HJ
	U 3524	Danzig	Kiel	?	Flüchtlinge
	U 3529	Danzig	Vor Bornholm an ein HS übergeben	?	Flüchtlinge

Erklärung:
* *U 721* führte zwei Fahrten durch und brachte jeweils etwa 100 Flüchtlinge nach Warnemünde.

- Dop. Bes. Doppelte Besatzung
- HJ Hitlerjungen
- Ehep. Ehepaar
- Fr. Frauen
- Ki. Kinder
- Kl.Ki. Kleinkinder
- Schw.Verw. Schwerverwundete
- Üb. Überlebende
- Stützp. Stützpunkt
- HS Hilfsschiff
- KLV Kinderlandverschickung

Ein besonderer Schwerpunkt war in den letzten Kriegsmonaten die Evakuierung der U-Boot-Ausbildungsbasen aus Danzig, Gotenhafen und Hela sowie der wichtigsten Industrieanlagen bzw. -maschinen und des dazugehörigen Personals. Für den Abtransport des Personals wurden u.a. auch einige der in »Agru-Front« stehenden U-Boote herangezogen.
Am 2. Dezember 1944 hatte Oberleutnant zur See Otto H. Nachtigall sein neues Boot, *U 3513* »Peter von Danzig« in der Schichau-Werft Danzig in Dienst gestellt. Truppendienstlich wurde das Boot der 8. U-Fl. Danzig, Flo.Chef F.Kapt. Hans Pauckstadt unterstellt. Stellvertretend für all die Kommandanten, die mit ihren Booten Evakuierungsfahrten durchgeführt haben, schildert er seinen Verlegungsmarsch nach Westen in die Lübecker Bucht:
»Nach den üblichen Routine-Prüfungen durch die U-Boot-Abnahmekommandos und verschiedenen Testfahrten in der Ostsee, u. a. auch nach Pillau, verlegte *U 3513* Anfang Januar 1945 zwecks Training und Frontausbildung zur ›Agru-Front‹ nach Hela. Im März liefen wir wieder nach Danzig zurück, um auf der Schichau-Werft notwendige Rest- und Reparaturarbeiten durchzuführen. Zu diesem Zeitpunkt lag Danzig bereits unter Artilleriebeschuß der Russen.
Einige Tage vor Abfahrt nach Hela kam uns der Gedanke, möglichst viele Flüchtlinge an Bord zu nehmen, um sie später nach Absolvierung der Frontreifeprüfung, in den Westen mitzunehmen.
Jeder von uns hatte nach Schulung und Indienststellung von drei in Danzig gebauten Booten Freunde und Bekannte in der Stadt. Wir mochten die Stadt, der wir auch durch die Namensgebung unseres Bootes ›Peter von Danzig‹ unsere Verbundenheit zeigten. Etwa 100 Personen konnten von uns mitgenommen werden, Platz genug hatten wir. Besonders im riesigen Bugraum, der in der Hauptsache der Lagerung von Torpedos diente, die aber noch nicht angeliefert waren.
Wir stellten also eine Liste von mitfahrwilligen Männern, Frauen und Kindern zusammen. Wir ließen sie wissen, daß sie wegen unserer ausreichenden Platzverhältnisse genügend Hab und Gut mitnehmen konnten, soweit es durch Turmluk oder Torpedoluk hindurchging. Gleichzeitig teilten wir ihnen mit, daß einige Stunden vor Auslaufen des Bootes ein von der Heyking-Werft zur Verfügung gestellter LKW vorfahren wird und die Koffer, Wertsachen und kleine Bündel abholt. Zwei Stunden vor dem Auslaufen war die Abholung und Einschiffung unserer ›Passagiere‹ geplant.
Während der Werftliegezeit bereiteten wir alles für die Abfahrt vor und als es dann losgehen sollte, erlebten wir eine Überraschung. Die Danziger waren auf die Idee gekommen, daß Danzig eine freie Reichsstadt sei und sie unter dem Schutz des Völkerbundes stehe. Es könne ihnen von seiten der Russen nichts geschehen. Die alten

U 1306 im Januar 1945 in Swinemünde. Auf dem Turm (v. l. n. r.) Kmdt. Oblt.z.S.d.R. Ulrich Kießling, I. WO Lt.z.S. Erwin Schatz und II.WO Lt.z.S. Maximilian Glaser. Auf dem Westmarsch von Pillau nach Kiel wurden am 25. Januar 1945 zehn Jungen und zwei Mädchen aus KLV-Lager Pillau übernommen und nach Kiel gebracht. Im Verlauf der »Agru-Front«-Ausbildung verließ das Boot am 10. März 1945 den Stützpunkt Hela. An Bord befanden sich 15 Hitlerjungen sowie eine Frau mit ihren drei Kindern. Nach dem Einlaufen in Warnemünde konnten sie wohlbehalten von Bord gehen.
Anschließend erfolgte die taktische Schießausbildung bei der in Warnemünde stationierten 26. U-Flottille. Am 5. Mai 1945 versenkt die Besatzung ihr Boot vor dem Hafen Flensburg.

Danziger Pässe wurden uns als Beweis gezeigt. Natürlich gab es auch andere Gründe für den Verbleib in der Heimat: Familie, Wohnung, eigenes Anwesen sowie die bis dahin noch unzerstörte Stadt. Alles Missionieren und Beschwören, daß es besser sei, mit uns zu fahren, statt einem ungewissen Schicksal unter den Russen entgegenzugehen, war nutzlos. Viele bisher Mitfahrwilligen sprangen ab.
So hatten wir schließlich nur noch etwa 20 Zivilpersonen, die mitfahren wollten. Zusätzlich meldeten sich aber auch noch Werftangehörige, Soldaten und Beamte. Wir haben nicht geprüft, ob sie eine Berechtigung zur Mitfahrt hatten. Ausschlaggebend für uns war, daß es Deutsche waren, die sich in Sicherheit bringen wollten.
Am Tage des Auslaufens meldete ich mich im Führungsbunker des F.d.U. Ost, Kapt.z.S. Schellong.
Er verabschiedete mich mit herzlichen Worten und besten Wünschen, aber mit der ausdrücklichen Weisung, keine fremden Personen, besonders keine Frauen und Kinder, an Bord zu nehmen.
Doch ich hatte mich bereits über diese seine Anweisung hinweggesetzt und lief um den 17./18. März mit etwa 30 ›Passagieren‹ nach Hela ab. In Hela mußten wir alle Frauen und Kinder von Bord geben, sie wurden von dem Hilfszielschiff *Swakopmund* übernommen. Die männlichen ›Passagiere‹ brachten wir vorübergehend an Land unter, da ich mit dem Boot das Ausbildungsprogramm und die

notwendigen Prüfungen noch absolvieren mußte. Die Frontreifeprüfung erfolgte bei schlechtestem Wetter im Seegebiet nördlich von Hela, unter der Leitung von Kptlt. (Ing.) Landfermann. Nachdem die Besatzung die ›Agru-Front‹-Übung bestanden hatte, wurde uns das Boot anvertraut.

Unmittelbar nach dem Einlaufen in Hela machten wir seeklar zur Fahrt nach Travemünde, wo uns die taktischen Prüfungen noch bevorstanden. Wir nahmen also unsere ausquartierten Danziger Fahrgäste wieder an Bord und bekamen noch im letzten Augenblick zusätzlich etwa 50 Hitlerjungen zur Mitnahme zugewiesen. Wahrscheinlich kamen sie aus der Kaschubei oder aus anderen früheren polnischen Gebieten, da von ihnen nur einige gebrochen Deutsch sprachen. Sie waren total verlaust und bedachten Boot und Besatzung mit diesen unerfreulichen Tierchen.

In den Abendstunden des 23. März (Freitag) verließen wir endgültig Hela zusammen mit zwei weiteren U-Booten. Der F.d.U. Ost hatte mich zum Geleitführer bestimmt und es stand mir offen, je nach Feindlage, den Weg nach Westen zu bestimmen.

Mit Rücksicht auf meine ›Passagiere‹ wählte ich einen nordwestlichen Kurs, der uns nahe an die Ostküste der Insel Bornholm vorbei in die Nähe der schwedischen Hoheitsgewässer brachte. Entlang der schwedischen Küste setzten wir unseren Weg nach Westen fort. Mit südlichem Kurs steuerte ich den Zwangsweg ›Weg 1‹ an, passierte die Gedser-Sperre und konnte mich danach einem Westgeleit anschließen. Ohne Feindberührung liefen wir drei Boote bei herrlichstem Sonnenschein am Sonntag, dem 25. März, in Travemünde ein. Die Anlegestellen waren hoffnungslos belegt von U-Booten, Schiffen und Booten verschiedenster Größe. An der Kaiserbrücke machten wir fest und wir konnten unsere ›Passagiere‹ wohlbehalten von Bord geben. Hinter uns lief dann noch die *Swakopmund* mit 500 Flüchtlingen ein.

Da wir unser Ausbildungsprogramm fortzusetzen hatten, warteten wir vergeblich auf den Einsatzbefehl. In der zweiten Aprilhälfte verholten wir dann zu den Flenderwerken, wo Verbesserungen an unseren Ortungsgeräten und weitere andere Einbauten vorgenommen werden sollten.

Diese Gelegenheit nutzte ich, um in Lübeck das Boot von den Läusen und sonstigem Ungeziefer reinigen zu lassen. Die Ausgasung dauerte drei bis vier Tage. Die Abfahrt aus dem Lübecker Hafen war äußerst problematisch. Mit einem Tiefgang des Bootes bei etwa 6,80 Meter hatte sich das Boot im Mud des Hafens festgesogen. Langsam über den Achtersteven laufend, verholte ich etwa 20 Meter unter die Burgtor-Hubbrücke, um mit einer Drehung von 180 Grad auf Auslaufkurs zu kommen. Das Manöver mit dem 77 Meter langen Boot über dem aufgewühlten Hafengrund und im engen Fahrwasser war spektakulär und dauerte fast eine Stunde. Langsam nahm das Boot Fahrt voraus auf.«

Durch die teils offizielle als auch inoffizielle Nutzung der U-Boote zur Evakuierung konnten über 2000 Zivilisten und Soldaten nach Westen evakuiert werden.

Ansicht des Bugraumes von *U 3503*. Ein Boot vom Typ XXI, das am 9. September 1944 durch Oblt.z.S. Deiring in Danzig in Dienst gestellt worden war.

Einsatz der Seenotgruppe 81/Ostsee

Zur Gewährleistung des Seenotrettungsdienstes in der Ostsee erfolgte im September 1944 die Aufstellung der Seenotgruppe 81/Ostsee (SNGr. 81/Ostsee) im Verband des deutschen Seenotdienstes der Luftwaffe (See). Zum Gruppenkommandeur wurde am 20. Oktober 1944 der Flugkapitän Hauptmann Karl Born ernannt. Die Einsatzführungszentrale und der Hauptstützpunkt der Seenotstaffel 81 befanden sich auf dem Seefliegerhorst der »Fliegerwaffenschule See 2« in Bug auf der Insel Rügen.

Dem Gruppenkommandeur unterstanden:

- Seenotstaffel 81
  Staffelkapitän: Hptm. Körner
  Stützpunkt: Seefliegerhorst Bug/Rügen
- Such- und Schutzstaffel
  Staffelkapitän: Oblt. Detlef von Petersdorf
  Stützpunkt: Seefliegerhorst Parow
- Seenotflottille 60
  SN-Fl.-Chef: Hptm. Schirmack
  Stützpunkt: Pillau
- Seenotflottille 81
  SN-Fl.-Chef: Oblt. von Aswegen
  Stützpunkt: Swinemünde

Wie sich Flugkapitän Karl Born erinnert, lautete der Einsatzbefehl: »Mit allen zur Verfügung stehenden Seefahrzeugen der Luftwaffe und den Flugbooten sind Flüchtlings- und Sanitätstransporte durchzuführen. Im gesamten Seegebiet der Ostsee ist die Seenotsicherung, Suche und Bergung zu gewährleisten.«
Truppendienstlich war die Gruppe der Luftwaffe unterstellt. Disziplinarisch dem Seenotführer Mitte, Oberstleutnant Carl Hess. Sein Stab befand sich in Stade/Elbe. Operativ hatte der Gruppenkommandeur jedoch in enger Zusammenarbeit mit den Dienststellen und Einheiten der Kriegsmarine zu handeln, was auch reibungslos funktionierte.
Wie Flugkapitän Karl Born weiter berichtet, standen ihm über 30 Flugbetriebsboote (Fl.B-Boote), 4 Flugsicherungsschiffe, etwa 25 Flugboote Do 24, eine Ar 196, 12 Such- und Begleitflugzeuge vom Typ Me 410 »Hornisse« und zahlreiche Rettungsfahrzeuge der DGzRS zur Verfügung.
Verteilt waren die Einheiten über zahlreiche Einsatzorte entlang der Ostseeküste von Flensburg bis Windau. Zur operativen Führung befand sich auf dem Fliegerhorst ein ausgezeichneter Nachrichtenstand, der mit den Funk- und Funkmeßstellen entlang der Küste verbunden war. Während die Flugboote vorwiegend von den Seefliegerhorsten Bug und Dievenow starteten, war die Such- und Schutzstaffel (Me 410 »Hornisse«) als Jagdschutz auf dem Seefliegerhorst in Parow stationiert.

Flugkapitän Hauptmann Karl Born, Kommandeur der Seenotgruppe 81/Ostsee. Am 12. April 1944 wurde ihm durch den Reichsminister der Luftfahrt und Oberbefehlshaber der Luftwaffe die Dienstbezeichnung »Flugkapitän« verliehen.

Da der für die Evakuierungstransporte zur Verfügung gestellte Transportraum nicht ausreichte, erfolgte am 9. März 1945 die einsatzmäßige Unterstellung der Schiffe und Boote der SNGr. 81/Ostsee unter dem Befehl des Chefs der Schiffahrtsabteilung, zugleich Seetransportchef der Wehrmacht östliche Ostsee, Konteradmiral Engelhardt. Dabei wurden die schnellen und wendigen Fl. B-Boote vorrangig für den Einsatz in Flachwassergebieten und Häfen vor den Küsten eingesetzt. Die SN-Fl. 60 operierte im Seegebiet der östlichen Ostsee vor den Küsten Ostpreußens, Kurlands sowie in der Danziger Bucht, während die SN-Fl. 81 entlang der pommerschen Küste und im Stettiner Haff im Einsatz war. Im Rahmen ihrer Möglichkeiten leisteten die Besatzungen unter Einsatz ihres Lebens ihr Bestes für die in Seenot geratenen Menschen oder bei der Unterstützung von Evakuierungen. Während ihrer Fahrten in Richtung Osten nahmen sie Proviant, Medikamente und Munition mit und versorgten so die in den Abwehrkämpfen befindlichen Einheiten der Wehrmacht.

Die großen Flugsicherungsschiffe übernahmen vorwiegend als schnelle Einzelfahrer Flüchtlinge und Verwundete in den Häfen oder von Zubringerschiffen auf Reede. Im Einsatz waren die Schiffe *Greif, Boelcke* und *Hans Albrecht Wedel.* Von diesen Schiffen wurde am 8. April die *Hans Albrecht Wedel* und am 16. April die *Boelcke* durch sowjetische Jagdbomber in der Danziger Bucht versenkt.

Allein das Flugsicherungsschiff *Greif,* unter der Führung von Kapitän Joachim Misch, konnte am 16. April schwer beschädigt den Marsch nach Westen antreten. In Auswertung des KTB der *Greif* konnte die Besatzung im Verlauf des Kriegsjahres 1945 mehr als 20000 Flüchtlinge und Soldaten evakuieren. Besonders hohe Transportleistungen bei der Evakuierung entfielen auf den Monat Februar 1945, dazu kamen Hilfeleistungen für in Seenot geratene Menschen auf den Evakuierungsrouten.

Einen außergewöhnlichen Einsatz flogen am 3. März 1945 die in Bug a. Rügen stationierten Flugboote der Seenotstaffel 81 zur Evakuierung von Kindern aus den Kinderlandverschickungslagern und -heimen in Großmöllen, Nest und Kamp in Pommern. Im Rahmen der Kinderlandverschickung (KLV) waren aus den bombengefährdeten Gebieten West- und Mitteldeutschlands Tausende von Kindern in den Kinderheimen und Jugendlagern in Pommern und Ostpreußen untergebracht worden. Als am 1. März 1945 Einheiten der 2. Belorussischen Front die Stadt Köslin erreichten, waren auch die an der Küste gelegenen KLV-Lager bedroht. Bereits am 1. März drangen sowjetische Aufklärungspanzer bis zu den Ortschaften Laase und Puddendorf vor, so daß damit Hinterpommern aufgespalten war. Über den Jamunder See hinweg beobachteten sowjetische Aufklärer den Flugbetrieb auf dem Seefliegerhorst Nest. Ein Beschuß erfolgte nicht. Während Köslin am 4. März erobert wurde, erfolgte die Besetzung des Seefliegerhorstes Nest erst am 5. März.

In Erinnerung an die Evakuierungsflüge aus den Seefliegerhosten Nest und Kamp berichtet Flugkapitän Karl Born:

»Als ich über die Evakuierungsnotwendigkeit und den Frontverlauf unterrichtet wurde, entschloß ich mich, zunächst erst einmal ein Flugboot zur Erkundung hinzuschicken (Entfernung zum Seefliegerhorst ca. 200 Kilometer, Fluggeschwindigkeit ca. 230 Kilometer pro Stunde, das entspricht einer Flugzeit von ca. 54 Minuten – d. Verf.). Um möglichst viele Menschen evakuieren zu können, mußten die Flugboote geleichtert werden. Deshalb ordnete ich die Demontage einiger Bordwaffen an. Das erfolgte aber nur insoweit, wie ich es für die Sicherheit verantworten konnte. Nachdem die Maschine am Zielort

Der dreimotorige Hochdecker Do 24 war in Ganzmetallbauweise ausgeführt und bewährte sich als Fernaufklärer- und Seenot-Flugboot.
Die Dornier Do 24 erwies sich als ein besonders leistungsfähiges Flugboot mit ganz hervorragenden Seeigenschaften.

Spw/L:	27,00 m / 21,95 m
Triebwerk:	3 x Bramo 323R2
Leistung:	3 x 1000 PS
Geschw.:	300 km/h
Zuladung:	5,45 bis 7,65 t
Bes.:	6 Mann
Bew.:	1 MG 15 Bugstand, 1 MK 404 Rumpfrücken, 1 MG 15 Heckstand.

Das Barackenlager im Bereich des Fliegerhorstes Nest wurde im Rahmen der Aktion Kinderlandverschickung als Kinderheim genutzt.

gelandet war, erhielt ich über Funk die Nachricht: Geht in Ordnung, bin gelandet! Daraufhin flogen wir mit weiteren zwölf Flugbooten, ohne Begleitschutz, los. (Warum die Staffel ohne Begleitschutz geflogen ist, konnte bis zum gegenwärtigen Zeitpunkt noch nicht geklärt werden – d. Verf.) Als wir zur Landung ansetzten, sahen wir russische Panzer im Uferbereich gegenüber von Nest. Auf dem Seefliegerhorst selbst hatten sich nicht nur Hunderte von Kindern mit ihren Kinderschwestern eingefunden, sondern auch Flüchtlinge und versprengte Soldaten. Die Besatzungsmitglieder, die wir an Land schickten, um das Beladen der Flugboote in geordnete Bahnen zu lenken, hatten alle Hände voll zu tun. Vor allem als sie den Müttern und Kindern klarmachen mußten, daß Kinderwagen, Taschen und Koffer, ungeachtet ihres Wertes, zurückbleiben mußten. Nur das nackte Leben konnten wir retten, und das soviel, wie die Do's zu tragen vermochten. Wir hatten große Beladungsprobleme mit den fliegerisch unerfahrenen, hochgradig nervösen Menschen. Jeder wollte ja mit! Mehrfach mußten Besatzungsmitglieder ihre Pistolen ziehen, um Männer am Betreten der Flugboote zu hindern. Um keine Zeit zu verlieren, startete jede Maschine unmit-

Ansicht des Seefliegerhorstes Nest auf der Nehrung zwischen dem Jamunder See und der Ostsee (im Hintergrund).

telbar nach der Beladung. Da wir bis an die äußerste Grenze gingen, hatten wir dann auch unsere Startprobleme, wenngleich wir der ›Guten Do‹ schon Erhebliches zumuten konnten. Leider verloren wir bei dem Evakuierungsflug aus dem Seefligerhorst Kamp eine Maschine. Die Besatzung des Flugzeugführers Ob.Fw. Schulz und die in der Maschine befindlichen Flüchtlinge sind dabei ums Leben gekommen. Vermutlich sind die Menschen beim Start nach hinten gerutscht, so daß die Maschine abstürzte. Erst nach dem Einsatz erfuhr ich, daß eine unserer Maschinen 17 Erwachsene und 99 Kinder an Bord hatte.«

Das entsprach einer geschätzten Zuladung von etwa 3,9 Tonnen. Dieses wurde nur dadurch möglich, weil ein Teil der Bewaffnung demontiert und eine reduzierte Betankung erfolgt war – d. Verf.

Obwohl die Do 24 offiziell nur für maximal 14 Passagiere zugelassen war, hatte die Seenotstaffel 81 in mehreren Flügen etwa 2 000 Menschen aus den Seefliegerhorsten Nest und Kamp evakuiert.

Flugboote vom Typ BV 138 *im Evakuierungseinsatz*

Einige der in der ständigen Seeraumüberwachung befindlichen Flugboote des Typs BV 138 C-1 der SAGr. 126, wurden ebenfalls zur Evakuierung befohlen. So flogen sie seit dem 1. März 1945 bis zum 6. März die Fliegerhorste Nest und Kamp an.

Bedenkt man, daß eine BV 138 eine Kampfmaschine für den Transport von 14 Erwachsenen Personen, davon 6 Besatzungsangehörige, ausgelegt war, so ist eine Zuladung von bis zu 54 Personen mit Gepäck unvorstellbar. Diese Transportleistung hat der damalige Flugzeugführer

Start eine Flugbootes vom Typ BV 138.
Startgewicht: 18,0 t
Spw.: 26,98 m
Geschw.: 273 km/h
Gipfelhöhe: 5 000 m
Reichw.: 4 300 km

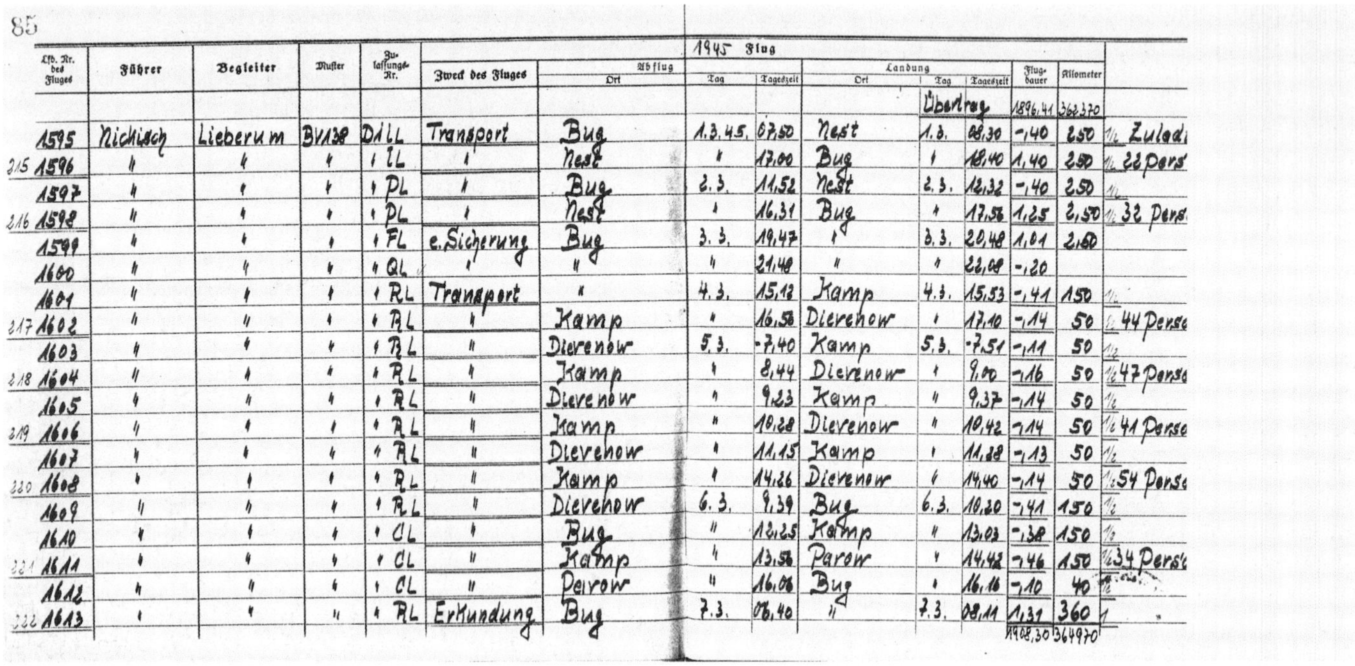

85

1945 Flug

	Lfd. Nr. des Fluges	Führer	Begleiter	Muster	Zulassungs-Nr.	Zweck des Fluges	Abflug Ort	Tag	Tageszeit	Landung Ort	Tag	Tageszeit	Flugdauer	Kilometer	
											Übertrag		1896,41	362370	
	1595	Nickisch	Lieberum	BV138	DALL	Transport	Bug	1.3.45.	07,50	Nest	1.3.	08,30	-,40	250	½ Zulad
215	1596	〃	〃	〃	〃 IL	〃	Nest	〃	17,00	Bug	〃	18,40	1,40	250	½ 22 Pers
	1597	〃	〃	〃	〃 PL	〃	Bug	2.3.	11,52	Nest	2.3.	12,32	-,40	250	½
216	1598	〃	〃	〃	〃 PL	〃	Nest	〃	16,31	Bug	〃	17,56	1,25	2,50	½ 32 Pers.
	1599	〃	〃	〃	〃 FL	e. Sicherung	Bug	3.3.	19,47	〃	3.3.	20,48	1,01	2,60	
	1600	〃	〃	〃	〃 QL	〃	〃	〃	21,48	〃	〃	22,08	-,20		
	1601	〃	〃	〃	〃 RL	Transport	〃	4.3.	15,12	Kamp	4.3.	15,53	-,41	150	½
217	1602	〃	〃	〃	〃 RL	〃	Kamp	〃	16,56	Dievenow	〃	17,10	-,14	50	½ 44 Perso
	1603	〃	〃	〃	〃 RL	〃	Dievenow	5.3.	-7,40	Kamp	5.3.	-7,51	-,11	50	½
218	1604	〃	〃	〃	〃 RL	〃	Kamp	〃	8,44	Dievenow	〃	9,00	-,16	50	½ 47 Perso
	1605	〃	〃	〃	〃 RL	〃	Dievenow	〃	9,23	Kamp	〃	9,37	-,14	50	½
219	1606	〃	〃	〃	〃 RL	〃	Kamp	〃	10,28	Dievenow	〃	10,42	-,14	50	½ 41 Perso
	1607	〃	〃	〃	〃 RL	〃	Dievenow	〃	11,15	Kamp	〃	11,28	-,13	50	½
220	1608	〃	〃	〃	〃 RL	〃	Kamp	〃	14,26	Dievenow	〃	14,40	-,14	50	½ 54 Perso
	1609	〃	〃	〃	〃 RL	〃	Dievenow	6.3.	9,39	Bug	6.3.	10,20	-,41	150	½
	1610	〃	〃	〃	〃 CL	〃	Bug	〃	12,25	Kamp	〃	13,03	-,38	150	½
221	1611	〃	〃	〃	〃 CL	〃	Kamp	〃	13,56	Parow	〃	14,42	-,46	150	½ 34 Pers
	1612	〃	〃	〃	〃 CL	〃	Parow	〃	16,06	Bug	〃	16,16	-,10	40	½
222	1613	〃	〃	〃	〃 RL	Erkundung	Bug	7.3.	08,40	〃	7.3.	08,11	1,31	360	
													1908,30	364970	

Auszug aus dem Flugbuch des Flugzeugführers Wilhelm Nickisch (S. 85).

Eine BV 138 dient hier für ein Erinnerungsfoto der BV 138-Staffel »Die eiserne Faust«. Auf diesem Foto kann man sehr gut das Größenverhältnis Mensch–Maschine erkennen. Abgebildet sind 90 Soldaten der Staffel.

Wilhelm Nickisch in seinem Flugbuch dokumentiert. Mit seiner Maschine ist er siebenmal zum Einsatz gekommen und hat danach 54 Personen aus Nest und 220 aus Kamp ausgeflogen.
Wolfgang Klemusch, ebenfalls Flugzeugführer eines Flugbootes, berichtet:
»Auch ich wurde mit meiner BV 138 am 5. und 6. März 1945 zur Evakuierung von Flüchtlingen aus den Seefliegerhorsten Kamp und Nest eingesetzt. In meinem Flugbuch sind für diese beiden Tage 10 Flüge registriert, bei denen wir 200 Flüchtlinge evakuiert haben. Abgesetzt haben wir die Flüchtlinge in Kopenhagen, Dievenow und Parow. Diese kurze Phase humanitärer Einsätze waren für mich als jungen Seeflieger die befriedigensten Einsätze und sind für mich noch heute unvergeßlich.«
Im Gegensatz zu den mit Benzinmotoren ausgerüsteten Flugbooten des Typs Do 24 besaß die BV 138 Junkers Dieselmotoren. Da in der Bereitstellung von Dieselkraftstoff kein Mangel herrschte, konnten die Flugboote des Typs BV 138 ohne Einschränkung ihre Flüge bis Kriegsende durchführen.

Oberfeldwebel Wilhelm Nickisch, Flugzeugführer einer BV 138, wurde am 6. Januar 1945 für über 1 000 Feindflugstunden mit dem »Deutschen Kreuz in Gold« ausgezeichnet.
Einsatzabschluß bei der 3. Staffel, Gruppe 126 (F), in der Ostsee
Zeitraum: 27. 2.–5. 5. 1945
Einsätze: 14
Nachteinsätze: 6
Feindflugstunden: 46.

Bombenangriffe der Westalliierten

Nachdem die Luftschlacht um England für die deutsche Luftwaffe 1940/41 verlorengegangen, das Unternehmen »Seelöwe« zur Landung in Großbritannien abgebrochen werden mußte, wurde die Wehrmacht und damit die deutsche Luftwaffe seit dem Überfall auf die Sowjetunion in einem Zweifrontenkrieg zersplittert.
Mit dem neuen Langstreckenbomber Avro »Lancaster« hatte die britische Rüstungsindustrie ab Frühjahr 1942 die Voraussetzungen für eine massierte Luft-Offensive gegen Deutschland geschaffen. Erstmals starteten im März 1942 die Fernfliegerkräfte der Royal Air Force (RAF) zur Umsetzung der am 14. Februar 1942 erlassenen Bombardierungsdirektive (Weisung Nr. 22).
Entsprechend dieser Direktive war die offizielle Strategie zur Zerstörung der deutschen Rüstungsindustrie festge-

Britische Avro-Fernbomber »Lancaster« im Anflug.
Dieser viermotorige Bombertyp der Firma Avro war die erfolgreichste britische Bomberentwicklung im Zweiten Weltkrieg. Anfang 1942 in Dienst gestellt, wurde er zum Standardbomber, von dem fast 8 000 Stück gebaut wurden.

Spw./L./H:	31,09 m / 21,11 m / 6,10 m
Reisegeschw.:	390 km/h in 3 500 m Höhe
Reichweite:	2 690 km
Höchstgeschw.:	460 km/h
Dienstgipfelhöhe:	7 400 m
Bes.:	7 Mann
Bew.:	10 x 7,62-mm-MG, 10 t Bombenzuladung.

Der britische Luftmarschall Sir Arthur Travers Harris.
Am 22. Februar 1942 wurde er Chef des Oberkommandos der britischen Bomberverbände »Bomber Command« und hatte die Bombardierungsdirektive (Weisung Nr.: 22) des Luftstabes vom 14. Februar 1942 umzusetzen. Unter seiner Führung perfektionierte das Bomber Command die Taktik des Luftkrieges, besonders in den Flächenbombardements deutscher Städte. Sein Höhepunkt an Grausamkeit war u.a. die Auslöschung der offenen Stadt Dresden im Februar und die Bombardierung des Seebades Swinemünde, dem Hauptanlandehafen der aus dem Osten kommenden Flüchtlingstransporte am 12. März 1945.
Für seinen persönlichen Einsatz in der Suche nach der effektivsten Methode, so rationell wie möglichst viele Menschen zu töten, setzte er Maßstäbe auf der scheußlichsten Seite des Zweiten Weltkrieges.
Jede Nation hat ihre Helden und so wurde Sir A. T. Harris von England als Held gefeiert, und zum Großoffizier der Ehrenlegion ernannt, während er in Deutschland u.a. den Spitznamen »Bomber-Harris« erhielt.

schrieben und das Schicksal vieler deutscher Städte und ihrer Zivilbevölkerung besiegelt. Die Flächenbombardements sollten die Moral der Zivilbevölkerung zermürben.
Die Brutalität, mit der bei der Flächenbombardierung vorgegangen wurde, bestand in dem massenweisen kombinierten Einsatz von Spreng- und Brandbomben. So zerstörten die Sprengbomben erst die Häuser und Feuerlöscheinrichtungen worauf die nachfolgenden Brandbomben, in der Hauptsache Flüssigkeitsphosphorbrandbomben, oftmals einen Feuersturm entfachten. Opfer dieses Infernos waren in der Mehrzahl Greise, Frauen und Kinder.
Mit dem Eintritt Amerikas in den Zweiten Weltkrieg und der Verlegung von Einheiten der 8. US Air Force nach Großbritannien, griffen diese ab Juli 1943, mit Vorbehalt gegen die britische Bomberstrategie, in den Luftkrieg über Deutschland ein. Damit gelangte das Reichsgebiet in eine zunehmende Bedrohung durch den massierten Einsatz der Fernfliegerverbände der Westalliierten.
Während die amerikanischen Bomberverbände vorwiegend ihre Angriffe am Tage durchführten, flogen die Briten ihre Angriffe bei Nacht. Die Luftverteidigung des Reiches mußte sich damit auf eine Abwehr rund um die Uhr, d.h. auf 24 Stunden einstellen.
Unter hohen Verlusten und mit einer materiellen Überlegenheit gelang es den Alliierten Luftstreitkräften, im Sommer 1944 die Luftüberlegenheit über Gesamteuropa zu erringen.
Nach aktuellen statistischen Angaben des Volksbundes Deutscher Kriegsgräberfürsorge wurden mehr als 500000 deutsche Zivilisten bei diesen Bombenangriffen getötet. Doch diese Zahlen sagen nur wenig über die psychische Belastung und die besondere Gefährdung der Menschen in den Industriezentren aus. Besonders die Spätschäden infolge von Angst und ständigem Schlafentzug waren ein besonderes psychologisches Moment. Zwar nahm die Zerstörung der Städte von Monat zu Monat zu, doch nahm auch die staatliche und private Hilfe für die Bombenopfer zu, so daß die Menschen in dieser bewußt erlebten Hilfe zusammenrückten. Eine Demoralisierung der Zivilbevölkerung erreichten die Westalliierten mit diesen barbarischen Bombardierungen der Städte nicht.

Beladung einer »Lancaster« mit einer 8000 lb HC (3,49-Tonnen-Sprengbombe) dünnwandigen Minenbombe. Diese Großraumladungsbombe war eine munitionstechnische Neuerung. Sie bestand aus zwei miteinander verschraubten zylindrischen Einheiten und konnte im Baukastensystem »Section Bomb« weiter vergrößert werden. So gab es auch eine 12000 lb HC. Diese Bomben wurden nicht nur gegen Industrie- und Wasserbauanlagen eingesetzt, sondern auch bei Großangriffen auf deutsche Städte abgeworfen.

Die Bombardierung des Industriestandortes Rostock/Warnemünde

Ausgehend von der Tatsache, daß sich in Rostock die Heinkel-Flugzeugwerke und in Warnemünde die Arado-Flugzeugwerke angesiedelt hatten, stellten diese Industriestandorte, bedingt durch die Flugzeugfertigung, für die Briten eine ernste Gefahr dar. Die hier befindlichen Werften, besonders die Neptunwerft, spielten eine untergeordnete Rolle. Somit waren beide Werke in die Zielkartei der Alliierten aufgenommen worden.

Der erste Angriffsplan auf Rostock war kombiniert mit einem Flächenbombardement auf die Innenstadt und einem Punktzielangriff auf die Heinkel-Flugzeugwerke. Die Angriffe erstreckten sich über vier Tage, vom 23. bis 27. April 1942. Von den gestarteten 521 Bombern erreichten 461 Maschinen das Zielgebiet, von denen 14 Maschinen verlorengingen. Zum Abwurf kamen Spreng- und Brandmunition. In der Innenstadt wurden 6153 Wohnungen (17,3 Prozent) total- und 19994 teilzerstört. Die Flugzeugproduktion jedoch wurde dagegen nur unwesentlich beeinträchtigt. Nach diesem Viertagebombardement gehörte Rostock zu den am schwersten zerstörten Städten Deutschlands.

Laut britischer Statistik wurden bei dem Viertageangriff vom 23. bis 27. April 1942 nachstehende Bomben abgeworfen.

Blick vom Turm der Marienkirche auf die skelettierte Innenstadt, den Rostocker Hafen und zur Neptunwerft. Von den 80 Gebäuden in der alten Langen Straße Rostocks blieben nach den anglo-amerikanischen Bombenangriffen nur zehn stark beschädigte Häuser stehen.

Ein amerikanischer Bomberverband mit Maschinen vom Typ B 24 hat das Zielgebiet erreicht und beginnt mit dem Bombenabwurf.
Spw./L: 33,53 m/20,45 m
Geschw.: 466 km/h
Aktionsradius: 2 900 km
Bes.: 9 Mann
Bew.: 10 x 12,7 mm MG
Bombenzuladung: 4 000 kg.

1 lb (pound) = 0,4536 kg		
47	4 000 lb	Luftminen
85	2 000 lb	Luftminen
87	1 900 lb	Sprengbomben
140	1 000 lb	Sprengbomben
421	500 lb	Sprengbomben
181	250 lb	Sprengbomben
24	100 lb	Splitterbomben
60	50 lb	Splitterbomben
964	250 lb	Flüssigkeitsbomben
3 206	30 lb	Flüssigkeitsbomben
108 590	4 lb	Stabbrandbomben

Die RAF flog im Zeitraum vom 23. April 1942 bis zum 21. April 1943 sieben Angriffe, wobei 42 Bomber im Zielgebiet verlorengingen. Die abgeworfene Bombenlast belief sich auf etwa 1161 Tonnen.

Mit dem Eintritt Amerikas in den Zweiten Weltkrieg und der Verlegung von Einheiten der 8. US Air Force nach Großbritannien, griffen diese ab Juli 1943, mit Vorbehalt gegen die britische Bomberstrategie, in den Luftkrieg über Deutschland ein. Damit gelangte das Reichsgebiet in eine zunehmende Bedrohung durch den massierten Einsatz der Fernfliegerverbände der Westalliierten.

Munitionsbergungsgruppe der »Technischen-Nothilfe« (TN) Rostock.
Unter ihnen befindet sich Herr H. Storm aus Rostock/Dierkow, der in dieser Gruppe als Bombenentschärfer tätig war.

Das Reichsbahn-Hochseefährschiff *Schwerin* beim Passieren der Mole von Warnemünde.
In Vorbereitung des Einlaufens in den Fähranleger wird die Bugklappe geöffnet. Der Seeweg von Gedser nach Warnemünde beträgt 42 Seemeilen. Für die Überquerung der Ostsee mit einer Geschwindigkeit von etwa 15 bis 16 Seemeilen pro Stunde benötigte das Schiff etwa zweieinhalb Stunden.
Auf dem Wagendeck befanden sich zwei Gleise mit einer Gesamtlänge von 160 Metern, so daß 18 bis 20 Waggons befördert werden konnten.

Im Rahmen der Luftoffensive »Big Week« der 8. US Air Force vom 20. bis 25. Februar 1944 wurde Rostock, das über dem Zielgebiet Nebel lag, als sogenanntes Gelegenheitsziel angeflogen.
So kam es, daß am 20. Februar 76 B-17 »Fliegende Festungen« der 3. Bomberdivision Rostock anflogen und ihre Bombenlast von 388 Sprengbomben (mit je 500 lb = 217,80 kg) abwarfen, wobei auch das seit dem 11. Januar 1944 in der Neptunwerft in Reparatur liegende Fährschiff *Schwerin* von zwei Bomben getroffen wurde und ausbrannte.
Das Schiff wurde durch eine Bergungsgruppe des Marine-Bergungs- und Seedienstkommandos-Mitte (Kiel) gehoben. Zum Einsatz kamen die Bergungsschiffe *Enak* und *Reiher.*
Nach der Bergung wird für die Instandsetzung ein Zeitraum von etwa eineinhalb Jahren veranschlagt. Die Anforderungen der Front ließen diese umfangreiche Instandsetzung nicht zu und so verlegte man das Wrack nach Warnemünde.

Während die amerikanischen Bomberverbände vorwiegend ihre Angriffe am Tage durchführten, flogen die Briten ihre Angriffe bei Nacht. Die Luftverteidigung des Reiches mußte sich damit auf eine Abwehr rund um die Uhr, d. h. auf 24 Stunden einstellen.
Im Zeitraum vom 25. Juli 1943 bis zum 25. August 1944 flogen deren Einheiten acht Angriffe gegen den Industriestandort Rostock/Warnemünde und warfen eine Bombenlast von rund 2 023 Tonnen ab. Bei den Bombenangriffen auf Rostock/Warnemünde wurden insgesamt etwa 3 184 Tonnen Bomben abgeworfen. Bis Ende August 1944 waren dadurch 2 399 Wohngebäude total zerstört, wodurch 8 543 Wohnungen verlorengingen. Zu beklagen waren 610 Luftkriegstote und etwa 1 000 Schwerverletzte.

Am Ende des Krieges war die Stadt Rostock zu 40 Prozent zerstört. Die Zerstörungen wären noch um ein Vielfaches höher gewesen, wenn nicht die Funktionsunsicherheit der verwendeten Zünder zu einer relativ hohen Anzahl von Blindgängern geführt hätte. Bei den Angriffen wurden vorrangig 500 lb (226,8 kg) Sprengbomben und 100 lb (45,36 kg) Flüssigkeitsbomben (Brandbomben) abgeworfen.

Hauptmann der Volkspolizei Gerhard Seifert beim Entschärfen einer Sprengbombe GP 500 lb in der Rostocker Innenstadt im Sommer 1958.
Die Bombe ist mehrere Meter tief in das Erdreich eingedrungen und wurde bei Aufräumungsarbeiten gefunden. Vorsichtig wird der im Heck eingebaute amerikanische Langzeitzünder mit Ausbausperre M 124 A1 herausgeschraubt. Heute ist G. Seifert Major a.D. Rentner. Geboren 1922, war er während des Zweiten Weltkrieges Flugzeugführer und begann 1948, nach der Entlassung aus britischer Gefangenschaft, beim Munitionsbergungsdienst.

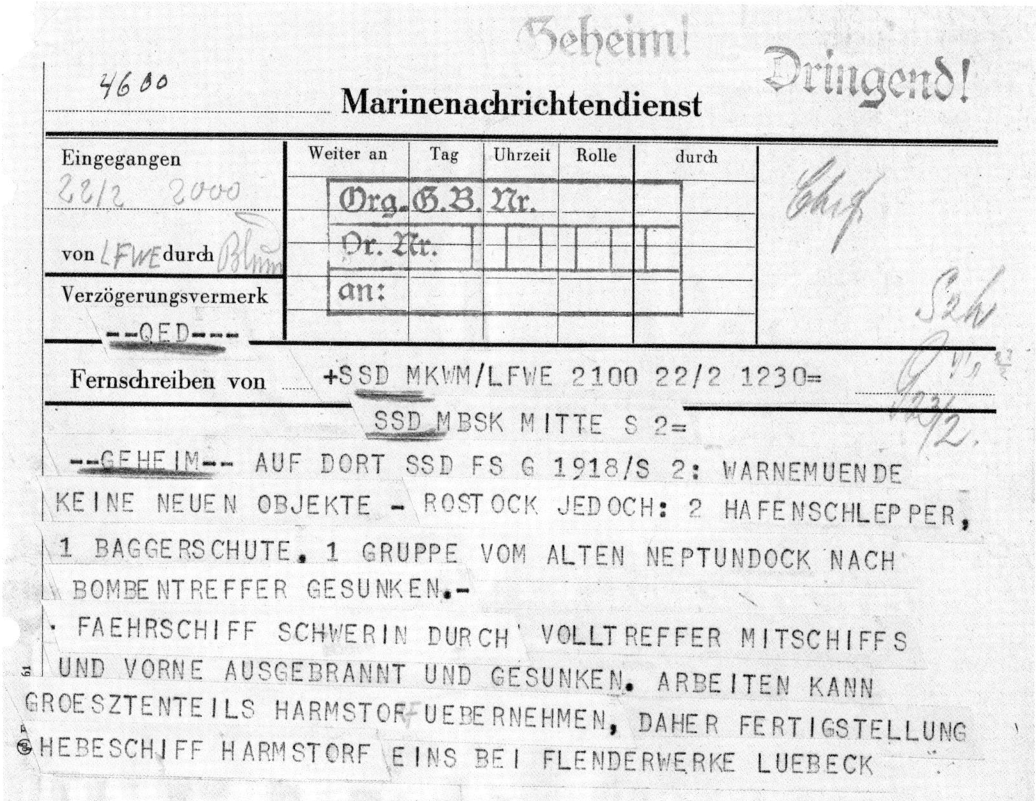

Geheim! Dringend!

4600 **Marinenachrichtendienst**

Eingegangen	Weiter an	Tag	Uhrzeit	Rolle	durch
22/2 2000	Org. G.B. Nr.				
von LFWE durch Blum	Or. Nr.				
Verzögerungsvermerk	an:				
--QED---					

Fernschreiben von +SSD MKWM/LFWE 2100 22/2 1230=

SSD MBSK MITTE S 2=

--GEHEIM-- AUF DORT SSD FS G 1918/S 2: WARNEMUENDE KEINE NEUEN OBJEKTE - ROSTOCK JEDOCH: 2 HAFENSCHLEPPER, 1 BAGGERSCHUTE, 1 GRUPPE VOM ALTEN NEPTUNDOCK NACH BOMBENTREFFER GESUNKEN.-

FAEHRSCHIFF SCHWERIN DURCH VOLLTREFFER MITSCHIFFS UND VORNE AUSGEBRANNT UND GESUNKEN. ARBEITEN KANN GROESZTENTEILS HARMSTORF UEBERNEHMEN, DAHER FERTIGSTELLUNG HEBESCHIFF HARMSTORF EINS BEI FLENDERWERKE LUEBECK

Fernschreiben des Marinenachrichtendienstes vom 22. Februar 1944 über die beim Bombenangriff am 20. Februar auf Rostock angerichteten Versenkungen.

Der britische Bombenangriff auf den Hafen und die Reede von Saßnitz – 6. März 1945

Es ist Dienstag, der 6. März 1945, als am Schluß der Spätnachrichten der Sprecher mitteilt: »Keine feindlichen Bomberverbände im Anflug auf das Reichsgebiet!«
Doch diese Rundfunkmeldung war falsch und entsprach nicht den Tatsachen. Für den kleinen Ort Saßnitz, für die auf den Abtransport wartenden Flüchtlinge und für die auf Reede liegenden Schiffe und Boote sollte diese Fehlinformation zur Tragödie führen. Dazu heißt es im Logbuch des Flottentorpedobootes *T 36:*

22.52 Uhr	Leuchtbomben über Saßnitz und Reede. Kampfverband im Angriff. Leichte Fla-Waffen Feuererlaubnis.
22.53 Uhr	Anker auf. Mit wechselnden Bombenausweichkursen (Zick-Zack-Kurs) nach Osten abgelaufen.
22.55 Uhr	Leuchtbomben in großer Menge. Bomberverband greift Stadt und Reede Saßnitz an. *Z 28* Bombentreffer.
23.03 Uhr	Weiterer Bombenangriff – bis 23.10 Uhr laufende Bombenabwürfe.
23.10 Uhr	Erneut Leuchtbomben.
23.12 Uhr	Zahlreiche Bombenabwürfe liegen unter der Küste.

Zum Glück war die Anflughöhe zu niedrig, so daß die Sicherungsspindel der Bombenzünder nicht in jedem Fall abgelaufen waren und es so zu einer hohen Anzahl von Blindgängern gekommen war. Die Masse der Bomben ging im Hafen- und dem Seegebiet herunter. Schätzungen haben ergeben, das trotzdem etwa 1 200 Menschen bei diesem Angriff ihr Leben lassen mußten. Darunter auch 136 Saßnitzer Bürger. Insgesamt wurden 17 deutsche Schiffe und Boote versenkt.

Lfd.-Nr.	Wrack/Name	Kriegsverwendung
1.	*Robert Möhring*	Verwundetentransporter (VTS)
2.	*Z 28*	Zerstörer
3.	*Hans Rolshofen*	Flugsicherungsschiff
4.	*Altengamme*	Tanker
5.	*SAS 60*	Fischkutter
6.	*(?)*	Fischkutter
7.	*(?)*	Fischkutter
8.	*UJ 1109* ex *St. Georg*	U-Boot-Jäger
9.	*UJ 1118*	U-Boot-Jäger
10.	*UJ 1119* ex *Malangen*	U-Boot-Jäger
11.	*Jägersberg*	Hebeschiff
12.	*Delphin*	Taucherfahrzeug
13.	*(?)*	Taucherprahm
14.	*Karl*	Torpedofangboot
15.	*Kuno*	Motorbarkasse
16.	*Dwarsdorf*	Schute
17.	*MAL 37*	Marineartillerieleichter

Schwesterngruppe des Schwerstkriegslazarettes Saßnitz. Von der Insel Rügen stammen Oberschwester Hella Weström (hintere Reihe, Mitte) und Schwester Gottschalk (Mitte sitzend).

Das Reservelazarett Saßnitz, die ehemalige Reichsschulungsburg der NSDAP. Im Sommer 1944 wird es zum Kriegs- und im Herbst 1945 zum Schwerstkriegslazarett umbenannt und ausgerüstet.

Auf Reede bzw. im Hafen befanden sich nachstehend aufgeführte Schiffe: *Deutschland, Hamburg, Potsdam, Pitea, Pretoria, Der Deutsche, General San Martin* und *Robert Möhring.* Noch am 5. März konnten drei Züge mit etwa 5 500 Personen abtransportiert werden. Danach standen für weitere Transporte vorerst keine Lokomotiven mehr zur Verfügung, so daß die Flüchtlinge in den Waggons ausharren mußten.

Auf der Grundlage der Eintragungen im Logbuch seines Torpedobootes *T 36* erläutert der damalige Kommandant, Kptlt. a. D. Robert Hering, die Situation:
»Am 6. März lag ich mit *T 36* vor Saßnitz vor Anker. Der Tag präsentierte sich mit herrlichstem Wetter, glatter See und einer ausgesprochen guten Fernsicht. Wie zu erwarten war, tauchte dann auch ein Aufklärungsflugzeug in großer Höhe auf. Um 22.33 Uhr erhielt ich eine Luft-

Angehörige der »Kampfgruppe Meier«, Rehabilitanden des Lazaretts Saßnitz, musizieren anläßlich einer Sammlung für das Winterhilfswerk.

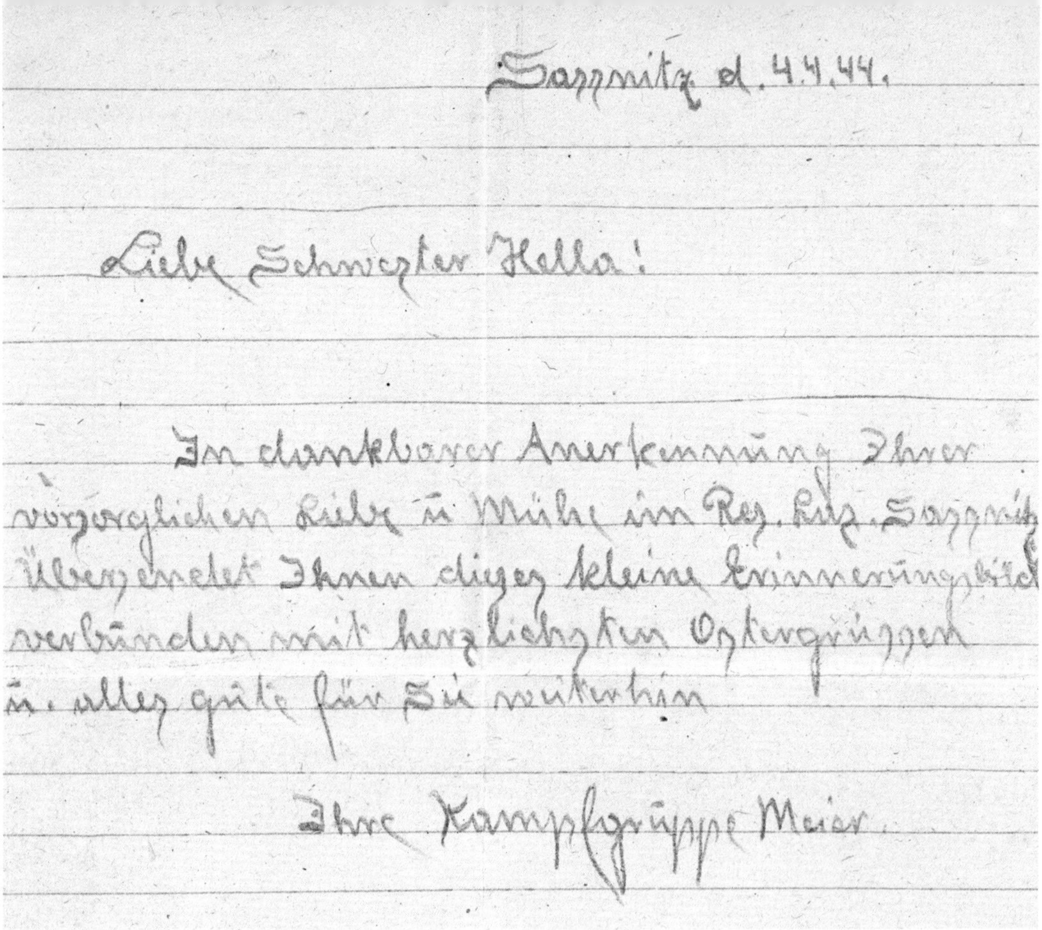
Saßnitz d. 4.4.44.

Liebe Schwester Hella!

In dankbarer Anerkennung Ihrer vorzüglichen Liebe u. Mühe im Res. Laz. Saßnitz übersendet Ihnen dieses kleine Erinnerungsbild verbunden mit herzlichsten Ostergrüßen u. alles gute für Sie weiterhin

Ihre Kampfgruppe Meier.

Dankschreiben der Soldaten der »Kampfgruppe Meier«.

gefahrenmeldung für die mittlere Ostsee. Eine unmittelbare Gefahr für uns leitete ich daraus nicht ab. Kurze Zeit später erhielt ich vom Luftbeobachter die Meldung über einen Aufklärer nordöstlich von Saßnitz, worauf ich um 22.45 Uhr Fliegeralarm auslöste. Um mit dem Schiff immer manövrierfähig zu sein, lautete meine Anweisung: ›Vor Anker oder im Hafen hat immer ein Kessel unter Feuer zu sein!‹, so konnte ich in diesem Fall sofort die Steuerbordmaschine einsetzen und es gelang mir, das Boot ohne nennenswerte Schäden aus dem Bombenteppich herauszumanövrieren.«
Die *Potsdam, Pitea* und *Pretoria* hatten keine Flüchtlinge mehr an Bord und machten seit 21.00 Uhr seeklar. Bei Angriffsbeginn konnten sie sofort Fahrt aufnehmen und die Reede verlassen. Die mit Flüchtlingen überfüllte Quarantänestation und die auf den Gleisen 13 und 13a stehenden Züge werden durch Volltreffer vernichtet. Der im Fährbett 1 liegende VTS *Robert Möhring* wird durch zwei Bomben getroffen und beginnt zu brennen. Das Medizinische Personal und die Besatzungsangehörigen können noch etwa 150 Schwerstverwundete von Bord bringen.

Im Gedenken an die Opfer des britischen Luftangriffs vom 6. März 1945 erfolgte noch 1945 das Aufstellen dieses Findlings über einem Massengrab auf dem alten Friedhof von Saßnitz.

Der Zerstörer *Z 28*, Führerschiff des F.d.Z. V. Adm. Leo Kreisch, in der Flotte auch wegen des fehlenden Geschützes auf der Zerstörerinsel als »Schreibstubenzerstörer« bekannt. Als Führerschiff war an dieser Stelle ein Deckshaus für das Stabspersonal aufgebaut worden. Kommandant war seit Dezember 1944 F.Kapt. Carl Heinrich Lampe.

Vermessung:	2 637,6 t
L/B/T:	127,00 m / 12,00 m / 4,38 m
Geschw.:	38,5 sm/h
Bes.:	321 Mann
Bew.:	4 x 15 cm,
	4 x 3,7 cm,
	14 x 2 cm,
	2 x 4 TR 53,3 cm.

Das Wrack des Zerstörers *Z 28* (WL-1/Nr.: 791). In den späten Abendstunden des 6. März 1945 erfolgte ein britischer Bombenangriff auf die Stadt Saßnitz und die auf Reede liegenden Schiffe. Dabei wurde der Zerstörer, auf der Reede vor Anker liegend, durch zwei Bomben versenkt.

Ansicht des Wracks des Tankers *Altengamme* (WL-1/Nr.: 13) nach dem sowjetischen Fliegerangriff am 5. Mai 1945 gegen 11.00 Uhr. Der Tanker wurde bereits am 6. März bei dem britischen Bombenangriff getroffen und ist danach bei Mukran gestrandet.

Saßnitz: Im Fischereihafen wurde *SAS 60* durch Bombentreffer versenkt und der links daneben liegende Kutter *SAS 57* schwer beschädigt.

Saßnitz: Das in der oberen Bahnhofstraße befindliche Bahnhofshotel wurde durch einen Bombenvolltreffer zerstört. Die im Keller Schutz suchenden zehn Offiziere fanden den Tod.

Doch etwa 350 Verwundeten kann aufgrund der sich entwickelnden Hitze nicht mehr geholfen werden. Sie verbrennen am lebendigen Leibe. Auch der auf Reede liegende Zerstörer *Z 28* erhält zwei Bombentreffer und sinkt. 150 Besatzungsangehörige müssen diesen Bombenangriff mit ihrem Leben bezahlen.
Am 7. März wird das Ausschiffen der Flüchtlinge von der *Deutschland* und *Der Deutsche* fortgesetzt. Aufgrund der Minengefahr wird das Ausschiffen nur mit hölzernen Booten durchgeführt. Die *Hamburg,* sie hatte keine Flüchtlinge mehr an Bord, hatte den Nachtangriff ohne Beschädigung überstanden und verholt weiter seewärts. Nach Erreichen der neuen Position erhält das Schiff im Vorschiff zwei Minentreffer und kentert, zum Glück kostete diese Unvorsichtigkeit des Kapitäns kein Menschenleben.
Im Logbuch von *T 36* ist dazu vermerkt:
»17.30 Uhr Fahrgastschiff *Hamburg* vor Saßnitz auf Mine gelaufen.«

Der amerikanische Bombenangriff auf die Stadt und den Flottenstützpunkt Swinemünde – 12. März 1945

Zu den großen anglo-amerikanischen Flächenbombardements des Jahres 1945 gehörte auch der am 12. März 1945 geflogene Angriff von 650 Bombern vom Typ B-17 und B-24 der 8. US Air Force auf die Stadt und den Flottenstützpunkt Swinemünde.
Aufgrund der Auswertungen der Luftaufklärung über der südwestlichen Ostsee war es dem alliierten Oberkommando bekannt, daß die deutsche Kriegsmarine verstärkt Evakuierungstransporte aus dem Osten durchführte und den Hafen Swinemünde als vorrangigen Ausschiffungshafen nutzte. Während des gesamten Krieges war kein nennenswerter Angriff auf diesen militärischen Stützpunkt geflogen worden, doch ausgerechnet jetzt, wo Einheiten der Roten Armee sich nur noch 27,8 Kilometer von Swinemünde entfernt befanden, erfolgte der Angriffsbefehl.

So gehörte auch dieser Angriff unverkennbar zur Taktik des politischen Konzeptes der Westalliierten, der sowjetischen Führung noch einmal ihre Position der Stärke zu demonstrieren.
Unaufhaltsam liefen die Evakuierungstransporte von Osten kommend den Hafen Swinemünde an. Schwerpunkt war zu diesem Zeitpunkt die Evakuierung von Kolberg.
In diesen Märztagen wird Swinemünde regelrecht von einer Flüchtlingswelle überflutet. Etwa 30 000 Flüchtlinge hielten sich in Swinemünde auf, und auf der Insel Wollin sollen sich weitere 40 000 Flüchtlinge mit 1 800 Fahrzeugen (Autos und Pferdefuhrwerke) befunden haben. Die genaue Zahl derer, die sich im Verteidigungsabschnitt Swinemünde aufhielten, wird sich nie ermitteln lassen. Doch vermitteln uns die geschätzten Zahlen eine unge-

Ansicht der Swinemünder Hafeneinfahrt. Im Vordergrund der Hafen von Osternothafen.

Ansicht der Swinemünder Anlegestelle für die Schiffe des Seedienstes Ostpreußen. Hier lagen am Tage des Bombenangriffs die Flüchtlingstransportschiffe *Andros, Heiligenhafen, Hilde, Ravensburg* und *Tolina*.
Da über die gesamte Länge der Pier eine Gleisanlage verlief, erfolgte hier vorwiegend die Entladung der Flüchtlinge. So konnten Tausende von Flüchtlingen sofort mit Zügen ins Reichsinnere abtransportiert werden.

Das Fracht- und Passagierschiff *Cordillera* der HAPAG Reederei, Hamburg.
Einsatz als Wohnschiff der Kriegsmarine im Stützpunkthafen Swinemünde mit Liegeplatz am Eichstaden.
Vermessung: 12 049 BRT
L/B/T: 159,80 m / 20,00 m / 7,54 m
Geschw.: 17,0 sm/h.

Das durch Bombennahtreffer am 12. März 1945 gekenterte Wohnschiff *Cordillera* (WL-1/ Nr.: 46) – Aufnahme Winter 1945/46.

Langstreckenbomber Boeing B-17G »Flying Fortress« II über dem Zielgebiet.
Aktionsradius: 1200 km
Geschw.: 458 km/h
Bes.: 10 Mann
Bew.: 12 x 12,7 mm MG
2720 kg Bombenzuladung.

Westlich von Swinemünde wurde ein Mahnmal für die 23 000 Opfer des amerikanischen Bombenangriffs vom 12. März 1945 auf Swinemünde errichtet. Es befindet sich bei der Ortschaft Kamminke und wurde auf dem Höhenzug des Golm angelegt.

fähre Übersicht über die Konzentration von Menschen zum Zeitpunkt des Bombenangriffs auf Swinemünde.
Als am 12. März die Bomber der 8. US Air Force gegen 12.00 Uhr den Bereich Swinemünde anfliegen, ist das Zielgebiet leicht bedeckt. Nach offiziellen amerikanischen Angaben haben sie innerhalb einer knappen Stunde 1 609 Tonnen Sprengbomben im ungezielten Flächenwurf über Swinemünde abgeworfen. Damit war es dem Gegner wiederum gelungen, aufgrund der fehlenden Jagdfliegerkräfte im System der Luftverteidigung des Reichsgebietes, einen verheerenden Angriff gegen den bedeutendsten Hauptzielhafen der deutschen Evakuierungstransporte zu fliegen. Nach dem Kriege rühmen sich die Amerikaner offiziell, daß sie auf das kleinste Fleckchen Deutschlands die größte Menge Bomben geworfen haben.
Auszug aus dem Logbuch des Torpedobootes *T 36:*

11.21 Uhr	Luftgefahr mittlere Ostsee.
11.49 Uhr	Anker auf – mit gestoppten Maschinen bei Grün 03 a.
11.55 Uhr	N-lich Saßnitz 200 Flugzeuge mit SO-Kurs.
12.10 Uhr	Bomberverband im Raum Swinemünde (Bombenabwürfe gemeldet).
12.23 Uhr	Laufende Angriffe auf Swinemünde (etwa 14 einfliegende Verbände).
13.15 Uhr	Alle Verbände im Abflug nach Westen.
14.40 Uhr	Luftgefahr für die mittlere Ostsee beendet.

Zum Zeitpunkt des Angriffs lagen auf der Reede u. a. vor Anker: *Jupiter, Lappland, Mars, Masuren, Moltkefels, Oberhausen, General San Martin* und *Vs 265.* Im Anmarsch auf den Hafen befanden sich *Z 34, Vp 1317, Fl.B 601, Fl.B 5003* und zwei weitere unbekannte Fl.B-Boote der SN-Fl. 81.
Der damalige Hpt.Gefr. Joachim Dommasch erlebte den Bombenangriff und berichtet:
»Ich gehörte zur Marineflakabteilung Osternothafen, einer 10,5-cm-Batterie. Am 12. März, kurz vor dem Mittagessen, gab es plötzlich Alarm und wir eilten auf die Gefechtsstationen. Mein Platz war am Kommandogerät zur Bedienung des Flughöhenmeßgerätes. Vom Fluggruppenkommando (Fluko) Swinemünde erhielten wir telefonisch die Luftlagemeldung ›Bomberverbände im Anflug über Ahlbeck!‹. Der Himmel war bedeckt und die Bomber flogen uns in einer Höhe von etwa 5 000 Metern an. Unser Funkmeßgerät vom Typ Würzburg-NORA konnten wir nicht einsetzen, da durch Düppelabwurf (Staniolstreifen) der Empfang gestört war. Somit konnten wir nur Sperre schießen.«
In Unkenntnis der Luftlage läuft der Zerstörer *Z 34* in den Hafen ein. Noch rechtzeitig erfährt der Kommandant die Situation und kann durch ein geschicktes Manöver den Zerstörer auf Gegenkurs bringen. Die ihm entgegenkommenden Fl.B-Boote, besetzt mit Flüchtlingen von Kolberg, können gewarnt werden. Bis auf *Fl.B. 601,* gelingt es den anderen Booten zu wenden und die offene See zu erreichen.
Die genaue Anzahl und die Namen der Schiffe und Boote, die sich zu diesem Zeitpunkt im Hafenbereich befunden haben, konnte bis heute nicht ermittelt werden. Aufgrund der Wracklagen sind die Namen der versenkten Schiffe bekannt. Das waren die Flüchtlingstransporter *Andros, Heiligenhafen, Hilde, Ravensburg und Tolina* sowie Einheiten der Kriegsmarine wie die *Cordillera, Jasmund, Fl.B 601* und *Vp 1316.* Im weiteren wurden fünf R-Boote im Dock der Maureb und 21 unfertige Kriegsfischkutter (KFK) in der Burmester Werft schwer beschädigt.
Die Stadt Swinemünde selbst wurde zu 20 Prozent zerstört. Die Beschädigung militärischer Objekte war unbedeutend und widerspiegelt sich auch in den geheimen Tagesberichten der deutschen Wehrmachtführung. Der Angriff mit seinem enormen materiellen Aufwand erbrachte keinen militärischen Erfolg, schon gar nicht für die sowjetischen Einheiten, die sich im Kampf um die Besetzung der Insel Wollin befanden.
Bei diesem Angriff sind etwa 23 000 Menschen ums Leben gekommen. Auf allen Friedhöfen westlich von Swinemünde, bis hin zur Ortschaft Koserow, wurden Massengräber ausgehoben und die Toten dort beigesetzt. Die Bestattung der größten Anzahl von Toten erfolgte auf dem Friedhof bei Kamminke, auf dem Höhenzug des Golm. Es war ein Terrorangriff, der u. a. zur Demoralisierung der Bevölkerung beitragen sollte.

Die Kampfhandlungen der 2. Belorussischen Front im Rahmen der »Berliner-Operation«

Am 30. Januar 1945 erreichten die Truppenteile der Roten Armee die Oder, überwanden diese und bildeten den ersten Brückenkopf auf dem Westufer bei der Ortschaft Kienitz. Danach begann die systematische Vorbereitung auf die Durchführung der »Berliner-Operation«.
In den frühen Morgenstunden des 16. April 1945, um 3.00 Uhr MEZ, eröffneten die 1. Belorussische und die 1. Ukrainische Front den Angriff auf die Reichshauptstadt Berlin.
Im Rahmen dieser Operation hatte die 2. Belorussische Front unter Führung ihres Oberbefehlshabers, Marschall der Sowjetunion K. K. Rokossowski, entlang der Oder zwischen der Ostseeküste und der Ortschaft Zehden Aufstellung genommen. Ihr Operationsbefehl sah vor, die Oder nördlich von Schwedt zu überqueren, die Stettiner Kräftegruppe der Wehrmacht zu zerschlagen und durch einen Vorstoß bis an die Linie Wittenberge – Anklam die 3. deutsche Panzerarmee nach Norden abzudrängen. Aus der Bewegung heraus sollte anschließend bis zur Ostseeküste vorgestoßen und die Inseln besetzt werden.
Der Operationsplan sah dafür 12 bis 13 Tage vor. Der Frontabschnitt hatte eine Länge von etwa 140 Kilometern.
Der Hauptstoß war auf einer Breite von 47 Kilometern zwischen Schwedt und Stettin vorgesehen. Für den Durchbruchsabschnitt waren aber nur 4 Kilometer je Armee festgelegt. Da der Aufmarsch der 2. Belorussischen Front am 16. April noch nicht abgeschlossen war, wurde der Angriffsbeginn auf den 20. April 5.40 Uhr festgelegt.
Nach einer Artillerievorbereitung von etwa zwei Stunden und anschließender Tieffliegerangriffe gelang es Einheiten der 65. Armee, südlich der Autobahnbrücken, die Oder bei dem Vorwerk Wilhelmshöhe zu überwinden und in einem raschen Vorstoß über die Autobahn die Ortschaft Hohenzahden einzunehmen sowie Pritzow anzugreifen. Während des Kampfes um die Ortschaft Pritzow setzten weitere Einheiten nördlich der Autobahnbrücken über die Oder und gingen bei Kurow in Stellung. Somit war ein Brückenkopf geschaffen und Verstärkungen konnten nachgezogen werden. Noch am gleichen Tag gelang es auch Einheiten der 70. Armee, Brückenköpfe bei Greifenhagen, Fiddichow und Nipperwiese zu schaffen und auszubauen. Die Oder war überwunden und damit hatte auch an diesem Teilabschnitt der »Nibelungen-Stellung« die deutsche Wehrmacht die Abwehrschlacht verloren.

Marschall der Sowjetunion G. K. Schukow, Oberbefehlshaber der 1. Belorussischen Front
Erinnerungen (Auszug):
»Während des ganzen Krieges war ich unmittelbar Teilnehmer vieler großer und wichtiger Offensiven, doch die bevorstehende Schlacht um Berlin war eine besondere, beispiellose Operation. Die Front mußte eine durchgehend gestaffelte Zone mächtiger Verteidigungslinien von der Oder bis zur stark befestigten Stadt Berlin durchbrechen.«

Um die Stadt von Westen her einzuschließen, eröffnete die sowjetische 2. Stoßarmee ihre Kampfhandlungen durch die südlichen Stadtgebiete. Der Durchbruch gelang den Einheiten am 24. April. Diese Gefahr erkennend, befahl General Schak (Gen.Kdo.XXXII. A.K.) die Räumung der »Festung Stettin«. In der Nacht vom 25. zum 26. April verließen die letzten deutschen Einheiten Stettin. Kampflos wurde die Stadt am 26. April besetzt. Ohne sich lange mit Stettin aufzuhalten, drangen die Einheiten der 2. Stoßarmee weiter auf Ueckermünde, Kamp, Anklam, Wolgast und über Greifswald auf Stralsund zu. Die Aufgabe be-

»Der Schlüssel zu Berlin«, Abbildung aus einer Zeitung der Roten Armee.

Aufschrift auf einer Sprengbombe: »Geschenk für Hitler«.

Hüte Dich aber vor den Agenten der Hitlerbande!

PST! PST! PST!

ORGANISIERE DIE GRUPPENWEISE GEFANGENGABE KLUG UND UMSICHTIG, UND DER DANK DER VON DIR GERETTETEN KAMERADEN UND IHRER FAMILIEN IST DIR SICHER.

Dieses Flugblatt gilt als Passierschein für deutsche Soldaten und Offiziere, die sich der Roten Armee gefangengeben.

Эта листовка служит пропуском для немецких солдат и офицеров при сдаче в плен Красной Армии.

№ 203

Das erfolgreichste sowjetische Schlachtflugzeug Il-2 »Schturmowik« beim Angriff auf Berlin. Zur Einsparung an Masse zog der Konstrukteur Iljuschin die Panzerung zur Ausbildung tragender Teile heran. Insgesamt wurden 36 136 Flugzeuge dieses Typs gebaut.

stand vor allem in der Eroberung der pommerschen und vorpommerschen Inseln Wollin, Usedom und Rügen. Am 30. April war der »Verteidigungsbereich Swinemünde« und am 1. Mai die Insel Rügen endgültig von Land her eingeschlossen.

Die Angriffsspitzen der 65. Armee bewegten sich über Pasewalk und Friedland auf Demmin zu, teilten sich anschließend in drei Stoßkeile auf, die sich auf Barth, Ribnitz-Damgarten und Rostock zu bewegten. Am 1. Mai gelang es der Roten Armee, diese Städte kampflos einzunehmen. Von Rostock aus drang das 40. Gardepanzerregiment nach Warnemünde vor und stand in den frühen Nachmittagsstunden mit seinen Panzern auf der Strandpromenade von Warnemünde.

Während dieser Zeit ging die 49. Armee westwärts über Pasewalk nach Ludwigslust vor. Nördlich von ihr operierte die 70. Armee. Sie gelangte über Prenzlau, Neubrandenburg und Güstrow bis nach Wismar, wo sie am 2. Mai auf Einheiten der 21. anglo-kanadischen Armeegruppe traf.

Ihre im Rahmen der »Berliner-Operation« gestellte Aufgabe hatte die 2. Belorussische Front erfüllt. An diesem 2. Mai 1945 mußte der Kommandeur des »Verteidigungsbereiches Berlin«, General Weidling, kapitulieren.

Beide Flugblätter dokumentieren, wie die sowjetische Führung versuchte, auf die deutschen Soldaten und die Volkssturmmänner ideologisch einzuwirken, um sie zur Aufgabe des Kampfes zu bewegen.
Die Flugblätter stammen aus sowjetischen Granaten und wurden bei der Delaborierung geborgen.

Lesen und weitergeben!

Volkssturmmänner!

Tausende deutscher Volkssturmmänner, alt und jung, gehen täglich im ***sinnlosen*** *Kampf zwecklos zugrunde. Viele von den Kameraden, die mit Euch* ***eingezogen*** *wurden, sind schon nicht mehr am Leben. Ihre Kinder werden zu Waisen,* ***Ihre*** *Familien verlieren den Ernährer. Auch Ihr steht an der Schwelle des* ***Todes, auch*** *Euren Kindern droht ein Waisenlos und Euren Familien der Bettelstab.*

WOZU DAS ALLES?

Die Nazis sagen Euch, Ihr verteidigt Deutschland. **Das ist eine Lüge!**

Es ist schon zu spät, „Deutschland zu verteidigen“.

IM OSTEN haben die Russen Ostpreußen und Pommern, Ober- und Niederschlesien besetzt, das letzte Wasserhindernis, die **Oder,** überquert **und stoßen gegen Berlin vor.**

IM WESTEN haben die Verbündeten die „Siegfriedlinie“ durchbrochen, den **Rhein** erreicht und an mehreren Stellen überschritten **und stoßen ebenfalls gegen Berlin vor.**

Jeder vernünftige Deutsche muß heute einsehen, daß die Fortsetzung des verlorenen Krieges die Vernichtung neuer Millionen deutscher Menschenleben und die totale Verwüstung des Landes bedeutet.

Die Nazis sagen Euch, die Verbündeten hätten die Absicht, das deutsche Volk auszurotten. **Auch das ist eine Lüge!**

Solche idiotischen Ziele haben wir nicht.

Die Rote Armee geht nach Deutschland nicht mit den Zielen eines **Henkers und** Räubers, mit denen Hitler und seine Naziclique im Juni 1941 in Sowjetrußland eingebrochen sind.

Die Rote Armee geht nach Deutschland, um die Kriegsverbrecher, die Hitlerclique, von der Macht zu entfernen und strenger Bestrafung zuzuführen, um **das** Naziregime zu vernichten, das Millionen von Menschen aller europäischen Länder, **darunter** auch dem deutschen Volk, unsagbares Elend gebracht hat.

Die Nazis sagen Euch, Ihr verteidigt Eure Zukunft. **Auch das ist eine Lüge!**

Wenn Ihr den Kampf fortsetzt, verurteilt Ihr Euch selber unausweichlich zum **zwecklosen Untergang.**

Die Fortsetzung des verlorenen Krieges führt nur zur vollen Verwüstung der deutschen Städte und Dörfer, legt Euch und Euren Familien neue sinnlose Opfer auf und verschlechtert die Lage Deutschlands und des ganzen deutschen Volkes.

Stettin – die pommersche Landeshauptstadt

Nachdem die Einheiten der Roten Armee im Rahmen ihrer »Weichsel-Oder-Operation« die Oder am 30. Januar 1945 südlich von Stettin erreicht hatten, war die HKL der Hgr. Weichsel durchbrochen, und Einheiten der 1. Belorussischen Front bewegten sich auf Stettin vor. In der höchsten Gefahr wird Stettin am 22. Februar zur Festung erklärt, doch die notwendigen Verteidigungsmaßnahmen erst am 22. März befohlen.
Seit dem 6. März kam es zu erbitterten Abwehrkämpfen an den äußeren Verteidigungsstellungen östlich der Großen Reglitz.
An diesem Tag ergeht der Befehl vom OKM-Skl./Qu. VI »Admiral V. Koralle – Alle fahrbereiten Schiffe aus Stettin herausziehen!«
Aufgrund der sich überstürzenden Ereignisse begann die Evakuierung der Bevölkerung und der Abtransport von wichtigen Werfteinrichtungen. Bereits am 6. März wurde ein Konvoi mit dem Eisbrecher *Stettin, Preußen* und *Pommern,* dem Fahrgastschiff *Berlin* sowie dem in Reparatur befindlichen Kampfboot *M 328* zusammengestellt; mit Werftarbeitern und Flüchtlingen besetzt, verließ dieser noch am gleichen Tag bei Einbruch der Dunkelheit Stettin und erreichte ohne Verluste Swinemünde.
Erst nachdem am 20. März alle östlichen Vororte Stettins von sowjetischen Truppen besetzt waren, wurde am 22. März der Beginn der »Festungskampfzeit« für Stettin befohlen und somit der Beginn des Ausbaus zur Festung festgelegt. In verhältnismäßig kurzer Zeit gelang es, ein gestaffeltes Stellungs- und Befestigungssystem anzulegen und zu besetzen. Zur Festungsbesatzung gehörten etwa 4 000 Soldaten, die durch Volkssturm- und Polizeieinheiten ergänzt wurden. Ihre waffentechnische Ausrüstung war äußerst unzureichend und die Munitionsbestände katastrophal. Angesichts dieser Ausgangslage erkärte der

Luftbildaufnahme mit Blick nach Norden über die Brücken, das Schloß und die Hakenterrasse zu den Oderwerken. Im Vordergrund die Eisenbahnbrücke, dahinter die Hansa-Brücke und dort, bevor sich die Oder gabelt, die Neue Baum-Brücke.

Luftbildaufnahme vom 13. April 1944. Deutlich ist der Schatten des großen Speichers zu sehen. In der Mitte des Bildes sieht man das Werftgelände der Stettiner Oderwerke.

Festungskommandant, Generalleutnant Hühner, daß er seine Aufgabe unter diesen Umständen nicht erfüllen kann. Dieser Einschätzung schloß sich das übergeordnete Generalkommando XXXII A.K. an, worauf General Schak beim OKH am 3. April die Aufhebung des Festungscharakters der Stadt beantragte, die jedoch am 10. April abgelehnt wurde.

Mit dem Eintreffen der Artillerieträger der 8. A-Fl. in dem »Verteidigungsbereich Swinemünde« waren weitere Evakuierungstransporte aus Stettin möglich. Im Schutz der Artillerieträger erfolgte das Abschleppen einiger Schwimmdocks mit wichtigen Werfteinrichtungen und dringend benötigter Boote. Das Dock H konnte nicht mehr abgeschleppt werden und wurde gesprengt. Noch am 20. April versuchte die Besatzung des kleinen Eisbrechers *Swinemünde* Stettin nach Norden zu verlassen, doch ein Artillerietreffer verhinderte das Vorhaben, das Schiff ging verloren.

Erst im Rahmen der »Berliner-Operation«, als die Oder südlich von Stettin am 20. April von den Einheiten der 49., 65. und 70. Armee überwunden worden war und der 2. Stoßarmee am 24. April ein Durchbruch durch die in den

Das zerstörte Stettin im Mai 1945. Im Vordergrund sieht man die gesprengte Neue Baum-Brücke, dahinter die Schloß-ruine.

südlichen Stadtgebieten befindlichen Verteidigungsstellungen gelang, bestand die Gefahr der Einkesselung. Unter diesem Gesichtspunkt erteilte General Schak den Befehl zur Räumung der »Festung Stettin«. Die Stadt war bei Dunkelheit zu räumen und alle Oderbrücken zu diesem Zeitpunkt zu sprengen. Auf Befehl von Kapt.z.S. Wolfgang Kähler, dienstältester Marineoffizier und Bevollmächtigter des »Kommandierenden Admirals westliche Ostsee« in

Transporter *Otto Alfred Müller* (WL-1/Nr.: 226), am 17. August 1944 bei einem Fliegerangriff auf Stettin durch Bombentreffer versenkt.
An Oberdeck befindet sich ein sowjetisches Bergungskommando mit deutschen Bergungskräften.

Die *Usambara* (WL-1/Nr.: 363) gehörte wie die *Oceana* als Wohnschiff zur 4. U-Fl. nach Stettin.
Bei dem Bombenangriff am 11. April 1944 auf Stettin wird das Schiff getroffen und brennt aus. Im März 1945 wird das Wrack erneut durch Bomben getroffen und schließlich am 31. März 1945 gesprengt.
Vermessung: 8 690 BRT
L/B/T: 132,12 m / 17,75 m / 7,77 m
Geschw.: 12,5 sm/h

Das Passagierschiff *Oceana* gehörte als Wohnschiff zur 4. U-Fl. mit Stützpunkt Stettin. Im Februar 1945 verlegt das Schiff mit zwei frontunklaren U-Booten vom Typ VII C und drei Werkstattschuten nach Westen. An Bord befand sich Marineoberbaurat Schneeweiß.
In der Kaiserfahrt mußte ein Zwischenaufenthalt bis Ende April eingelegt werden, bevor es dann weiter nach Westen ging. Am 3. oder 4. Mai lief das Schiff in Sonderburg ein.
Vermessung: 8 791 BRT
L/B/T: 138,00 m / 17,06 m / 7,19 m
Geschw.: 12,0 sm/h.

der Festung Stettin, werden der Flugzeugträger *Graf Zeppelin,* die Frachter *Ruhr, Rose, Hanna Cords, Viadra, Karl Friedrich Geiss* und verschiedene Kleinfahrzeuge versenkt sowie wichtige Kai- und Verladeanlagen gesprengt. In der Nacht vom 25. zum 26. April verlassen die letzten Festungseinheiten über die Falkenwalder Straße Stettin. Am nächsten Tag wird Stettin kampflos von der sowjetischen 46. und 90. Schützendivision der 2. Stoßarmee besetzt.
Beim Einrücken der sowjetischen Truppen war Stettin eine von der Bevölkerung weitgehend verlassene Stadt. Die genaue Zahl der zurückgebliebenen Menschen wird sich nie mehr genau ermitteln lassen, wobei Schätzungen von etwa 10 000 Personen ausgehen. Ungeachtet dessen erklärte bereits am 29. April der von der polnischen Regierung zum Stadtpräsidenten von Stettin ernannte Ingenieur Piotr Zaremba die Machtübernahme. Am 30. April ließ er die polnische Fahne über den Dächern von Stettin hissen. Zwar mußten diese Maßnahmen auf Befehl des sowjetischen Stadtkommandanten Fedotow wieder rückgängig gemacht werden, doch am 5. Juli 1945 übertrug dieser befehlsgemäß die Verwaltung über die pommersche Landeshauptstadt den polnischen Behörden.

Werkmeister Erwin Mix. Er war als Angehöriger der Stettiner Oderwerke im Bereich U-Boot-Instandsetzung tätig und erlebte an Bord der *Oceana* die Evakuierung der 4. U-Fl. nach Westen.

Stettiner Oderwerke Aktiengesellschaft für Schiff- und Maschinenbau, Stettin

z.Zt. Lübecker Flenderwerke A.G., Lübeck - Siems.

Lübeck, den 5. Oktober 1945.

Z e u g n i s.

Herr Erwin M i x, geboren am 16. März 1910 zu Stettin, war bei uns vom 26. Juli 1938 bis zum 30. September 1941 als Schlosser und Vorschlosser in unserer Abteilung Bordmontage und vom 1. Oktober 1941 bis zum 17. Mai 1945 als Werkmeister im U-Boots-Instandsetzungsbetrieb tätig.

Als Schlosser in der Bordmontage arbeitete er an den Maschinen- und Kesselanlagen an Bord verschiedener Schiffe, wurde im Juli 1939 von uns nach Kiel zur Ausbildung im U-Bootsbau geschickt und nach seiner Rückkehr als Vorschlosser in der U-Boots-Instandsetzung beschäftigt. Am 1. Oktober 1941 übernahm er den U-Boots-Instandsetzungsbetrieb als Werkmeister.

Herr Mix hat alle ihm übertragenen Arbeiten mit großem Fleiß zu unserer vollsten Zufriedenheit ausgeführt, zeigte sich im Verkehr mit den Arbeitern taktvoll und war uns ein wertvoller Mitarbeiter.

Seine Führung war stets tadellos.

Die mit Kriegsende eingetretenen Verhältnisse bedingen leider auch das Ende der Beschäftigung des Herrn Mix. Wir wünschen ihm für die Zukunft alles Gute.

Stettiner Oderwerke
Aktiengesellschaft
für Schiff- und Maschinenbau

Arbeitszeugnis des Werkmeisters Erwin Mix.

Der Regierungspräsident Stettin, den 26. Februar 1945

I.V.

Gesch.-Z.

Bei Antwortschreiben ist das Geschäftszeichen anzugeben.

Schnellbrief

Der Oberbürgermeister der Stadt Stralsund
Eing. 3. März 1945

An
den Herrn Polizeipräsidenten in Stettin,
die Herren Landräte des Bezirks und
die Herren Oberbürgermeister in Greifswald, Stargard/Pom. und Stralsund.

Ich ersuche dafür zu sorgen, daß die von den Trecks liegengebliebenen Pferdekadaver so schnell wie möglich von den Landstraßen beseitigt werden.

Im Auftrage:
gez. L a n g e .

Ortspolizei... Stralsund
Eing. 5. März 1945

Beglaubigt:
Regierungssekretär

Demmin – eine Stadt in Flammen

Im Rahmen der »Berliner-Operation« der Roten Armee drang deren 65. Armee bis zum 1. Mai in den Raum Barth–Ribnitz–Rostock/Warnemünde und damit bis zur Ostseeküste vor. Dabei hinterließen Truppenteile dieser 65. Armee in der Kreisstadt Demmin eine »Erinnerung«, die zu den unrühmlichsten und verwerflichsten des Zweiten Weltkrieges zu zählen ist.
Was war geschehen?
In den Morgenstunden des 30. April erreichte die 1. Mech. Brigade des 1. Gardepanzerkorps der 65. Armee den Stadtrand von Demmin. Alle Zufahrtsbrücken zur Stadt waren gesprengt. Die Stadt schien von deutschen Kampftruppen geräumt zu sein. Eine weiße Fahne wehte auf dem Turm der Bartholomäus-Kirche.
In der Tat befanden sich keine Wehrmachtseinheiten mehr in Demmin. Die Kampfeinheiten hatten sich am Morgen, vor dem Sprengen der Straßen- und Eisenbahnbrücken, in westlicher Richtung abgesetzt. Dazu gehörte auch ein großer Lazarettzug mit zahlreichen Verwundeten, die in den Demminer Schulen untergebracht waren. Dem leitenden Stabsarzt Dr. Hans Gürich war es noch möglich gewesen, diese in Richtung Rostock–Lübeck abtransportieren zu lassen. Zurück blieben etwa 30 000 Menschen, die Hälfte davon waren Flüchtlinge. Sowjetische Pioniere bauten Pontonbrücken über die Tollense, so daß gegen 11.00 Uhr die Truppen der 1. Mech. Brigade die Stadt kampflos einnehmen konnten.
Beim Durchkämmen der Stadt fanden sie das Marinedepot, ein Proviant- und Ausrüstungslager der Kriegsmarine, und entdeckten größere Mengen von Alkohol in der Demminer Getreidebrennerei, was offensichtlich großes Interesse fand.
Aus Frontkämpfern wurde eine betrunkene Soldateska, die nun plündernd, vergewaltigend und die Menschen auf das Schlimmste behandelnd die Stadt verwüstete und letztendlich in Brand setzte.
Drei Tage wurde die vorpommersche Stadt zur Plünderung und Brandschatzung freigegeben, als Rache für die gesprengten Brücken und die Schüsse einiger Fanatiker aus dem Hinterhalt.
Offensichtlich von ihren Kommandeuren nicht daran gehindert, entlud sich bei den betrunkenen Rotarmisten ein in Barbarei ausartender Haß gegen alles, was deutsch war. Schließlich gab ihnen ja der Propagandist und Kriegsberichterstatter Ilja Ehrenburg in seinem Appell an die Soldaten der Roten Armee »die moralische Stütze«.

»Tötet, tötet! Es gibt nichts, was an den Deutschen unschuldig ist, an den Lebenden nicht und nicht an den Ungeborenen! Folgt der Weisung des Genossen Stalin und zerstampft für immer das Faschistische Tier in

Der Peenehafen der Hansestadt Demmin um 1935. Vornehmlich durch den Getreidehandel der Firma Otto Klänhammer legten ständig Lastschiffe am Demminer Kai an. Rechts hinter dem Speicher das Marinedeopt.

Teilansicht der niedergebrannten Altstadt von Demmin im Mai 1945. Betrunkene sowjetische Soldaten begannen am 1. Mai mit der Einäscherung der Stadt. Erst am Nachmittag des 3. Mai gestattete man der Bevölkerung, Löschmaßnahmen einzuleiten. Am 4. Mai waren die Brände zwar gelöscht, doch die Altstadt zur 80 Prozent vernichtet.

Blick vom Turm der Bartholomäus-Kirche über den Marktplatz entlang der Holstenstraße nach Nordwesten. Im Vordergrund ist ein dicht bebautes Stadtgebiet und im Hintergrund das Marinedepot der Kriegsmarine gut zu erkennen.

seiner Höhle. Brecht mit Gewalt den Rassenhochmut der germanischen Frauen. Nehmt sie Euch als rechtmäßige Beute. Tötet, ihr tapferen, vorwärtsstürmenden Rotarmisten!«

Aus: Die Versenkung der »Wilhelm Gustloff«, S. 24.

In ihrer Verzweiflung über die so unvermittelt erlebte Grausamkeit nahmen sich Hunderte von Demminern und Flüchtlingen das Leben. Es waren vor allem Frauen, die gemeinsam mit ihren Kindern in den Freitod gingen. Sie nahmen Gift, erhängten sich oder ertränkten sich in den Flüssen.

Über 900 Todesopfer sind nach heutigen Erkenntnissen als Folge der Exzesse der betrunkenen Soldateska zu beklagen. Die große Tragik lag besonders darin, daß der

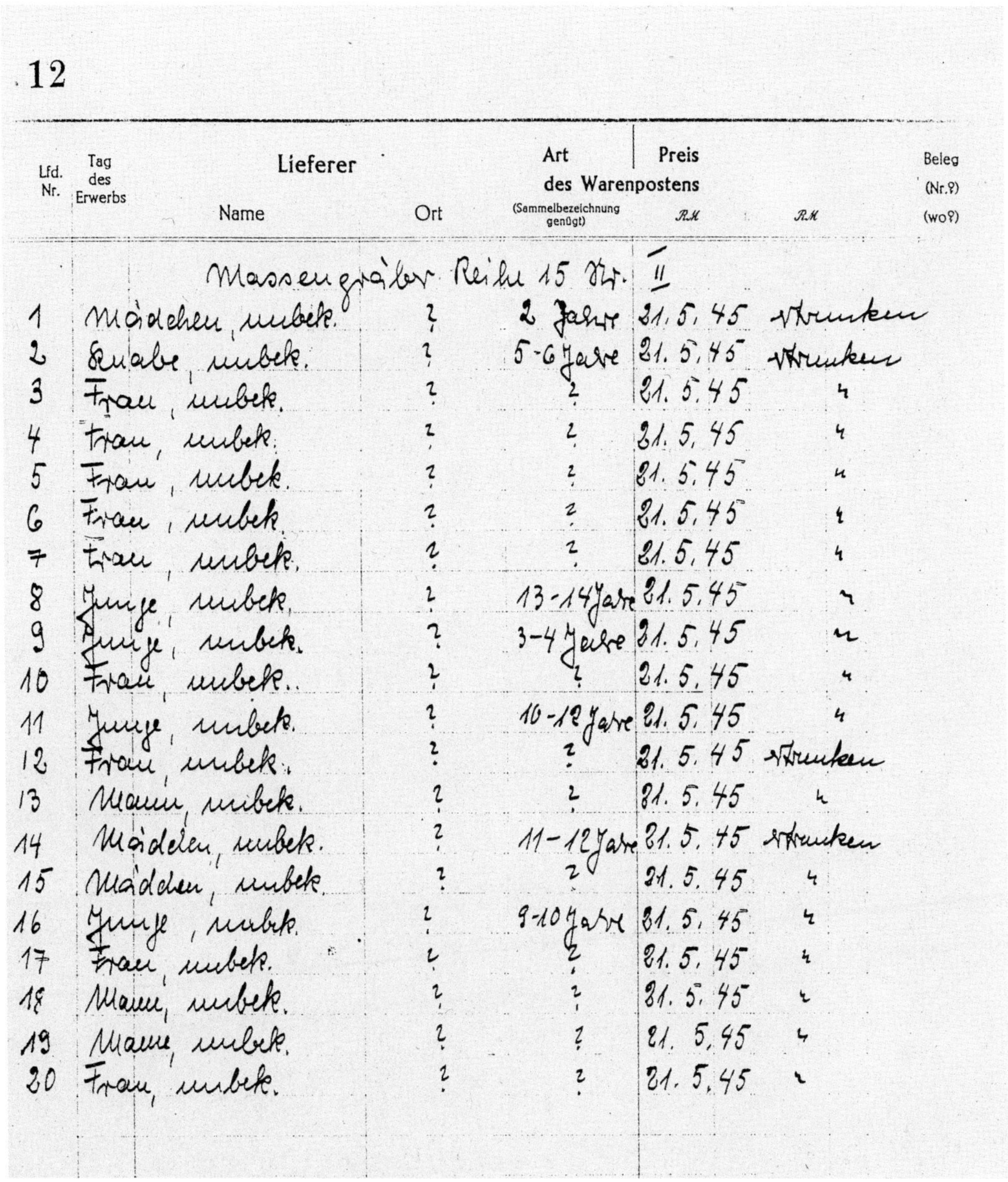

.12

Lfd. Nr.	Tag des Erwerbs	Lieferer Name	Ort	Art des Warenpostens (Sammelbezeichnung genügt)	Preis RM	RM	Beleg (Nr.?) (wo?)
		Massengräber Reihe 15 Nr. II					
1		Mädchen, unbek.	?	2 Jahre	21.5.45	ertrunken	
2		Knabe, unbek.	?	5-6 Jahre	21.5.45	ertrunken	
3		Frau, unbek.	?	?	21.5.45	"	
4		Frau, unbek.	?	?	21.5.45	"	
5		Frau, unbek.	?	?	21.5.45	"	
6		Frau, unbek.	?	?	21.5.45	"	
7		Frau, unbek.	?	?	21.5.45	"	
8		Junge, unbek.	?	13-14 Jahre	21.5.45	"	
9		Junge, unbek.	?	3-4 Jahre	21.5.45	"	
10		Frau, unbek.	?	?	21.5.45	"	
11		Junge, unbek.	?	10-12 Jahre	21.5.45	"	
12		Frau, unbek.	?	?	21.5.45	ertrunken	
13		Mann, unbek.	?	?	21.5.45	"	
14		Mädchen, unbek.	?	11-12 Jahre	21.5.45	ertrunken	
15		Mädchen, unbek.	?	?	21.5.45	"	
16		Junge, unbek.	?	9-10 Jahre	21.5.45	"	
17		Frau, unbek.	?	?	21.5.45	"	
18		Mann, unbek.	?	?	21.5.45	"	
19		Mann, unbek.	?	?	21.5.45	"	
20		Frau, unbek.	?	?	21.5.45	"	

Auszug aus dem Demminer Friedhofsbuch mit Unbekannten, die den Freitod gewählt hatten. Da kein geeignetes Buch zur Registrierung der Toten zur Verfügung stand, nahm man als Ersatz ein Wareneingangsbuch.

Freitod von den Opfern massenweise gesucht wurde und wie ein psychischer Massenkollaps anhielt.
Gewiß hat dabei auch die jahrelange Propaganda der Nationalsozialisten ihre Wirkung nicht verfehlt, indem sie Angst vor den Bolschewisten und ihrer grausamen Herrschaft verbreitet hatten.
Greueltaten, wie sie von Soldaten der Roten Armee bei der Eroberung des deutschen Dorfes Nemmersdorf in Ostpreußen, am 20. Oktober 1944 von Truppenteilen der 11. Gardearmee begangen worden sind, gaben dieser Propaganda dann letztendlich »die Beweise« und wurden auch mit allen propagandistischen Mitteln verbreitet.
Besucht man die heutige Hansestadt Demmin in Vorpommern, sollte man es nicht versäumen, auf dem Bartholomäus-Friedhof im Osten Demmins jenen Opfern dieser schrecklichen Tage des Jahres 1945 zu gedenken, denen die Kriegsgräberfürsorge mit diesem Friedhof ein würdiges Denkmal – auch zur Mahnung an die Nachwelt – errichtet hat.

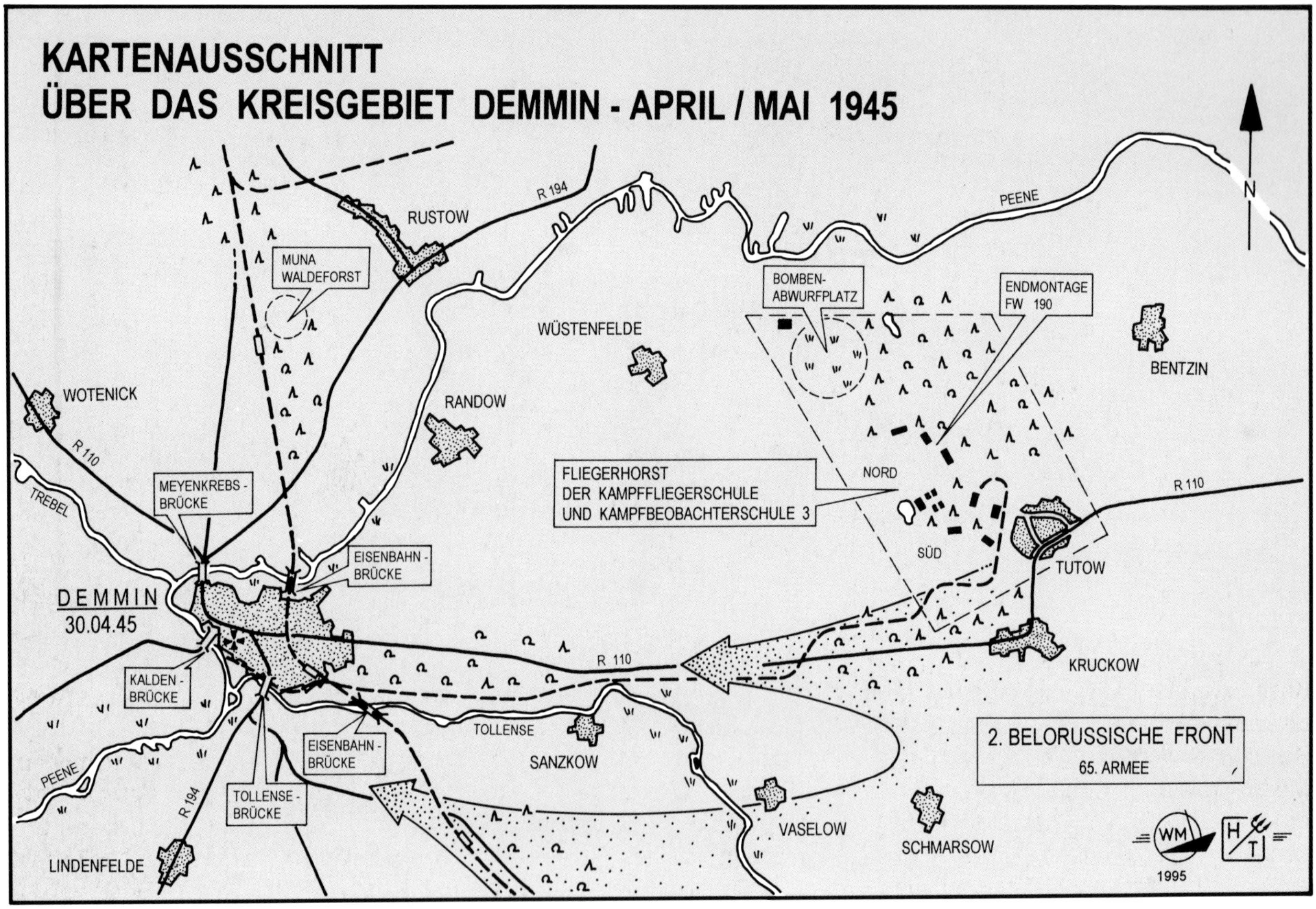

Die kampflose Einnahme der Hansestadt Stralsund

Mit der Aufgabe von Stettin flüchtete der Gauleiter und Reichsverteidigungskommissar von Pommern, Franz Schwede-Coburg, in die Garnison- und Hafenstadt Stralsund. Nachdem die sowjetische 2. Stoßarmee Stettin am 26. April eingenommen hatte, bewegte sie sich entlang der R 96 über Anklam und Greifswald auf Stralsund zu.

Um den Vormarsch der Roten Armee zu behindern, wurde versucht, ein tief gestaffeltes Verteidigungssystem unter Einbeziehung der Städte aufzubauen. Stralsund mit seiner prädestinierten Lage zur Insel Rügen nahm hierbei eine Schlüsselstellung ein. So wurde Anfang April durch die HGr. Weichsel in Stralsund ein »Ortsstützpunkt« eingerichtet. Zum Stützpunkt- und damit Festungskommandanten wurde Generalmajor Breusing ernannt, der durch Generalmajor der Luftwaffe Hauschulz vertreten wurde.

Wehrmachtskommandant von Stralsund und Kommandant des Küstenabschnittes von Stralsund bis zur mecklenburgischen Grenze sowie Kommandeur des 1. Schiffstammregiments blieb Kapt.z.S. Herbert Zollenkopf.

Die Garnisonstadt Stralsund war eine der Hauptausbildungsbasen der Kriegsmarine. Zwischen 1934 und 1938 begann sowohl von seiten der Kriegsmarine als auch der Luftwaffe und der SS der Neu-, Aus- und Umbau von

Ansicht der Altstadt von Stralsund vor dem Zweiten Weltkrieg.

Kasernen. Die Frankenkaserne und der Dänholm wurden um- und ausgebaut, der Fliegerhorst Parow, die Flak-Kaserne Andershof, die Schwedenschanze, die Prinz-Moritz-Kaserne und das Marinelazarett am Sund neu errichtet. Hinzu kam der Umbau der Heilstätte Krankenhaus West für die Waffen-SS. Damit war Stralsund eine große Garnisonstadt geworden. Die größte Einheit war das 1. Schiffsstammregiment (1. S.St.R.), das dem 2. Admiral der Ostsee unterstand und in der Reichsmarine mehrfach umstrukturiert wurde. Nach Recherchen von Klaus Trepping, Mitarbeiter des Marinemuseums Dänholm, wurde nachstehender Sachverhalt zum 1. Schiffstammregiment erarbeitet:

»Mit Wirkung vom 1. Januar 1944 erfolgte eine bedeutende Umorganisierung im Bereich des 1. Schiffstammregimentes.

Die mit der Rekrutenausbildung betreuten Abteilungen behielten oder bekamen die Bezeichnung Schiffstammabteilung (S.St.A.), die Abteilungen in denen Unteroffiziersanwärter ausgebildet wurden, erhielten die Bezeichnung Marinelehrabteilung (MLA) und die Abteilung für Personalreserve und bereitgestelltes Personal wurde zur Marine-

Blick über die Frankenkaserne zur Insel Dänholm und auf den Rügendamm. Der Bau des 2,5 Kilometer langen Verkehrsweges, des Rügendamms, erfolgte in der Zeit von September 1933 bis Mai 1937. Bereits am 5. Oktober 1936 konnte die Eisenbahnverbindung dem Verkehr übergeben werden.
Zur Gewährleistung des Schiffsverkehrs wurde zwischen dem Festland und der Insel Dänholm eine Klappbrücke, die Ziegelgrabenbrücke, eingebaut.

ersatzabteilung. Die Abteilungen wurden zu Regimentern zusammengefaßt. In diesem Zusammenhang wurde das 1. S.StR. aus seiner alten Unterstellung herausgelöst und dem Inspekteur des Bildungswesens der Marine unterstellt. Gleichzeitig änderte sich die Struktur der unterstellten Einheiten. Die 7. S.St.A. wurde in 1. S.St.A. umbenannt und verblieb auf dem Dänholm. Hier erfolgte die Grundausbildung aller »Seeoffiziersanwärter« und die der »Festungs-Pionier-Offiziere« der Kriegsmarine.
Die 9.S.St.A. wurde in 3. MLA umbenannt und später nach Aarhus verlegt. Es ist zu vermuten, daß ein Teil der Stammbesatzung zwecks Aufstellung der 4. S.St.A. in Stralsund verblieb. Die 1943 neu aufgestellte 32. S.St.A. erhielt die Bezeichnung 2. S.St.A. und wurde Ende 1944 nach Flensburg-Mürwik verlegt. Die 11. S.St.A. wurde in 3. S.St.A. umbenannt und verblieb in der Schwedenschanze.
In der Frankenkaserne erfolgte im Januar 1944 die Neuaufstellung der 4. S.St.A., die dann aber 1945 nach Flensburg-Mürwik wurde.
Die teilweise neu aufgestellten 7., 9., 11. und 13. S.St.A. wurden im Oktober 1944 dem 3. Schiffstammregiment

Luftbildaufnahme vom Marinelazarett in Stralsund. 1936 wurde mit dem Bau des modernsten Lazarettes der Marine, in der Großen Parower Straße, begonnen. Bereits am 14. Oktober 1938 konnte das von dem Regierungsbaumeister Stieler projektierte Gebäude an den ersten Chefarzt, Admiralarzt Dr. med. Fritz Nadler, feierlich übergeben werden.
Nach der sowjetischen Besetzung Stralsunds wurde es am 4. Juni 1945 der Stadt zur zivilen Nutzung übergeben.

Vereidigung von Rekruten in der Frankenkaserne 1936.
Die Kaserne gehörte mit zu den ältesten Kasernen in Stralsund und beherbergte 1945 die 2. S.St.A., die ehemalige 9. S.St.A.
Hier erfolgte vorwiegend die Grundausbildung aller Matrosen für den Einsatzbereich Ostsee.

Ansicht des neu gebauten Kasernenkomplexes der 11. S.St.A. »Schwedenschanze«, in dem am 1. Oktober 1938 die Fahnenhissung erfolgte. Die ersten Rekruten rückten bereits am 1. November zur Ausbildung als angehende Unteroffiziere der Marine ein. Im Januar 1944 erfolgte die Umbenennung in 3. S.St.A.

Dienststelle der 7. S.St.A. auf dem Dänholm. Blick vom Wirtschaftsgebäude über den Exerzierplatz zur Insel Rügen anläßlich einer Vereidigung.
Die Dienststelle erhielt auch von den Rekruten die inoffizielle Bezeichnung »Schleifstein der Kriegsmarine«.

unterstellt, dieses wurde nach Epinal (Lothringen) beordert, dem Heer unterstellt und bis Ende 1944 im Kampf aufgerieben.
Dem Schiffstammregiment unterstanden 1945 vier Schiffstammabteilungen und das Segelschulschiff *Gorch Fock*. Ihre Kommandeure waren:
1. S.St.R.: Kapt.z.S. Herbert Zollenkopf,
1. S.St.A.: K.Kapt. Wolfgang Dittmers,
2. S.St.A.: K.Kapt. Franz Meyerhoeffer,
3. S.St.A.: K.Kapt. Richard Steffen,
4. S.St.A.: K.Kapt. Herbert Banzhaf,
Kmdt. SSS *Gorch Fock*: Kptlt. Wilhelm Kahle.
Weiterhin war in Stralsund, im Objekt der 1. S.St.A. auf dem Dänholm, die Zweigstelle des Marinegerichtes des 2. Admirals der Ostsee untergebracht. Der leitende Richter ab Februar 1943 war Geschwader-Richter Dr. Hohmann. Die Verurteilten wurden im wesentlichen bis zur Urteilsvollstreckung in der Arrestanstalt auf dem Dänholm inhaftiert.«
Im letzten Kriegsjahr wurden mit der Crew I/45 über 1000 Mann und mit der Crew IV/45 nochmals bis zu 1200 Mann eingezogen. Es ist zu vermuten, daß die Kriegsmarine ihren jungen Nachwuchs nicht durch die Aktion »Heldenklau« an der Front verheizen lassen wollte und so diese Einberufungsaktion startete. Da die Unterbringungskapazität auf dem Dänholm nicht ausreichte, erfolgte die Einquartierung der Kadetten in die Kasernen der Schwedenschanze, Frankenkaserne und Prinz-Moritz-Kaserne.

Großer Zapfenstreich des 1. Schiffstammregimentes anläßlich des Skagerrak-Gedenktages am 31. Mai 1938 vor dem Gebäude des Stadtkommandanten auf dem Alten Markt in Stralsund.

Am 25. April traf in Stralsund – direkt aus dem Führerhauptquartier – der Befehl von V. Adm. Voss ein, aus den Resten der drei Schiffsstammabteilungen ein Ersatzbataillon für den Schutz der Reichskanzlei in einer Stärke von 600 Mann aufzustellen und in Marsch zu setzen. Feldmarschmäßig ausgerüstet erfolgte noch am gleichen Tag der Transport zu den Flugplätzen Pütnitz und Tutow. Einigen gelang es noch, im Verteidigungsbereich Berlin zu landen, andere wurden abgeschossen, nur wenige kehrten wohlbehalten zu ihren Flugplätzen zurück. Für viele dieser jungen Marineangehörigen war es ein Flug in den Tod.

Unter Heranziehung der Zivilbevölkerung begann der Ausbau eines äußeren und inneren Verteidigungsringes. Schwere Waffen standen für die Verteidigung nicht zur Verfügung und von der Luftwaffe war wegen Treibstoffmangels keine Unterstützung zu erwarten. So war es von vornherein ein aussichtsloses Unterfangen, die »Festung Stralsund« über einen längeren Zeitpunkt wirkungsvoll zu verteidigen.

Für die Besetzung der Stellungen standen ebenfalls nicht genügend Soldaten zur Verfügung. Nur unter Heranziehung aller zur Verfügung stehenden Kräfte, einschließlich der Hitlerjugend, konnten Stellungen einigermaßen besetzt werden.

So erfolgte noch am 6. April, in Vorbereitung der zu erwartenden Kampfhandlungen, die Einberufung von 32 Hitlerjungen des Jahrganges 1929 zur Aufstellung von Panzerjagdkommandos der HJ. Die Ausbildung erfolgte in der SS-Kaserne »Hohenstaufen« und umfaßte den Umgang mit der Panzerfaust, Tellermine, Haftladung und mit Sprengstoff.

Da trotzdem die zur Verfügung stehenden Kräfte nicht ausreichten, wurden am 14. April noch etwa 150 Mann, überwiegend 16jährige Flakhelfer, von der »Schweren-Flak-Ersatzabteilung« Wismar mit der Bahn nach Stralsund gebracht. Ausgerüstet nur mit leichten Infanteriewaffen, brachte man sie in der Flak-Kaserne in Andershof unter. Sie waren für die äußere Verteidigungsstellung an der R 96 in Richtung Greifswald vorgesehen. Der Gefechtsstand des Festungskommandanten wurde vom Stadttheater in die bombensicheren Räume des im Hafen befindlichen Getreidesilos der Firma Koch & Poggendorf verlegt.

Da sich Tausende von Flüchtlingen in der Stadt befanden, die Lazarette übervoll belegt waren und ersichtlich war, daß die Verteidigungsmaßnahmen unzureichend waren, erklärte der Reichsverteidigungskommissar Schwede-Coburg auf einer Dienstbesprechung am 29. April seine Bereitschaft zur Räumung der Stadt durch das Militär. Der Antrag von Kapt.z.S. Zollenkopf, Stralsund zur »Offenen

Zerstörungen in der Stralsunder Innenstadt. Im Hintergrund die Nikolaikirche. Die Aufnahme entstand an der Kreuzung Ossenreyerstraße – Heilgeiststraße.

Blick vom Rügendamm auf den zerstörten Stralsunder Bauhafen des Wasserstraßenamtes, die zerstörte Wohnsiedlung Reiferbahn und das schwer beschädigte Elektrizitätswerk.

Stadt« zu erklären, wurde nicht verwirklicht. In der Zwischenzeit war Anklam gefallen und die sowjetischen Einheiten standen vor Greifswald. Angesichts der aussichtslosen Lage entschloß sich der Kampfkommandant von Greifswald, Oberst Rudolf Petershagen, in Abstimmung mit Vertretern der Stadt, diese kampflos zu übergeben. So erfolgte am Vormittag des 30. April 1945, gegen 11.00 Uhr, die Übergabe an Generalmajor Ljaschtschenko, Kommandeur der 90. Ropschaer Schützendivision. Damit war erstmals in der deutschen Geschichte eine zur »Festung« erklärte Stadt dem Gegner kampflos übergeben worden.

In Abstimmung mit der sowjetischen Führung versuchte Oberst Petershagen kurz nach 11.00 Uhr Generalmajor

Gauleiter von Pommern und Reichsverteidigungskommissar Franz Schwede-Coburg (im Vordergrund) im April 1945 in Stralsund. Rechts neben ihm der Oberbürgermeister und Reichskommissar von Stralsund Dr. Fichtner sowie links der Bannführer von Stralsund, Chamié.

Hauschulz in Stralsund zu überzeugen, Stralsund der Roten Armee ebenfalls kampflos zu übergeben. Eine Zusage erhielt er jedoch nicht.

Bereits in der Nacht vom 29. zum 30. April wurde Panzeralarm ausgelöst und die Einsatzverbände bezogen die ihnen zugewiesenen Stellungen. Da einige Einheiten in der Nacht ihre Einsatzräume verließen und sich nach Rügen absetzten, muß ein Räumungsbefehl ergangen sein, der aber nicht alle Einheiten erreichte.

Wie wir heute wissen, erreichte am 30. April, gegen Mittag, eine motorisierte sowjetische Vorausabteilung auf der R 96, südlich von Andershof die vorgeschobene Verteidigungsstellung im Bereich der Höhe 27,3. Hier lagen die 150 Mann aus Wismar noch in der Stellung. Offensichtlich hatte man in dieser verworrenen Situation vergessen, dieser Einheit den Rückzugsbefehl zu übermitteln.

Gegen 12.30 Uhr erging der Feuerbefehl. Der Schußwechsel dauerte bis gegen 15.00 Uhr. Seitens der sowjetischen Einheit wurde von einem Panzereinsatz abgesehen und die Stellung umfahren. Bei diesem Gefecht sind 48 deutsche Soldaten – 16 bis 17jährige Flakhelfer – gefallen.

Von der Andershofer Höhe wurde das im Strelasund liegende Segelschulschiff *Gorch Fock* von einem sowjetischen Panzer beschossen und leicht beschädigt.

Nachrückende Einheiten gestatteten ein langsames Vorrücken auf die Stadt und es wurde versucht, die Stadt von Westen her zu umgehen. Dabei kam es gegen 20.00 Uhr zu einem Schußwechsel mit dem bei den Kupferwiesen in Bereitschaft stehenden Panzerjagdkommando der Hitler-

Matrose Dietrich Voss, 1946 als Angehöriger der GMSA. Er gehörte als Freiwilliger zur Crew IV/45, die noch am 17. April 1945 vereidigt worden ist. Die Stärke dieser Crew betrug über 1 000 Mann, so daß die Seekadetten auf alle Kasernen in Stralsund verteilt wurden. Während seine Kameraden am 25. April zu einem Marineschützenbataillon zur Verteidigung der Reichskanzlei zusammengefaßt werden, erhält er den Befehl, sich beim Festungskommandanten von Stralsund, Generalmajor Hauschulz, als Läufer zu melden.

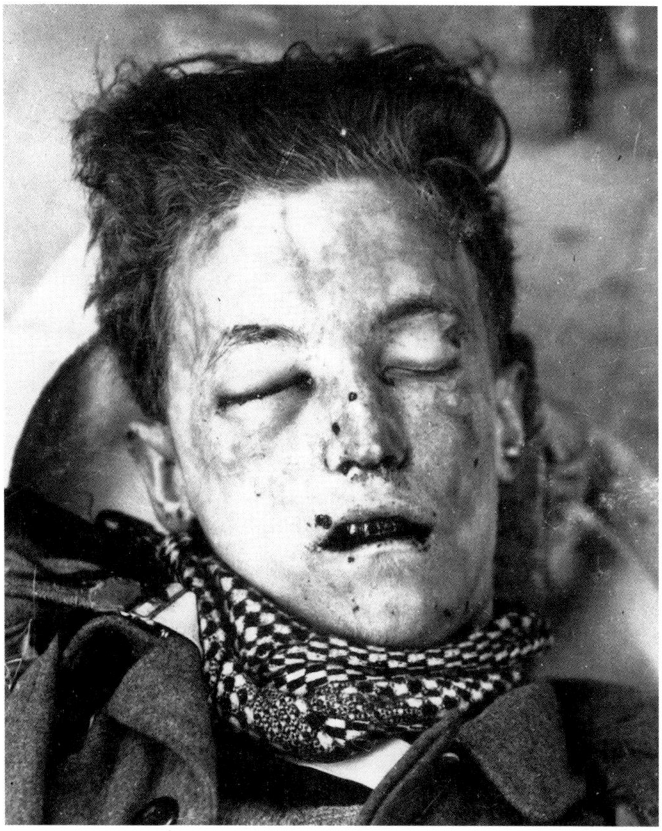

Ein am 30. April 1945 bei Andershof an der R 96 gefallener 16jähriger Soldat der Schweren Flak-Ersatzabteilung Wismar. Er liegt hier aufgebahrt mit weiteren 47 gefallenen Kameraden in der Stralsunder Marienkirche.
Die Beisetzung erfolgte auf dem Zentralfriedhof Stralsund.
Bereits am 14. April verlegte seine Einheit in Stärke von 150 Mann nach Stralsund. Die Unterbringung erfolgte in der Flak-Kaserne bei Andershof.
In der Nacht vom 29. zum 30. April bezog die Einheit ihre Stellung im äußeren Verteidigungsbereich südlich von Stralsund an der R 96 in Richtung Greifswald. Während andere Einheiten sich nach Rügen und Westen absetzten, verblieb diese Einheit in ihrer Stellung. Etwa gegen 12.30 Uhr kam es zur Feindberührung mit einem sowjetischen Vorauskommando. Gegen 15.00 Uhr war das Gefecht beendet, bei dem 48 Soldaten gefallen sind.

jugend. Vor Angst verließen sie ihren Platz und rannten in die Innenstadt zurück. In der Nacht drangen die sowjetischen Einheiten nicht weiter vor, sie verharrten bis zum Morgen des 1. Mai 1945 vor der Stadt.
Unter der sich von Stunde zu Stunde verschlechternden Lage erfolgte 1. Mai gegen 0.55 Uhr die Sprengung des SS *Gorch Fock.*
Nachts verließ der Stab des Festungskommandanten, gegen 3.00 Uhr mit einem Fährschiff Stralsund und setzte nach Rügen über. Marine- und Wehrmachtseinheiten verließen ebenfalls Stralsund. Der Fliegerhorst Parow war bereits geräumt, die Flugzeuge wurden wegen Treibstoff- und Personalmangels stehengelassen.
Um ein Nachsetzen der sowjetischen Einheiten nach Rügen zu verhindern und um Zeit für das Absetzen von der Insel zu gewinnen, wurde die Ziegelgrabenbrücke um 5.30 Uhr im geöffneten Zustand gesprengt.
Der ehemalige Angehörige des Panzerjagdkommandos der HJ, Otto Schulz, berichtet:
»Nachdem wir aus dem Verteidigungsposten bei den Kupferteichwiesen abgehauen waren, zogen wir uns in den inneren Verteidigungsring zurück und bezogen wieder unsere vorhergehende Stellung auf der Katharinen-Bastion. In der Nacht konnten wir beobachten, wie die Holzbrücken über den Knieperteich gesprengt wurden. Gegen 2.00 Uhr schossen die Russen vier Warnschüsse über die Stadt hinweg. Um 5.00 Uhr erhielten wir den Befehl, uns nach Rügen abzusetzen. Gleichzeitig teilt man uns mit, daß der Rügendamm gesprengt wird. Als wir antraten, fehlten acht unserer Kameraden, es waren die, die sich freiwillig für den »Werwolf-Einsatz« gemeldet hatten. Wir marschierten nach Parow. Als wir in Höhe des Marinelazarettes waren, hörten wir die Sprengung der Rügendammbrücke. In Parow trafen wir auf die Angehörigen des Stettiner-Panzerjagdkommandos, die wir in der SS-Kaserne kennengelernt hatten und die wie wir die

Sie waren dabei, als die »Festung Stralsund« und die Insel Rügen von der Wehrmacht kampflos geräumt wurde (v.l.): Kptlt. Klaus Holste, Kompaniechef der 5. Komp.; Kapt.z.S. Herbert Zollenkopf, Wehrmachtskommandant von Stralsund und Kommandant des Küstenabschnittes von Stralsund bis zur mecklenburgischen Grenze; sein Adjudant Oblt.z.S. Vorlauf und der Kptlt. Dr. Beerboom.

Luftbildaufnahme von der Insel Dänholm im Sommer 1994.
Trotz ergänzender Bauten während der Nutzung durch die Volksmarine der DDR ist der ehemalige Kasernenkomplex der 1. S.St.A., im Vergleich mit der im Buch enthaltenen Karte, noch gut zu erkennen.

Die nachfolgende Aufstellung gibt einen Überblick über die Objektnutzung innerhalb der Dienststelle der 1. Schiffstammabteilung (1. S.St.A.) im Jahr 1945. Sie wurde mit dem Marinemuseum Dänholm abgestimmt.

Lfd.Nr.	Objekt/Nutzung
1.	Wache
2.	Wohnhaus (Sternschanze)
3.	Wohnhaus (Sternschanze)
4.	Waschküche (ehem. Latrine – Sternschanze)
5.	Tennisplatz
6.	Sporthalle
7.	Stabsgebäude »Adm. von Hipper« (auf dem Dach 1 MG 34), Dienstzimmer von Kapt.z.S. Zollenkopf, Waffenkammer (Reserve), Kleiderkammer, Revier, Ausrüstungslager für Gasschutz und Wohnungen.
8.	Kaserne »Lützow«, 1. Kompanie
9.	Kaserne »Derflinger«, 1. Kompanie
10.	Kaserne »v. d. Tann«, 2. Kompanie
11.	Kaserne »Blücher« – 2. Kompanie
12.	Kaserne »Seydlitz«, 3. Kompanie
13.	Kaserne »Moltke«, 3. Kompanie
14.	Kaserne, 4. Kompanie – Block »Afrika«. Die Kaserne hatte drei Eingänge mit der Bezeichnung »Togo«, »Kamerun« und »Samoa«.
15.	Kaserne (ohne Namen), 4. Kompanie, Traditionsraum
16.	Kaserne »Freicorps Löwenfeld«, 5. Kompanie
17.	Exerzierhalle I (alt)
18.	Gerätehaus (ehem. Latrine)
19.	Unterkunftsgebäude: Gericht des 2. Adm. der Ostsee (Zweigstelle), Leitender Richter: Geschwaderrichter Dr. Hohmann (2.43–5.45), Musikchor, Wohnungen (früher genannt »Tsingtau« und »Kiautschou«)
20.	Bootsschuppen

Lfd.Nr.	Objekt/Nutzung
21.	Badehaus (ehem. Latrine)
22.	Wohnhaus (Gartenhaus 1)
23.	Wohnhaus (Gartenhaus 2)
24.	Exerzierhalle II (neu)
25.	Waffenmeisterei
26.	Arrestanstalt
27.	Gasschutzraum
28.	Kohlenlagerplatz
29.	Kohlenlagerplatz
30.	Sportplatz
31.	Transformatorstation
32.	Handgranatenwurfstand
33.	Munitionsbunker
34.	Kläranlage
35.	Schießstand – Gewehr
36.	Schießstand – Gewehr
37.	Schießstand – MG und Pistole
38.	Badeanstalt
39.	Wirtschaftsgebäude (Auf dem Dach 1 MG 34), Speisesaal, Gaststätte, Kino, Heizung
40.	Wohnhaus
41.	Ausbildungsgebäude der Inspektion des Bildungswesens der Marine (Marinefachschule)
42.	Gebäude (?)
43.	Schuppen (?)
44.	Schuppen (?)
45.	Gebäude (zwei ehemalige Kasernen der Kaiserlichen Marine)
46.	Exerzierplatz

INSEL DÄNHOLM - DIENSTSTELLE DER 1.S.ST.A. IM MAI 1945

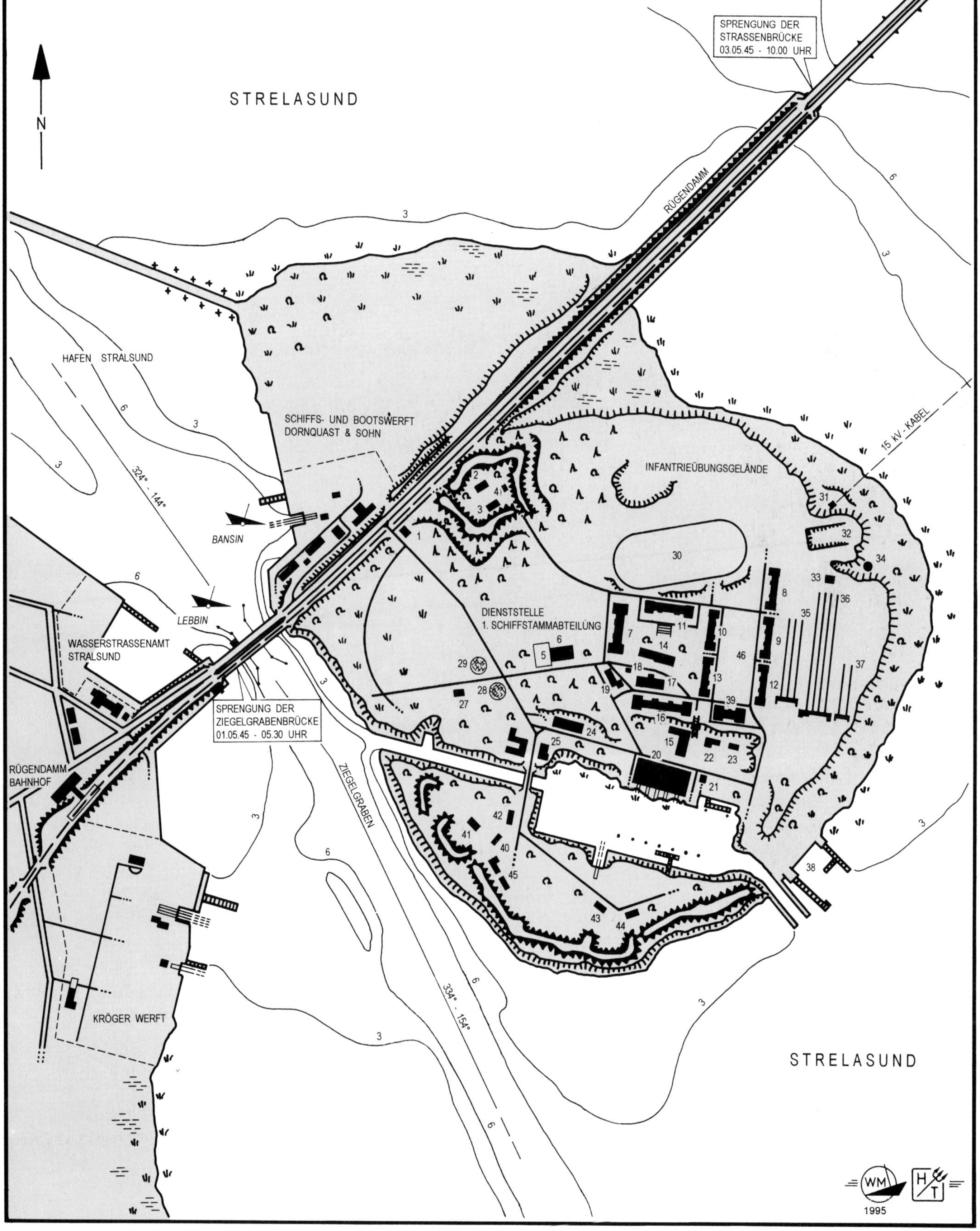

Erinnerungsfoto der Klasse 1a im Sommer 1938 auf dem Schulhof der Stralsunder Oberschule »Ferdinand von Schill« mit ihrem Klassenlehrer Thielicke.
Sechs Jahre später werden sie als 16jährige Hitlerjungen zum Bau von Panzergräben östlich von Stettin herangezogen und im April 1945 zur Aufstellung eines Panzerjagdkommandos beim SS-Regiment »Hohenstaufen« in Stralsund eingezogen oder für den »Werwolf-Einsatz« vorbereitet.
Unter ihnen befindet sich auch Otto Schulz.

Hintere Reihe stehend (v.l.):
Otto Schulz, Wunderlich, Pich, unbekannt, Leonhard Graf zu Stollberg-Wernigerode, Lehrer Thielicke, unbekannt, Schylie, Weinstock, Schwerin, unbekannt.
Mittlere Reihe sitzend (v.l.):
Wurster, unbekannt, unbekannt, Wetzel, Neumann, Schikoree, Ströter, Erbling, Peckruhm.
Vordere Reihe sitzend (v.l.):
Schwarz, Karl Ernst Schulz, unbekannt, Schikorre, Peters, Wöller, Wegner, unbekannt, Walter.

Luftwaffenhelfer-Uniform trugen. Sie hatten mit 100 Mann bei Andershof in Stellung gelegen und konnten sich noch rechtzeitig absetzen.
Der Flugplatz war, bis auf die am Rollfeld stehenden und unbeschädigten 15 bis 20 Maschinen vom Typ FW Weihe, Me 109 und He 111, leer. Neben die Flugzeuge hatte das Bodenpersonal zur Vernichtung der Maschinen volle Benzinfässer mit Sprengladungen gestellt. Diese Gelegenheit nutzten einige meiner Kameraden und zündeten ohne Befehl die Sprengladungen, sie halfen sogar mit Eierhandgranaten nach.
Durch diese Unvorsichtigkeit verlor mein Kamerad Hans Peters sein Leben. Von seiner Mutter weiß ich, daß sie ihn geholt hat und auf dem Zentralfriedhof beisetzen ließ.
Im Hafen Parow fanden wir dann noch einen in Bereitschaft liegenden Schlepper mit einem Schleppkahn. Mit diesem und mehreren Segelbooten verlegten wir dann gemeinsam nach Dußvitz, einem kleinen Hafen an der Westküste Rügens, den wir gegen Mittag erreichten.
Nach Rücksprache mit unserem Zugführer durften mein Kamerad Günther Holz und ich unsere Einheit verlassen. Für uns war der Krieg aus.«

Die Soldaten der Panzerjagdkommandos setzten ihren Marsch nach Saßnitz fort, in der Hoffnung von hier aus mit Schiffen nach Westen zu gelangen. Da sie keine Schiffe vorfanden, marschierten sie zum Kreideverladehafen Wiek. Hier fiel ihnen nur ein verwaister, leerer, Schleppkahn in die Hände. Sofort wurde ein Kommando nach Dußvitz geschickt, um den Schlepper mit dem anderen Schleppkahn zu holen. Diese Aktion gelang und so konnten sich alle Soldaten, auch die, die sich in der Zwischenzeit eingefunden hatten, an Bord gehen. So verließ unser Schleppverband am 4. Mai den Hafen Wiek und ungehindert die Insel Rügen.
In den frühen Morgenstunden des 1. Mai begann der Einmarsch der 90. Ropschaer Schützendivision in Stralsund. Zu einem Schußwechsel kam es nicht, die Bevölkerung hatte weiße Fahnen gehißt – die Stadt wurde kampflos besetzt.
Die anschließenden Kapitulationsverhandlungen mit den Vertretern der Stadt wurden jedoch von sowjetischer Seite hinausgezögert und erschwert. Sie verknüpften die Kapitulation der Stadt mit der irrealen Forderung einer gleichzeitigen Kapitulation der Inseln Dänholm, Rügen, Usedom und Wollin.

Das Kriegsende in Rostock und Warnemünde

In den letzten Apriltagen 1945 kündigte sich das nahe Kriegsende auch für die Stadt Rostock und den Badeort Warnemünde an.
An den Kais der beiden Häfen erfolgte die Verladung von wichtigem Evakuierungsgut und Truppenteilen. Flüchtlinge warteten auf eine Chance zur Einschiffung, um weiter nach Westen zu gelangen.
Am 30. April, als sich die Einheiten der Roten Armee Rostock näherten, verließen fast alle fahrtüchtigen Schiffe Rostock und Warnemünde.
Der damalige Leichtmatrose Sepp Ittner erlebte den letzten Tag von Rostock an Bord des Frachters *Main* und berichtet:
»Seit September 1942 befand ich mich an Bord des Frachters *Main* unter Kapitän Willy Neuhaus. Ab Oktober 1944 wurden wir nur noch für Flüchtlingstransporte zwischen den verschiedensten Häfen eingesetzt. Mitte April 1945 kamen wir in einem Westgeleit von Hela, vollbeladen mit Flüchtlingen in Warnemünde an. Nachdem wir sie von Bord gegeben hatten, verlegten wir leer nach Rostock und machten im Stadthafen bei den Getreidesilos fest. Bis zum 30. April kümmerte sich keiner um uns. Doch an diesem Tag erschien der Gauleiter von Mecklenburg, Friedrich Hildebrandt, mit einigen Herren in brauner Uniform an Bord und besichtigte das Schiff. Da es vermutlich ihren Vorstellungen entsprach, beschlagnahmte er es. Daraufhin kamen mehrere LKW angefahren und brachten Proviant, den wir wohlwollend mit unserem Ladegeschirr an Bord hievten. Anschließend fuhr eine LKW-Kolonne vor, ihr entstiegen Frauen und Kinder, die über die ausgebrachte Gangway zu uns an Bord kamen. Wie sich später herausstellte, hatten ihre Männer eine höhere Funktion in der NSDAP innen. Unter ihnen befand sich auch die Frau des Gauleiters mit ihren zwei Töchtern. Weiterhin war die Leiterin der NS-Frauenschaft dabei. Am frühen Nachmittag legten wir ab, passierten die Warnemünder Lotsenstation und gingen auf der Reede vor Anker. Als wir am 1. Mai von Warnemünde aus beschossen wurden, gingen wir Anker auf und liefen nach Dänemark mit dem Zielhafen Hadersleben ab.«
Aus Richtung Tessin kommend, rückte das 40. Gardepanzerregiment (G.Pz.R.) am 1. Mai auf Rostock vor. Kurz vor Erreichen der Mühlendammbrücke wurde diese in letzter Minute gesprengt. Das 1. Gardepanzerkorps unter

Gauleiter von Mecklenburg, Friedrich Hildebrandt, im Wagen mit zum Hitlergruß erhobener Hand. Die Aufnahme entstand in Rostock auf dem Neuen Markt. Er schreckte vor keinem Verbrechen zurück und wurde 1947 von einem amerikanischen Militärtribunal wegen der von ihm inszenierten Lynchmorde zum Tode verurteilt und 1948 in Landsberg gehenkt.

Der sowjetische Gardekapitän Dimitrewski anläßlich der Feierlichkeiten zum 1. Mai in Rostock.
Am Mittag des 1. Mai 1945 erreicht er mit seinen Panzern des 1. Gardepanzerkorps aus Tessin kommend die Stadt und dringt über die Petribrücke in das Hafengebiet vor.

Gardekapitän Dimitrewski nahm daraufhin den Weg über die Petribrücke und drang so direkt ins Rostocker Hafengebiet vor. Zu weiteren Sprengungen kam es nicht. Rostock konnte ohne nennenswerten Widerstand besetzt werden.

Zu den im Rostocker Hafen verbliebenen Schiffen gehörte auch der im Haedge-Hafen liegende Frachter *Boltenhof,* der zuletzt als Wohnschiff für die im Hafen arbeitenden sowjetischen Kriegsgefangenen gedient hatte sowie die an den Dalben in der Flußmitte liegenden fahruntüchtigen vormaligen dänischen Minenleger *Kvintus, Sixtus* und die *Lossen*. Gleichfalls im Stadthafen verblieb der Rostocker Dampfer *Harald Schröder* sowie eine Reihe kleinerer Fahrzeuge, wie Barkassen, Schuten und Schleppdampfer. Im Bereich der Schiffswerft AG »Neptun« erbeuteten die sowjetischen Truppen das im Ausbau befindliche Schnellbootbegleitschiff *Windhuk* und Rümpfe von Minensuchbooten in verschiedenen Baustadien. Weisungsgemäß

Ansicht der Neptunwerft in Rostock. 1933 wurde die Werft zum Rüstungsbetrieb ausgebaut. Auf ihr wurden 3 S-Boot-Begleitschiffe, 1 Torpedoschulschiff, 28 M-Boote und 22 U-Boote des Typs VII C gebaut.

Stückgutfrachter *Main* der Stettiner Reederei Gribel.

Vermessung:	964 BRT
L/B/T:	? m / ? m / 3,57 m
Bes.:	18 Mann
MB-Flak:	12 Mann
Bew.:	2 x 1,6 cm Oerlikon in Einzellafette, 1 x 2 cm Doppellafette.

hatte sich die Werftleitung mit wesentlichen Unterlagen in westliche Richtung zurückgezogen.
Als auf dem Vormarsch nach Warnemünde die ersten Einheiten der Roten Armee das Gelände der Heinkel-Flugzeugwerke in Marienehe passierten, erfolgte ein deutscher Fliegerangriff auf das Werk. Vermutlich sollten die dortigen Anlagen und die verbliebenen Flugzeuge (Strahljäger He 162) nachträglich durch diesen Angriff zerstört werden. Doch das Flugzeugwerk fiel ohne die angeordneten Sprengungen unzerstört in die Hände der Roten Armee.
In den Nachmittagsstunden standen sowjetische Panzer auf der Strandpromenade von Warnemünde und beschossen die letzten ablaufenden Schiffe und versuchten die auf Reede liegenden Schiffe zu treffen, doch diese lagen außerhalb der Schußreichweite.
Auf der Reede lag eine große Anzahl von Schiffen – für die sowjetischen Einheiten aber nicht erreichbar. Diese Ansammlung derartig vieler Schiffe war nicht verwunderlich, war doch Warnemünde seit Anfang 1945 der neue Stützpunkthafen für die 26. U- und 36. MS-Flottille geworden. Die 36. MS-Fl. war unter K.Kapt. Fritz Reinhold zur Sicherung des holländischen Küstenvorfeldes eingesetzt gewesen und mußte durch das Vordringen der Westalliierten in die Heimat verlegt werden.
Durch den Vormarsch der Roten Armee in Ostpreußen war es auch hier in der Ostsee erforderlich gewesen, die in Pillau stationierte 26. U-Fl. nach Westen zu verlegen. Somit hatte sich für die beiden Flottillen Warnemünde als neuer Stützpunkt ergeben. Während die 36. MS-Fl. das Minenräumen in der Mecklenburger Bucht durchführte, bestand die Aufgabe für die 26. U-Fl. vorrangig in der Durchführung der Torpedoschießausbildung für U-Boote. Flottillenchef war F.Kapt. Helmuth Brümmer-Patzig. Er wurde im April 1945 durch K.Kapt. Ernst Bauer abgelöst. Führerschiff war das U-Boot-Begleitschiff *Otto Wünsche*.

Lfd. Nr.	Schiffs-/Bootsname	Kommandant
1.	U-Begleiter *Otto Wünsche*	Kptlt. Borgards
2.	U-Begleiter *Donau*	Oblt.z.S. Ibelshäuser
3.	U-Tender *Krefeld*	St.Ob.Strm. Herzig
4.	Zielschiff *Venus*	Oblt.z.S.d.R. Reese, Jonny
5.	Zielschiff *Ammerland*	Oblt.z.S.d.R. Pohl, Gottfried
6.	Hilfszielschiff *Duala*	
7.	Hilfszielschiff *Bolkoburg*	
	Große Torpedofangboote	
8.	*TF 21*	Oblt.z.S.d.R. Schneider, Horst
9.	*TF 22*	Oblt.z.S.(Kr.O) Bäuerle, Otto
10.	*TF 23*	Oblt.z.S.d.R. Dübbelde, Wübbo
11.	*TFA 1*	Oblt.z.S. Gutsche, Friedrich
12.	*TFA 2*	Oblt.z.S.d.R. Gehm, Friedrich
13.	*TFA 3*	Oblt.z.S.d.R. Barghorn, Anton
14.	*TFA 4*	Oblt.z.S.d.R. Mehrkens, Walter
15.	*TFA 5*	Oblt.z.S.d.R. Jahn, Willi
16.	*TFA 6*	Oblt.z.S. (Kr.O) Hubert, Edmund

Alle Schiffe und Boote der beiden Flottillen waren ausgelaufen und der größte Teil auf der Reede vor Anker gegangen. Vermutlich wußte man noch nicht so richtig wohin. Dazu kamen weitere von Osten kommende Schiffe und Boote, die vorerst auf der minensicheren Reede vor Anker gingen, darunter auch die U-Boote *U 2540, U 3030* und

Kapitän Willy Neuhaus auf der Brücke seines Schiffes. Unter seinem Kommando erfolgte die letzte Fahrt der *Main* von Rostock nach Hardersleben/ Dänemark.

U 3032. Zu den von Osten kommenden Schiffen gehörte auch M/S *Minden.*

Mit Flüchtlingen von Hela kommend, war M/S *Minden* Ende April auf der Reede vor Warnemünde vor Anker gegangen. Das Schiff wurde durch den Norddeutschen Lloyd bereedert und von Kapitän Harder geführt. Das Schiff war vorher als Zielschiff bei der 23. U-Fl. in Danzig eingesetzt gewesen, und nach der Auflösung der Flottille im März 1945 konnte auch die *Minden* für Evakuierungsfahrten eingesetzt werden. Der damalige Ing. Assistent Jürgen Moll gehörte zur Besatzung der *Minden* und berichtet über das, was er auf der Reede von Warnemünde und auf der Fahrt nach Nyborg erlebt hat:

»Mit Soldaten an Bord kamen wir von Hela und warteten nun auf weitere Weisungen. Auf der Reede lag eine große Anzahl von Schiffen, die ich aber namentlich nicht kannte. Am 1. Mai gingen dann kleinere Fahrzeuge bei uns längsseits und brachten Flüchtlinge, die zum Teil aus Warnemünde kamen. Wie wir erfuhren, kamen einige sogar aus Anklam. Am frühen Nachmittag erreichte der Russe Warnemünde und eröffnete mit seinen Panzern den Beschuß der auf Reede liegenden Schiffe. Doch vergeblich, die Entfernung war zu groß. Wir blieben auf Reede liegen und übernahmen noch am 2. Mai Flüchtlinge von Booten, die von unbesetzten östlichen Küstenabschnitten kamen, so u. a. von Schnellbooten.

Jungmann (Leichtmatrose) Sepp Ittner (l.) mit einem Kameraden der Marinebordflak auf der Ladeluke des Gribel-Dampfers *Main* stehend. Im September 1942 heuerte er an und erlebte das Kriegsende an Bord des Schiffes.

Endlich am 3. Mai gingen wir ankerauf und liefen nach Westen ab. Unser Zielhafen war Nyborg in Dänemark. Auf dieser Fahrt wurden wir von britischen Jabos mehrfach angeflogen, aber nicht beschossen. Zwar hätten wir mit unserer Flak die Anflüge vorübergehend abwehren können, doch wir sahen, wer schoß, wurde angegriffen und in der Regel versenkt. Die Sicherheit unserer vielen Flüchtlingsfrauen mit ihren Kindern und den Jugendlichen, die wir seit Warnemünde an Bord hatten, war für unser passives Verhalten entscheidend. So erging der Befehl, daß sich kein Soldat bzw. Uniformträger an Oberdeck aufhalten durfte. Dazu gehörte auch unsere Flakbesatzung, die Waffen konnten deshalb nicht besetzt werden. Beim Anflug winkten die Frauen mit weißen Bettlaken, so daß

Luftbildaufnahme von der Hafeneinfahrt und dem Badeort Warnemünde. Im Hintergrund sind einige Flugzeughallen auf dem Flugplatz der ARADO-Flugzeugwerke zu erkennen.

Das Wrack des Frachters *Ellen Larsen* ex *Erik Larsen* vor Warnemünde liegend. Bei der Ansteuerung seines Heimathafens Rostock erhielt das Schiff am 24. Februar 1945 einen Minentreffer.

Vermessung:	1938 BRT
L/B/T:	85,10 m / 12,20 m / 5,50 m
Geschw.:	8,8 sm/h
Bes.:	17 Mann.

damit unsere Kapitulation angezeigt wurde. Zusätzlich hatten wir auf den Luckendeckeln rote Kreuze gemalt.

Diese Gesamtmaßnahmen trugen zum Erhalt des Schiffes bei, so daß wir am 4. Mai in Nyborg wohlbehalten einlaufen konnten.«

Infolge des Kriegsgeschehens mußte der Dienst auf der Lotsenstation am 1. Mai 1945, nachmittags um 15.30 Uhr eingestellt werden, konnte jedoch bereits am 14. Mai 1945 wieder aufgenommen werden.

Auch die Krögerwerft war laut Räumungsbefehl der Rüstungsinspektion II-Stettin, des Reichsministers für Rüstung und Kriegsproduktion, nach Westen evakuiert worden. Am 1. Mai 1945 setzte sich die Werft auf Befehl des Räumungsoffiziers Major Borchardt nach Rendsburg ab. Sprengungen im Werftgelände waren mittags angeordnet, doch auf Einspruch Karl Krögers ausgesetzt worden.

Die Stadt Rostock und das Ostseebad Warnemünde waren am Abend des 1. Mai 1945 von der Roten Armee vollständig besetzt.

An Bord von M/S *Minden* im April 1944 (v.l.n.r.) Ing. Assistent Nothmann, Ing. Assistent Jürgen Moll und der 4. Ing. Schrör.

Truppentransporter M/S *Minden* vor Anker liegend. Das Schiff war bis September 1944 als Zielschiff bei der 23. U-Fl. eingesetzt. Ab 27. September erfolgte der Einsatz zur Evakuierung von deutschen Truppen aus Riga.

Vermessung:	4 737 BRT
L/B/T:	133,00 m / 16,80 m / 7,50 m
Geschw.:	16 sm/h
Bes.:	39 Mann
Bew.:	1 x 10,5 cm, 1 x 2 cm Vierling, 2 x 2 cm in Einzellafette.

Im Bild das U-Boot-Begleitschiff *Donau,* das zur 26. U-Fl. gehörte.

Vermessung:	4 659 t
L/B/T:	97,45 m / 12,70 m / 5,41 m
Geschw.:	12,0 sm/h
Bew.:	1 x 8,8 cm, 4 x 3,7 cm, 4 x 2 cm.

Wismar am 2. Mai 1945

Der Hafen Wismars besaß bis Kriegsende nur regionale Bedeutung. Wirtschaftliches Rückgrat der Stadt waren das Dornier-Flugzeugwerk und die Waggonbaufabrik. Im Hafenbereich waren einige Schiffe verblieben, die sich nicht mehr in den Westen hatten absetzen können. Dazu gehörten die fahruntüchtigen Schiffe *Marijampole* und die *Johann Ahrens* ex *Grete Cords,* die in der Wismarer Bucht am westlichen Ufer nahe Hoben lag.
Auf dem Weg nach Plön machte die Führungsgruppe des Oberkommandos der Wehrmacht (OKW), aus Zossen kommend, in Wismar Station. In der Stadt fand eine letzte Lagebesprechung zwischen Generalfeldmarschall Wilhelm Keitel und Generaloberst Alfred Jodl statt. Mittags kam der neue Oberbefehlshaber der HGr. Weichsel, Ge-

Das Fahrgastschiff *Seeadler* (WL-1/Nr.: 263) im Hafen von Wismar liegend. Bei dem britischen Fliegerangriff am 3. Mai 1945 auf alle Schiffe und Boote im Seeraum der westlichen Ostsee wurde auch dieses Schiff getroffen und strandete im Fahrwasser der Ansteuerung Timmendorf.

Wismar, Turmstraße nach dem Bombenangriff in den Mittagsstunden des 25. August 1944 – etwa 300 Menschen wurden getötet.

neraloberst Student, in die Besprechung und erhielt letzte Anweisungen für die Sicherung des Rückzuges nach Westen.
Während sich die letzten Heereseinheiten nach Westen absetzen, verlassen das Segelschulschiff *Grossherzogin Elisabeth* im Schlepp des Luftwaffentankers *August* und auch das für den Verwundetentransport eingesetzte ehemalige Passagierschiff *Der Deutsche,* mit Flüchtlingen und Verwundeten an Bord den Wismarer Hafen. Die zur Insel Poel vorstoßenden sowjetischen Einheiten besetzten

Der britische Feldmarschall Montgomery und der sowjetische Marschall Rokossowski auf dem Weg ins Hauptquartier der 6. Airborne Division im Wismarer Lindenhof.

zwar die Insel, doch konnten sie aufgrund fehlender maritimer Mittel nicht die Verfolgung der in Sichtweite auslaufenden deutschen Einheiten aufnehmen.
Am 2. Mai 1945 gegen 11.30 Uhr rückten Einheiten der 21. Armeegruppe unter dem Kommando von Major Charles mit Panzern der »Scots Greys« kampflos in Wismar ein, drangen weiter nach Osten vor und blieben hinter Kritzowburg am östlichen Stadtausgang stehen, sowjetische Verbände erwartend.
Am Nachmittag erreichte das 131. sowjetische Schützenregiment Kritzowburg. Die Vereinigung der Alliierten ist damit abgeschlossen, die der 2. Belorussischen Front im Rahmen der »Berliner-Operation« gestellte Aufgabe erfolgreich erfüllt. Ohne eine gegnerische Gefahr aus dem Norden erwarten zu müssen, geht der Kampf um die Einnahme der Reichshauptstadt Berlin weiter.
Am Ende des Krieges ist in Wismar der Wohnraum zu 26,4 Prozent zerstört, wodurch ein Wohnraumausfall von 3165 Wohnungseinheiten zu verzeichnen war.
Die Besetzung der Stadt Wismar durch britische Einheiten dauerte bis zum 30. Juni 1945. Entsprechend der alliierten Vereinbarung zogen sie an diesem Tag um 18.00 Uhr aus Wismar ab und bezogen ihre Stellungen auf der festgelegten Demarkationslinie.

Untergang des Schweren Kreuzers Lützow

Ausgehend vom Vordringen der Roten Armee entlang der Ostseeküste, erfolgte im Juli 1944 die Aufstellung der 2. Kampfgruppe (2. KGr.) aus in Kriegsbereitschaft befindlichen Schiffen des Ausbildungsverbandes der Flotte. Die Aufgabenstellung lag in der Unterstützung der HGr. Nord durch den Einsatz der weitreichenden Schiffsartillerie.
Kommandeur der 2. KGr.: V.Adm. Thiele, August
Hinweis: Zeitweise übernahm V.Adm. Rogge, Kmdr. des Ausbildungsverbandes der Flotte, bei Abwesenheit von V.Adm. Thiele die 2. KGr., so daß es zu gewissen Zeiten eine Dualität in der Führung der Kampfgruppe gab.
Zur Kampfgruppe gehörten die Schweren Kreuzer *Lützow, Prinz Eugen, Hipper* und *Admiral Scheer.* In Abhängigkeit von der gestellten Aufgabe erfolgte die Hinzuziehung von Zerstörern und Torpedobooten.
Bis zur Auflösung der Kampfgruppe am 14. April 1945, auf der Reede von Swinemünde, erfüllte diese ihre Aufgabe in der Unterstützung der Landfront und trug damit erfolgreich

Der SK *Lützow* im Frühjahr 1945 im Hafen von Swinemünde. Das Foto wurde von Bord des Vorpostenbootes *V 1317* aufgenommen.
Das Panzerschiff *Deutschland* und spätere SK *Lützow* wurde durch mehrfache Umbauten bzw. durch Ergänzung technischer Ausrüstungen entscheidend in seinem Aussehen verändert. Besondere äußere Veränderungen erfolgten 1938 durch das Aufsetzen der Schornsteinkappe und 1941 durch das Ansetzen des Atlantikstevens. Die letzte Werftüberholung erfolgte von Oktober 1943 bis Februar 1944 in Libau. Danach diente das Schiff vorerst der Kadettenausbildung in der Ostsee.

Vermessung:	14 290 t
L/B/T:	186,00 m / 20,70 m / 7,25 m
Geschw.:	28,0 sm/h
Bew.:	6 x 28-cm-Geschütze (zwei Drillingstürme), 8 x 15-cm-Geschütze (Einzellafette), 6 x 10,5-cm-Flak, 6 x 4-cm-Flak, 10 x 3,7-cm-Flak, 28 x 2-cm-Flak, 8 TR 53,3 cm (zwei Vierlingsätze), 1 Katapult mit 2 ARADO 196.

Spw./L/H:	31,09 m / 21,11 m / 6,10 m
Reisegeschw.:	390 km/h in 3 500 m Höhe
Reichweite:	2 690 km
Höchstgeschw.:	460 km/h
Dienstgipfelhöhe:	7 400 m
Bes.:	7 Mann
Bew.:	10 x 7,62-mm-MG, 10 t Bombenzuladung.

Britische »Lancaster«-Bomber im Anflug.
Dieser viermotorige Bombertyp der Firma Avro war die erfolgreichste britische Bomberentwicklung im Zweiten Weltkrieg. Anfang 1942 in Dienst gestellt, kam es in Abhängigkeit von der gestellten Aufgabe, zu verschiedenen Bauausführungen.
So hatte man bei der Spezialversion »Lancaster« MK I (Special) den Bombenraum vergrößert, so daß er die »Tallboy«-Bombe von 5 445 kg (5,4 t) und halbversenkt die Riesenbombe »Grand Slam« von 9 979 kg (10 t) aufnehmen konnte.

Kapt.z.S. Bodo-Heinrich Knoke, Kommandant des Schweren Kreuzers *Lützow.*

Fregattenkapitän Ernst Lange (mit Fernglas), ab 22. April 1945 mit der Wahrnehmung der Geschäfte des Kommandanten beauftragt.
Kapt.z.S. Bodo-Heinrich Knoke, Kommandant der *Lützow,* war am 16. April schwer verwundet worden und mußte am 22. April das Schiff verlassen, um in einem Lazarett behandelt zu werden.

Die 5,4 Tonnen schweren »Tallboy«-Bomben werden auf dem Fliegerhorst Woodhall Spa in Lancashire klar zum Verladen in die »Lancaster«-Bomber gemacht.

Luftbildaufnahme von der Wracklage der *Lützow* nach dem britischen Fliegerangriff vom 16. April 1945. Deutlich sind die von den »Tallboy«-Bomben herrührenden Bombentrichter zu sehen.

zur Evakuierung der Bevölkerung und der Soldaten über See bei.

Die *Lützow,* sie hatte noch in der Danziger Bucht ihren Gefechtssatz mit 28-cm-Granaten vom Troßschiff *Franken* aufgefüllt, war der einzige Kreuzer, der noch zum Landzielbeschuß eingesetzt werden konnte. So verlegte die *Lützow* in die Swine und bezog nördlich von Kaseburg an einer geeigneten Dalbengruppe ihre Feuerstellung.

In Kenntnis der Lage des Kreuzers flog am 16. April 1945 die Royal Air Force (RAF) einen Bombenangriff und beschädigte den Kreuzer durch einen Nahtreffer einer

Auf dem Marsch der 8. A.-Fl. nach Stettin fotografierte der Flo.Chef Gerd-Dietrich Schneider unmittelbar nach dem Angriff von Bord seines Führerschiffes *AF 106* den schwer beschädigten Kreuzer *Lützow.*

ÜBERSICHTSKARTE ZUM ARTILLERIEEINSATZ DES SCHWEREN KREUZER *LÜTZOW*

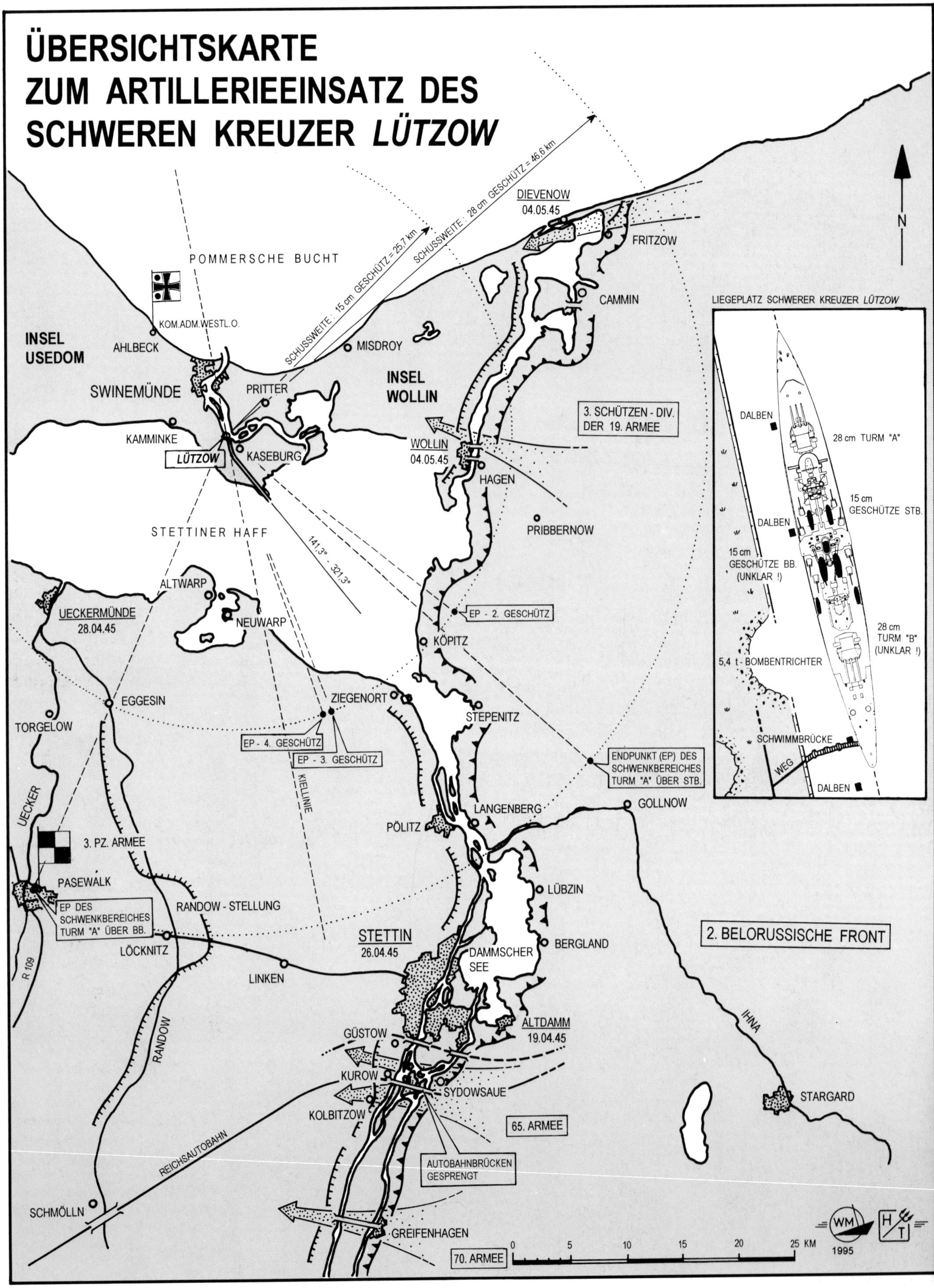

Das Panzerschiff *Deutschland* beim Durchlaufen des Nord-Ostsee-Kanals. Sehr gut sichtbar ist der vordere 28-cm-Geschützturm (C 28) »Hitler«, der spätere Turm »Anton«, mit dem trotz der Beschädigung und Manöverierunfähigkeit des Kreuzers der Landzielbeschuß fortgesetzt wurde.
Der achtere Turm trug den Namen »Hindenburg« und erhielt bei der Umbenennung die Bezeichnung »Bruno«.

Rohrgewicht:	53,2 t
Schußweite:	42,6 km
Schwenkbereich:	145° nach Bb. und Stb.
Rohrerhöhung:	40°
Feuergeschw.:	2,5 Schuß/ Min.
Kampfsatz:	720 Schuß.

Das Wrack des gesprengten Kreuzers *Lützow.*
Sehr gut ist die 15-cm-Steuerbordbatterie, die ebenfalls in den Landzielbeschuß der Dievenow-Front beteiligt war, zu erkennen.

Schußweite:	25,7 km;
Rohrerhöhung:	–10° bis +35°;
Kampfsatz:	12 000 Schuß.

Der sowjetische Havarie- und Rettungsdienst der BRF bei den Bergungsarbeiten an dem Wrack der *Lützow,* vermutlich am 9. Mai 1947.
Bildunterschrift: »Deutschland. Baltisches Meer auf deutschem Kreuzer, am Tage des Sieges.«
Aus einem sowjetischen Handbuch über die »Beute- und Reparationsschiffe der Seekriegsflotte der UdSSR« konnten nachstehende Angaben entnommen werden:
*16. 9. 1946: Aufnahme in den Bestand der Seekriegsflotte.
*26. 9. 1947: Zur Konservierung an den Rückwärtigen Dienst der Flotte übergeben.
*22. 7. 1947: In der zentralen Ostsee, da Wiederherstellung unmöglich, selbst versenkt.
*20. 9. 1947: Aus der Liste der Seekriegsflotte gestrichen.

»Tallboy«-Bombe schwer. Das Schiff sackte mit dem Achtersteven auf Grund und verlor damit seine Manövrierfähigkeit. Nach erfolgter Sicherung des Schiffes ergab eine Überprüfung der Artillerie, daß diese bis auf den Turm »Bruno« weiter einsatzfähig war. Die Flak-Bewaffnung wird demontiert. Während der vordere 28-cm-Turm »Anton« und die 15-cm-Steuerbordbatterie das Feuer zur Unterstützung der Dievenow-Front und später der Front bei Pasewalk eröffnen. Erst am 3. Mai kam es zur Feuereinstellung. In der Nacht vom 3. zum 4. Mai wird die Restbesatzung (Sprengkommando) von dem Räumboot *R 225* abgeholt und der Kreuzer durch Teilsprengungen als Wrack zurückgelassen.

Swinemünde wird geräumt – Aktion »Knobelbecher«

Am späten Nachmittag des 30. April 1945 zogen sich die letzten deutschen Einheiten über die Straßenbrücke Wolgast auf die Insel Usedom zurück und sprengten anschließend die Brücke. Damit war die letzte Landverbindung der Insel Usedom zerstört und der »Verteidigungsbereich Swinemünde« mit seinen beiden Hauptinseln Wollin und Usedom vom Festland abgeschnitten. Zu diesem Zeitpunkt, genau um 16.30 Uhr, erteilt Generalfeldmarschall Keitel an den OB d. M. und dem OB d. HGr. Weichsel den Befehl zur Räumung des Verteidigungsbereiches Swinemünde.

Bereits seit März 1945 wurde der Verteidigungsbereich Swinemünde verstärkt ausgebaut, die verfügbare Artillerie neu gegliedert und neue Kampfkommandanten befohlen. Zum Kampfgebiet der HGr. Weichsel gehörend, war der zuständige Kmdr. Gen.Lt. Ansat.

Vert. Abschn. Wollin:	Gen.Mj. Wittkopf
Vert. Abschn. Swinemünde:	Oberst Kopp
Vert. Abschn. Usedom:	Gen.Mj. von Necker

Zur Unterstützung der Verteidigungsmaßnahmen verlegte etwa am 10. und 12. März 1945 die Landungspionierbrückenkompanie (Ldgs.Pi.Br.Kp. 768), unter Hauptmann

Blick auf das Ostseebad Swinemünde und auf die Küste der Insel Usedom in Richtung Ahlbeck.

Der Bismarckturm bei Ahlbeck. Er diente zur Luftüberwachung und war mit einer 2-cm-Flak bestückt. Aus diesem Grund wurde er von Einheiten der Roten Armee gesprengt.

Rippich, von Esbjerk per Bahn nach Swinemünde. Die Transporte trafen dort ab 14. März ein. Die Ausrüstung bestand aus:

9 Brückenfeldern (135 lfdm.),
2 Eckfeldern (30 lfdm.) und
1 Laderampe (30 m) dazu
2 Seeschleppern und
3 Landungsbooten.

Nach der Entladung und dem Zusammenbau des Landungsbrückengerätes »Seeschlange« wurde dieses sofort in das alte Flußbett der Swine beim Marine-Sperrzeugamt gut getarnt bereitgestellt. Landungsboote und schwere Sturmboote fuhren zeitweilig Aufklärung und Sicherung auf dem Stettiner Haff, an dessen Ostküste schon die sowjetischen Einheiten standen.
Um den Flüchtlingsstrom von Ost nach West lenken zu können, war südlich der Wagenfähre zwischen Swinemünde und Osternothafen durch die Organisation Todt eine aus Schleppkähnen mit einem Holzüberbau versehene Behelfsschwimmbrücke, unter Mitwirkung der Ldgs.Pi.Br.Kp. 768, eingeschwommen worden. Die »Seeschlange« blieb in Bereitschaft, um bei Ausfall der Behelfsschwimmbrücke sofort eingesetzt werden zu können.
Da sich abzeichnete, daß die Inseln von sowjetischen Einheiten vom Festland her abgeschnitten werden konnten, sperrte K.Adm. Schubert, Kommandierender Admiral westliche Ostsee, den Hafen Swinemünde für das weitere Anlaufen von Flüchtlingstransporten. Es gelingt ihm, ab 28. April auf Swinemünde als Zwischenlande- und Versorgungshafen für die Kriegsmarine zu verzichten.

Letzter Kommandant der Seeverteidigung Pommern, Kapt. z.S. Johannes Rieve, geboren am 10. Juni 1892 in Lehe/ Wesermünde mit seinem Sohn Lt.z.S. Hans Otto Rieve.
Zum Zeitpunkt der Aufnahme war Kapt.z.S. Rieve Chef des Stabes der Seebefehlsstelle bei V.Adm. Schall-Emden und sein Sohn I.WO auf *U 185*.

Die gesprengte Zecheriner Straßenbrücke. Gut zu erkennen ist die geöffnete Brückenklappe. Durch diese Maßnahme konnte das Fahrwasser der Peene ohne Behinderung weiter genutzt werden.

In den Abwehrkämpfen der Ostfront des Verteidigungsbereiches können der vordere 28-cm-Geschützturm des in der Kaiserfahrt auf Grund festsitzenden SK *Lützow* und die drei 17-cm-Küstengeschütze der Plantagenbatterie »Goeben« Feuerschutz geben, doch an der Westfront müssen die feindlichen Übersetzversuche ohne schwere Waffen abgewehrt werden. Nur die Artillerieträger der 8. A-Fl. können etwas Unterstützung geben.

Nachdem der Räumungsbefehl des OKW erteilt worden war, bereitete Gen.Lt. Ansat mit seinen Generalstabsoffizieren eine Absetzbewegung unter dem Stichwort »Knobelbecher« vor. Diese sollte möglichst präzise und unbemerkt vom Gegner erfolgen und bis zum 5. Mai abgeschlossen sein. Kapt.z.S. Rieve, Seekommandant Pommern, war hierbei für die Bereitstellung des nötigen Schiffsraumes und für möglichst günstige Transport- und Verladebedingungen verantwortlich.

Ansicht der Eisenbahn-Doppelhubbrücke Karnin von der Ortschaft Kamp aus. Mit dieser Eisenbahnverbindung war der kürzeste Weg zwischen Berlin und den Seebändern auf den Inseln Wollin und Usedom hergestellt worden.
Im Rahmen der Verteidigungsmaßnahmen wurden die Brükkenzufahrten am 29. April durch Zündung von Seeminen gesprengt, vorher jedoch hatte man die Hubbrücke hochgefahren und verankert. Die Artillerieträger der 8. A-Fl. konnten somit ungehindert auf der Peene operieren.

Trümmer der gesprengten Wolgaster Straßenbrücke. Nachdem sich die letzten Heereseinheiten am 30. April 1945 von Wolgast nach Usedom abgesetzt hatten, wurde die Brückenklappe aufgerichtet und die beidseitigen Zufahrten gesprengt.

In einer geheimen Kommandosache vom 2. Mai 1945 werden die notwendigen Maßnahmen festgelegt. Darin hieß es u. a.:

»Für die Räumung des Verteidigungsbereiches von der Zivilbevölkerung ist die politische Leitung verantwortlich. Nachdem in den letzten Wochen immer wieder von militärischer Seite gedrängt worden ist, die Zivilbevölkerung abzutransportieren, und mehrfach zur Verfügung gestellte Schiffe nicht voll ausgenutzt hatten abfahren müssen, wird angenommen, daß keine nennenswerten Zahlen von Zivilbevölkerung mehr abtransportiert werden wollen. Es ist vorgesehen, solange wie irgend möglich den Hafen Swinemünde als Haupteinschiffungshafen zu benutzen.

Flottillenchef der 8. A-Fl., Oblt.z.S. Gerd-Dietrich Schneider, an Bord seines Führerbootes *AF 106*. Im Hintergrund einer seiner Artillerieträger. Die Flottille hatte im April 1945 mit sechs Artillerieträgern von Cuxhaven nach Swinemünde verlegt. Bei den Kämpfen um die Peene-Übergänge ging das Führerboot durch Grundberührung in der Negenmarkrinne verloren. Es war als einziges Boot mit einem Funkmeßgerät ausgerüstet.

Vermessung:	355 t
L/B/T:	49,82 m / 6,61 m / 1,18–1,35 m
Antr.:	3 x 125 PS – LKW Diesel
Geschw.:	8,0 sm/h
Bes.:	65 Mann
Bew.:	2 x 8,8 cm-L/35 U-Boot-Kanonen, 1 x 3,7 cm-L/30 U-Boot-Kanone, 2 x 2-cm-Vierling, 2 x 1,5-cm-MG/ Luftwaffe, 4 x 8,6-cm-RAG.

Leichte Sturmboote vor Wollin im Stettiner Haff – im Mai 1945 im Einsatz.

Erst wenn durch Feindeinwirkung dieses nicht mehr möglich ist, werden die Einschiffungsplätze Ost (Kapt.z.S. Rieve, westl. Misdroy) und West (K.Kapt. Korpjuhn, Ahlbeck/Heringsdorf) benutzt. Diese Einschiffungsplätze sind bis zur Inbenutzbarnahme weitgehend zu tarnen, erst wenn unumgänglich notwendig, sind Pontons, Seeschlangen u. dergl. auf das Wasser zu bringen. Bis dahin ist alles in den Dünen größtmöglich zu tarnen.«

Im weiteren war vorgesehen, nach Abschluß der Aktion den Transporter *Winrich von Kniprode* (10131 BRT) in der Hafeneinfahrt zu versenken. Doch der Kapitän gab sein Schiff nicht her, übernahm 5200 Flüchtlinge und lief noch am 1. Mai nach Kopenhagen ab.

Das Absetzen vom Feind begann am 1. Mai und in Vorbereitung zur Einschiffung kam auch die Ldgs.Pi.Br.Kp. 768 zum Einsatz. Das »Seeschlangengerät« wird geteilt, die eine Hälfte verlegt nach Zinnowitz, während die andere Hälfte beim Bauhafen in Bereitschaft liegen bleibt. Am 3. Mai ergeht der Befehl, diesen Teil der »Seeschlange« etwa 2 Kilometer westlich von Misdroy als Landekopf einzufahren.

Keinen Widerstand antreffend, überwanden in der Nacht vom 2. zum 3. Mai die ersten sowjetischen Einheiten die Peene bei der gesprengten Eisenbahnhubbrücke Karnin und besetzten am 3. Mai die Stadt Usedom. Über die beiden Landungsbrücken »Seeschlange« können Tausende

Schwere Sturmboote des 4./ Ldgs.Pi.Btl. 771 im Camminer Bodden.

Mit einem leichten Sturmboot auf Patroullienfahrt in der Swine.

von Flüchtlingen und Soldaten zu den Transportern gebracht und von den MFP übernommen werden.
Am selben Tag verschießt die Besatzung der *Lützow* die letzten 28-cm-Granaten und sprengt anschließend den Kreuzer.
Ein Regiment nach dem anderen wird aus dem Verteidigungsbereich herausgelöst und über See evakuiert. Nach zweitägigem Abwehrkampf erfolgt am 4. Mai die Räumung der Stadt Wollin. Nachdrängende sowjetische Einheiten überqueren die Dievenow und besetzten die Stadt. An diesem Tag wird auch die Peene bei Wolgast überwunden, zu einem Zeitpunkt, wo die deutschen Stellungen bis auf die Landenge östlich der Ortschaft Zempin zurückgenommen werden. Ein hier flächendeckend angelegtes Minenfeld sollte den Gegner beim Vordringen auf Swinemünde aufhalten. Im weiteren hatte man in die Reichsstraße 110 und 111 sowie in die Eisenbahnlinie Ducherow–Swinemünde Seeminen und Sprengsätze zur Zerstörung eingebracht.
Es gelang der Kriegsmarine noch, gemeinsam mit den Landungspioniereinheiten des Heeres die Räumung des »Vert. Ber. Swinemünde« planmäßig bis zum 5. Mai abzuschließen. Auch der verstärkte Einsatz der sowjetischen Fliegerkräfte konnte die Evakuierung nicht aufhalten. Zu einem entscheidenden Schlag starteten am 4. Mai die sowjetischen Fliegerverbände der BRF und der 4. Luftarmee gegen alle im Hafen von Swinemünde und im Seegebiet der Pommerschen Bucht befindlichen Schiffe und Boote. Auch wenn keine großen Erfolge erzielt wurden, war die Vernichtung des Artillerieschulschiffes *Orion* von besonderer Tragik. Bereits beim ersten Angriff um 9.30 Uhr wird es von Bomben getroffen. Hunderte von Soldaten müssen dabei ihr Leben lassen. In den Abendstunden wird

Ansicht eines im Zusammenbau befindlichen Pionier-Landungsbrückengerätes »Seeschlange« im Truppenversuch vom 4. bis 13. Oktober 1941 am Strand von Le Havre. Es handelt sich um den Prototyp des Geräts.
Auf Forderung des HWaA – WaPrüf 5 war durch die Schichau-Werft als Hilfsmittel zum Anladen von Truppen und Gerät an freier Küste ab 1940 eine schwimmende Brücke mit der Bezeichnung »Seeschlange« entwickelt worden. Diese erlaubte den Bau von Brükkenköpfen zum Entladen von S-Fähren, Pi-L-Booten und Marinefährprähmen sowie von Schwimmpiers zum Entladen von Transportern an freier Küste oder in Häfen mit unbrauchbaren Kaianlagen. Am 1. März 1941 begann die Truppenerprobung in Le Havre. Die unter Mitwirkung der Marine gewonnenen Erfahrungen führten zur Verbesserung der Brückenfelder. Der Einsatz erfolgte an den verschiedensten Frontabschnitten und so auch ab 1944 in der Ostsee.
Die Verwendbarkeit war bis Seegang 5–6 gegeben. Die Tauchtiefe der unbelasteten Brücke betrug 0,26 Meter.
Die an den verschiedensten Frontabschnitten im Einsatz gewesenen Pioniereinheiten verlegten in Abhängigkeit vom Frontverlauf unter Mitführung ihres Landungsbrückengerätes, mitunter per Bahn in die Ostsee. So auch die Pi.Ldgs.Br.Kp. 768 von Preßburg nach Esbjerk in Dänemark. Hier wird die Pioniereinheit als 4./Ldgs.Pi.Btl 771 neu aufgestellt und im März 1945 nach Swinemünde verlegt.

dann noch das schwer beschädigte Flottentorpedoboot *T 36,* sich auf dem Westmarsch befindend, bombardiert und muß anschließend von seiner Besatzung gesprengt werden. Nach dem Ablegen der letzten Zubringerboote am 4. Mai zerstörte die Ldgs.Pi.Br.Kp. 768 seine Landebrücken und reihte sich in die ablaufenden Geleite ein.
Die leichten Boote des Pioniersturmbootbataillons 4./Ldgs. Pi.Batl. 771 mußten noch einmal am späten Nachmittag

Ein »Seeschlangen«-Brückenfeld wird zu Wasser gelassen. Deutlich sind die konischen Dorne als Verbindungsglied zur Hülse des nächsten Brükkenfeldes zu erkennen.
Vermessung: 17 t
L. ü. Dorn: 16,90 m
B.: 5,80 m

Zwei »Seeschlangen«-Brükkenfelder sind gekoppelt und ein Eckfeld wird zu Wasser gelassen. Diese Teile besaßen allseits Hülsen und erlaubten so den Bau von T- und L-Brückenköpfen. Deutlich sind die Hülsen zu erkennen.
Vermessung: 25 t
L/B: 15,0 m / 6,05 m

Nach Übernahme von Soldaten des Heeres läuft der Seeschlepper der Landungspionier-Brückenkompanie 773 (Ldgs.Pi.Br.Kp. 773) aus dem Verteidigungsbereich Swinemünde nach Westen ab.

ins Große Haff ablaufen, um eine bei Soldemin abgeschnittene Kampfgruppe abzuholen. Obwohl die Sturmboote von Land aus sowjetisches Infanteriefeuer erhielten, lief alles unerwartet glatt ab. Nach Einstellung des Landzielbeschusses übernahmen die Zerstörer *Z 38* und *Z 39* gegen 20.00 Uhr die Infanteristen und nach der Selbstversenkung der Sturmboote auch die Pioniere. In den Abendstunden des 4. Mai werden noch die Angehörigen der schweren Marineflakbatterie 3./M-Flak Abt. 713 aus dem Abwehrkampf herausgezogen und am Ostrand von F 109 übernommen.
Nach Erfüllung seiner Aufgabe verläßt der Hafenkommandant, Kapt.z.S. Günter Masberg, und ein General (es könnte der Kampfkommandant des Verteidigungsberei-

Das Frachtturbinenschiff *Kurmark* der Hamburg-Amerika-Linie wurde am 27. März 1930 in Dienst gestellt. Nach Ausbruch des Krieges erfolgte der Umbau zum Hilfskreuzer (Handelsstörkreuzer) *HSK 1* – Orion. Der Einsatz erfolgte in der Zeit von Dezember 1939 bis August 1941 im Atlantischen und Pazifischen Ozean. Danach wurde es als Werkstattschiff und am 12. Januar 1944 als Artillerieschulschiff (Kadettenausbildungsschiff) *Hektor* unter Kapt.z.S. Asmus in der Ostsee, mit Stützpunkt Swinemünde, eingesetzt. Im Dezember erfolgte eine zusätzliche Armierung mit mittleren und leichten Fla-Waffen. Ab Februar 1945 kam das Schiff als Transportschiff für die Evakuierungen zum Einsatz. Auf acht Fahrten können nach unverbindlicher Schätzung 17953 Flüchtlinge und Soldaten nach Westen evakuiert werden.

Im März 1945 erfolgte dann die Rück- bzw. Umbenennung in *Orion*.

Vermessung:	7021 BRT
L/B/T:	148,00 m / 18,60 m / 8,20 m
Geschw.:	14,0 sm/h
Bew.:	6 x 15 cm 1 x 7,5 cm, 4 x 3,5-cm-Doppellafetten, 4 x 2-cm-Doppellafetten, 2 x 3-TR-53,3 cm (Die veränderte Armierung im Dezember 1944 konnte noch nicht ermittelt werden – d. Verf.).

4. Mai 1945: Das Artillerieschulschiff *Orion* wird auf der Reede vor Swinemünde bei einem sowjetischen Fliegerangriff gegen 9.30 Uhr durch Bomben getroffen und beginnt zu brennen. Nach dem Angriff können herbeieilende Schiffe den größten Teil der an Bord befindlichen Soldaten retten, für viele jedoch kam jede Hilfe zu spät.

ches Swinemünde, Generalleutnant Ansat gewesen sein – d. Verf.) auf einem MFP gegen 22.30 Uhr den Hafen Swinemünde.
Die Einschiffung bei Misdroy konnte erst kurz nach Mitternacht planmäßig abgeschlossen werden. Ohne die Landungsbrücke noch zerstören zu können, verließen die Pioniere mit ihrem Landungsboot die Küste und folgten den MFP der 11. L-Flottille. Schwache Infanteriekräfte leisteten, hinhaltend kämpfend und sich nach Osternothafen zurückziehend, noch Widerstand. In den frühen Morgenstunden des 5. Mai werden sie von Sicherungsfahrzeugen übernommen und in Sicherheit gebracht. Die zur Sicherung zurückgebliebenen Artillerieträger *AF 104, AF 107* und *AF 109* der 8. A-Fl. standen bereits im direkten

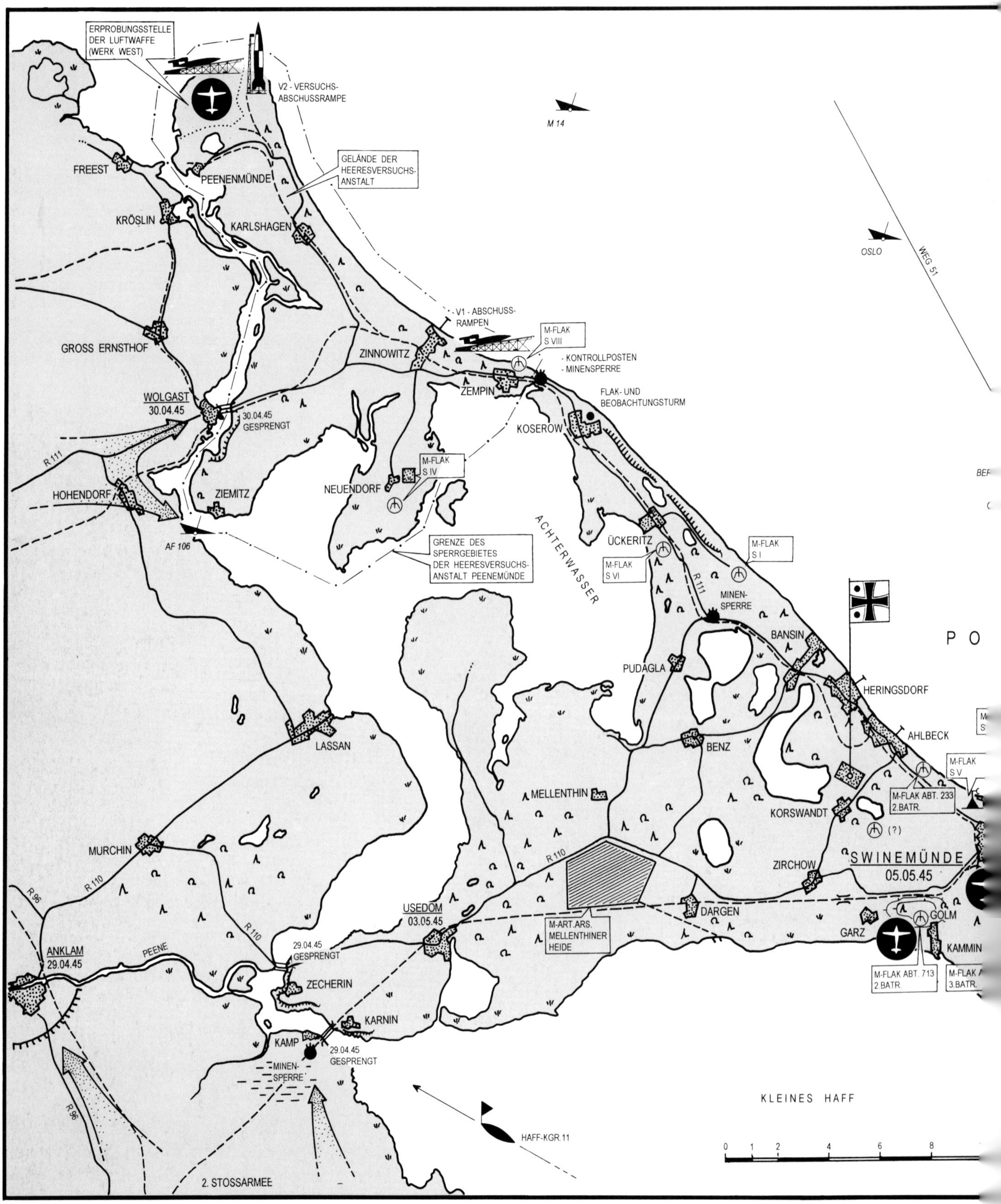
ERPROBUNGSSTELLE DER LUFTWAFFE (WERK WEST)
V2 - VERSUCHS-ABSCHUSSRAMPE
M 14
FREEST
PEENENMÜNDE
GELÄNDE DER HEERESVERSUCHS-ANSTALT
KRÖSLIN
KARLSHAGEN
OSLO
WEG 51
V1 - ABSCHUSS-RAMPEN
M-FLAK S VIII
GROSS ERNSTHOF
ZINNOWITZ
- KONTROLLPOSTEN
- MINENSPERRE
ZEMPIN
FLAK- UND BEOBACHTUNGSTURM
WOLGAST
30.04.45
30.04.45 GESPRENGT
KOSEROW
R 111
M-FLAK S IV
HOHENDORF
ZIEMITZ
NEUENDORF
ACHTERWASSER
AF 106
GRENZE DES SPERRGEBIETES DER HEERESVERSUCHS-ANSTALT PEENEMÜNDE
ÜCKERITZ
M-FLAK S I
M-FLAK S VI
R 111
MINEN-SPERRE
P O
BANSIN
PUDAGLA
HERINGSDORF
LASSAN
BENZ
AHLBECK
M-FLAK S V
MELLENTHIN
M-FLAK ABT. 233 2.BATR.
KORSWANDT
(?)
MURCHIN
R 110
SWINEMÜNDE
05.05.45
ZIRCHOW
R 96
USEDOM
03.05.45
DARGEN
M-ART.ARS. MELLENTHINER HEIDE
GOLM
GARZ
R 110
ANKLAM
29.04.45
PEENE
29.04.45 GESPRENGT
KAMMIN
M-FLAK ABT. 713 2.BATR.
3.BATR.
ZECHERIN
KARNIN
KAMP
29.04.45 GESPRENGT
MINEN-SPERRE
KLEINES HAFF
R 96
HAFF-KGR.11
0 1 2 4 6 8
2. STOSSARMEE

VERTEIDIGUNGSBEREICH SWINEMÜNDE - APRIL / MAI 1945

Der sowjetische Jagdeinsitzer Jakowlew Jak-9.
Reichw.: 1330 km
Geschw.: 600 km/h
Bew.: 1 x 20-mm-Kanone,
1 x 12,7-mm-MG.

Seeoffiziersanwärter Matrose Günter Clement im Dezember 1943. Er überlebte während seiner seemännischen Ausbildung auf *T 32* dessen Untergang am 18. August 1944 in der Narva-Bucht und wird von einer Do 24 gerettet. Zwecks Fortsetzung der Ausbildung wird er an Bord des SSS *Albert Leo Schlageter* kommandiert. Am 14. November 1944 erhält das Schiff nordöstlich von Kap Arkona einen Minentreffer, den er überlebt. Als man das Schiff außer Dienst stellt, wird er Ende Dezember als Seekadett an Bord des Artillerieschulschiffes *Hektor* kommandiert. Zur Geschützbedienung der 2-cm-Vierlingsflak gehörend, die im achteren Bereich der Bb.-Brückennock stand, erlebt er die Evakuierungsfahrten und den Untergang der *Orion* am 4. Mai 1945. Er kann sich an Bord des Zerstörers *Z 38* retten.
Beachtet man die Umstände seiner Kommandos, so ist er vermutlich einer der Kadetten mit der längsten Borddienstzeit bei der Marine, bevor er am 1. Mai 1945 zum Fähnrich zur See befördert worden ist.

Aufbauten des Wracks der *Orion* (WL-1/Nr.: 217) im Jahre 1953. Im Verlauf der Zeit ist das Wrack in den Meeresboden eingesunken, und die Aufbauten sind durch Eis- und Seegang schwer zerstört worden. Das Wrack wurde durch eine polnische Bergungsfirma zur Schrottgewinnung gesprengt. Noch heute befindet sich die Bodenschale mit einer größeren Anzahl von Munition eingesandet im Meeresboden.

Bergung von drei Seeminen aus der R 111 bei der Straßenbrücke über den Abfluß des Schmollen-Sees, bei der Straße nach Pudagla.
Durch Zufall haben Ende 1951 Mitarbeiter des Fernmeldeamtes die Zündschnüre entdeckt und den Munitionsbergungsdienst informiert.

Die Warntafel ist errichtet.
Im Bereich der R 111 befand sich östlich der Ortschaft Zempin eine umfangreiche Minensperre. In diesem Minenfeld sind nach dem Krieg etwa 80 Menschen ums Leben gekommen.
Die Räumkommandos haben in der Zeit von 1946 bis 1975 etwa 31 6884 Quadratmeter Gelände abgesucht und dabei Tellerminen, Riegelminen und tausende von Schützenminen »S-Mine 44« geborgen.

Schußwechsel mit sowjetischen Panzern, als Boote der 11. L-Fl. mit den letzten Soldaten Swinemünde verließen. Es war um 4.00 Uhr, als die letzten Boote nach Westen abliefen. Die Aktion »Knobelbecher« war erfolgreich abgeschlossen.
Mit der vollständigen Besetzung der Inseln Wollin und Usedom am 5. Mai 1945 fanden die Kampfhandlungen der 2. Stoßarmee vorerst ihren Abschluß.

Über die Kämpfe und Evakuierung des Verteidigungsbereiches Swinemünde ist in der Tagesmeldung der Seekriegsleitung vom 8. Mai 1945 (bezogen auf den Vortag) nachstehendes vermerkt:
»Westl. Ostsee: Zusammenfassung Räumung Swinemünde:
Räumung Swinemünde 4. Mai abends beendet. Gesamte Truppe planmäßig in Hafen und an Küste verschifft. Alle

Erklärung über die Tötung von vier Angehörigen des Räumkommandos.
Der sechste, Herbert Zhayk aus Ückeritz war krank und an diesem Tag nicht anwesend.

E r k l ä r u n g

-.-.-.-.-.-.-.-.-

Die Unterzeichneten geben eine Erklärung darüber ab, bezeugen zu können, daß die am 30.12.1946 durch das Unglück im Minenfeld Zempin zu Tode gekommenen imAuftrage der Kreiskommandantur und Kreispolizei die Minenräumarbeiten durchgeführt haben.

Der Unterzeichnete, Albert B r e h m e r, war seinerzeit 1.Sekretär des FDGB Kreisvorstandes , hat als solcher genaue Kenntnis von den Vorgängen und Personen.

Erich F a r b o w s k i war einerzeit Landrat des Kreises Usedom und hat als solcher den direkten Auftrag von der Kreiskommandantur erhalten und weitergeleitet.

Herbert R i c h t e r hatte als stellvertretender Kreispolizeileiter des Kreises Usedom direkte Anordnungen zu diesen Räumungsarbeiten gegeben.

Hildegard F a n d r i c h hat als Personalsachbearbeiterin die Einstellungen registriert.

Am 30.12.1946 ereignete sich im Zuge der Räu ungsarbeiten durch Detonation einer S-Mine ein schwerer Unglücksfall, bei dem die Minensucher

Heinz K a r r a s
Franz D r a w a n z
Willi S t e g e m a n n
Willi I m a s c h e w s k i

tödlich verunglückten, während der VP Angestellte

Heinz.M ö l l e r

mit schweren Verletzungen in das Kreiskrankenhaus Heringsdorf eingeliefert wurde (amtliches Zeugnis des Chefarztes des Kreiskrankenhauses liegt bei).
Die jetzige Arbeitsminderung des Heinrich M ö l l e r beträgt 50 %.

Seebad Heringsdorf, den 10. Juli 1951

Albert Brehmer
Herbert Richter
Hildegard Fandrich
Erich Farbowski

Die Richtigkeit der Unterschriften des Albert Brehmer, Herbert Richter, Erich Farbowski und der Hildegard Fandrich werden hiermit beglaubigt.
Seebad Ahlbeck, den 13.7.1951
Neumann
(Neumann)
VP.- Meisterin

Heinrich Möller kehrte am 16. Dezember 1945 illegal aus britischer Gefangenschaft nach Ückeritz zurück. Er wurde Forstarbeiter und trat am 15. September 1946 als Wachtmeister der Volkspolizei seinen Dienst an. Ende September 1946 begann ein sechs Mann starkes Räumkommando mit der Beseitigung des bekannten Minenfeldes. Zu diesem Kommando gehörte auch H. Möller. Der 30. Dezember 1946 war ein kalter regnerischer Tag, als sie kurz nach dem Frühstück zum Einsatzort in Reihe marschierten und die Detonation erfolgte. H. Möller war der letzte und hatte Glück im Unglück, wurde jedoch schwer verletzt.

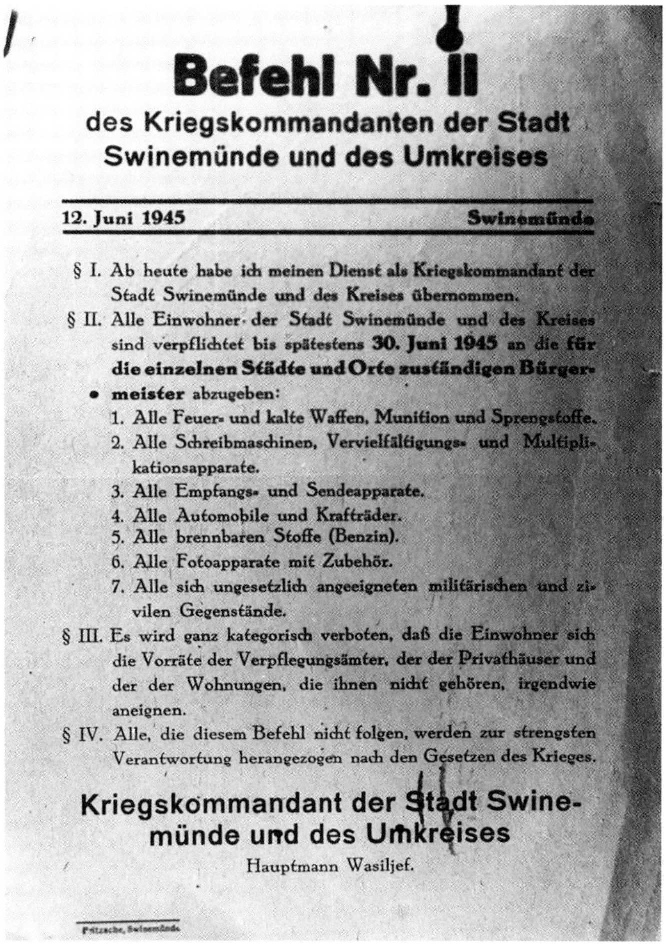

Befehl Nr. II

des Kriegskommandanten der Stadt Swinemünde und des Umkreises

12. Juni 1945 **Swinemünde**

§ I. Ab heute habe ich meinen Dienst als Kriegskommandant der Stadt Swinemünde und des Kreises übernommen.

§ II. Alle Einwohner der Stadt Swinemünde und des Kreises sind verpflichtet bis spätestens **30. Juni 1945** an die **für die einzelnen Städte und Orte zuständigen Bürgermeister** abzugeben:

1. Alle Feuer- und kalte Waffen, Munition und Sprengstoffe.
2. Alle Schreibmaschinen, Vervielfältigungs- und Multiplikationsapparate.
3. Alle Empfangs- und Sendeapparate.
4. Alle Automobile und Krafträder.
5. Alle brennbaren Stoffe (Benzin).
6. Alle Fotoapparate mit Zubehör.
7. Alle sich ungesetzlich angeeigneten militärischen und zivilen Gegenstände.

§ III. Es wird ganz kategorisch verboten, daß die Einwohner sich die Vorräte der Verpflegungsämter, der der Privathäuser und der der Wohnungen, die ihnen nicht gehören, irgendwie aneignen.

§ IV. Alle, die diesem Befehl nicht folgen, werden zur strengsten Verantwortung herangezogen nach den Gesetzen des Krieges.

Kriegskommandant der Stadt Swinemünde und des Umkreises

Hauptmann Wasiljef.

Befehl Nr. II des Kriegskommandanten der Stadt Swinemünde und des Umkreises.

fahrbereiten Schiffe und Boote ausgelaufen. Sprengungen und Lähmungen befehlsmäßig durchgeführt. Absetzbewegung aus Dievenow- und Peene-Stellung unter starker Unterstützung durch 2 AF, 2 Zerstörer und Marinebatterie planmäßig. Marinebatterien an Peene-Front durch besondere Standhaftigkeit und bei Gegenangriffen wiederholt ausgezeichnet. 4. 5. laufend schwere Luftangriffe auf Swinemünde Hafen, Reede und Batterien. Im Hafen versenkt: *3NPP, Hummel,* auf Reede *Orion* durch 3BT, *T 36* durch Bomben, *Schlesien* nach Minentreffer auf Reede gesprengt. Insgesamt etwa 35 000 Soldaten auf Transportern und Kriegsschiffen abtransportiert.«

Wer kann Angaben zu nachstehenden Fotos machen, wer erinnert sich?

Winter 1945 im Hafen Swinemünde. An der Bb.-Seite des z. Z. nicht bekannten Frachtpassagierschiffes liegt ein U-Boot des Typ XXI.

Ein Schießboot im Seegebiet vor Swinemünde. Vermutlich gehörte es zur Schiffsartillerieschule Swinemünde, aber zu welcher Abteilung?

Informationen und Angaben über die abgebildeten Fahrzeuge bitte an:
Wolfgang Müller
Heinrich-von-Stephan-Straße 45
18435 Stralsund
Tel.: 0 38 31 / 38 05 70

Die sowjetische Besetzung der Insel Rügen

Bereits im April 1945 war die Halbinsel Jasmund der Insel Rügen durch das OKW zum Verteidigungsbereich erklärt und Generalmajor Hans Voigt am 13. April als Kommandant von Rügen (Inselkommandant) eingesetzt worden. Sein Gefechtsstand befand sich in Saßnitz im »Hotel am Meer«. Hafenkommandant wird Kapt.z.S. Jeck, Leiter der Seetransportstelle Saßnitz war Kptlt.d.R. Heinz Streitenfeld.

Unter Heranziehung der Bevölkerung waren an allen Zufahrtsstraßen zur Halbinsel Straßensperren errichtet worden. Den Ort Saßnitz hatte man landseitig mit Schützengräben und Panzersperren umgeben. Beim Gut Borchtitz war ein Feldflugplatz angelegt worden.

Bis zum 30. April war der Weg von Rügen nach Westen noch offen, doch mit der kampflosen Einnahme der zur Festung erklärten Stadt Stralsund am 1. Mai 1945 und der Sprengung der Ziegelgrabenbrücke waren die Inseln Rügen und Dänholm vom Festland abgeschnitten. In den dem Festland gegenüberliegenden, operativ günstigen Uferabschnitten hatten sich deutsche Einheiten eingegraben. Die 1. Kompanie der 1. S.St.A. hatte, laut Befehl, beim Bahnhof Altefähr einen »Festen Punkt mit einer Panzersperre und ein Schützengrabensystem ausgebaut. Jeglicher sowjetischer Übersetzversuch sollte hier verhindert werden.

Der Gauleiter und Reichsverteidigungskommissar von Pommern, Franz Schwede-Coburg, hatte sich nach Rügen in das Schloß Plüggenthin abgesetzt. General der Luftwaffe Hauschulz, Festungskommandant von Stralsund und General Breusing von der HGr. Weichsel, zogen sich ebenfalls auf Rügen zurück. Sie richteten sich im Gutshaus Frankenthal ein. General Breusing begab sich vermutlich sofort nach Saßnitz und stellte sich General Voigt zur Verfügung.

Am 2. Mai versuchte Generalleutnant Fedjuninski, Oberbefehlshaber der 2. Stoßarmee, mit Hilfe deutscher Parlamentäre die Übergabe der Inseln Dänholm und Rügen zu erreichen. Danach sollte die Übergabe der Inseln am 3. Mai um 10.00 Uhr erfolgen. In den frühen Morgenstunden des 3. Mai setzten sich die letzten Soldaten von der Insel Dänholm nach Rügen ab. Gegen 10.00 Uhr wurde dänholmseitig das erste Brückenteil der Straßenbrücke gesprengt. Der Kapitulationsaufforderung wurde nicht nachgekommen.

Der damalige Seekadett Kurt Strehlow, Angehöriger der Crew I/45, gehörte zum Sprengkommando und berichtet:

»Am 8. Januar 1945 wurde ich als Seeoffiziersanwärter

Oberleutnant Hans-Jürgen Meyer (Aufnahme von 1942) geb. am 23. Dezember 1915 in Rostock. Seinem entschlossenen Handeln ist es zu danken, daß der Verteidigungsabschnitt am entscheidenden Übergang zur Insel Rügen kampflos übergeben werden konnte.
Trotz eines Schutzbriefes marschierte er am Abend des 5. Mai in die Gefangenschaft und kehrte erst im Oktober 1949 nach Rostock zu seinen Eltern zurück. Ein Neulehrerlehrgang folgte und am 1. Mai 1950 stand der heutige pensionierte Oberstudienrat zum ersten Mal vor einer Klasse in Franzburg.

zur 1. S.St.A. eingezogen und am 17. Februar 1945 vereidigt. Ich gehörte zum 2. Zug der 2. Kompanie und wir erhielten als einzige im Rahmen der Grundausbildung eine Pionierausbildung. So wurden wir auch im Sprengdienst ausgebildet und als theoretisches Beispiel diente uns dabei die Rügendammbrücke. So lernten wir die bereits vorhandenen Sprengkammern und ihre Nutzung kennen. Ungefähr Mitte April holten wir losen Sprengstoff von Bergen (vermutlich aus dem Sperrwaffenarsenal Tilzow in der Nähe von Bergen – d. Verf.) und füllten die Spreng-

Diese Aufnahme erhielt H.-J. Meyer am 28. April 1965 von Generaloberst Ljaschtschenko zur Erinnerung. Sie wurde am 4. Mai 1945 von einem sowjetischen Frontberichterstatter anläßlich der Kapitulation der Insel Rügen gemacht.
Abgebildet sind deutsche Soldaten, die im Verteidigungsabschnitt bei Altefähr die Insel Rügen verteidigen sollten. Links im Bild ist Generalmajor Ljaschtschenko zu sehen. Er hatte dem deutschen Oberleutnant vertraut und war gleich mit dem Stoßtrupp nach Rügen gekommen.
Auf der Rückseite ist zu lesen: »Zur freundlichen Erinnerung für Genossen Meyer an die letzten Tage des Zweiten Weltkrieges im Gebiet Stralsund ›Gruppe der Kriegsgefangenen‹ vom ehemaligen Kommandeur der 9. Division Generaloberst N. Ljaschtschenko 28. 4. 1965.«

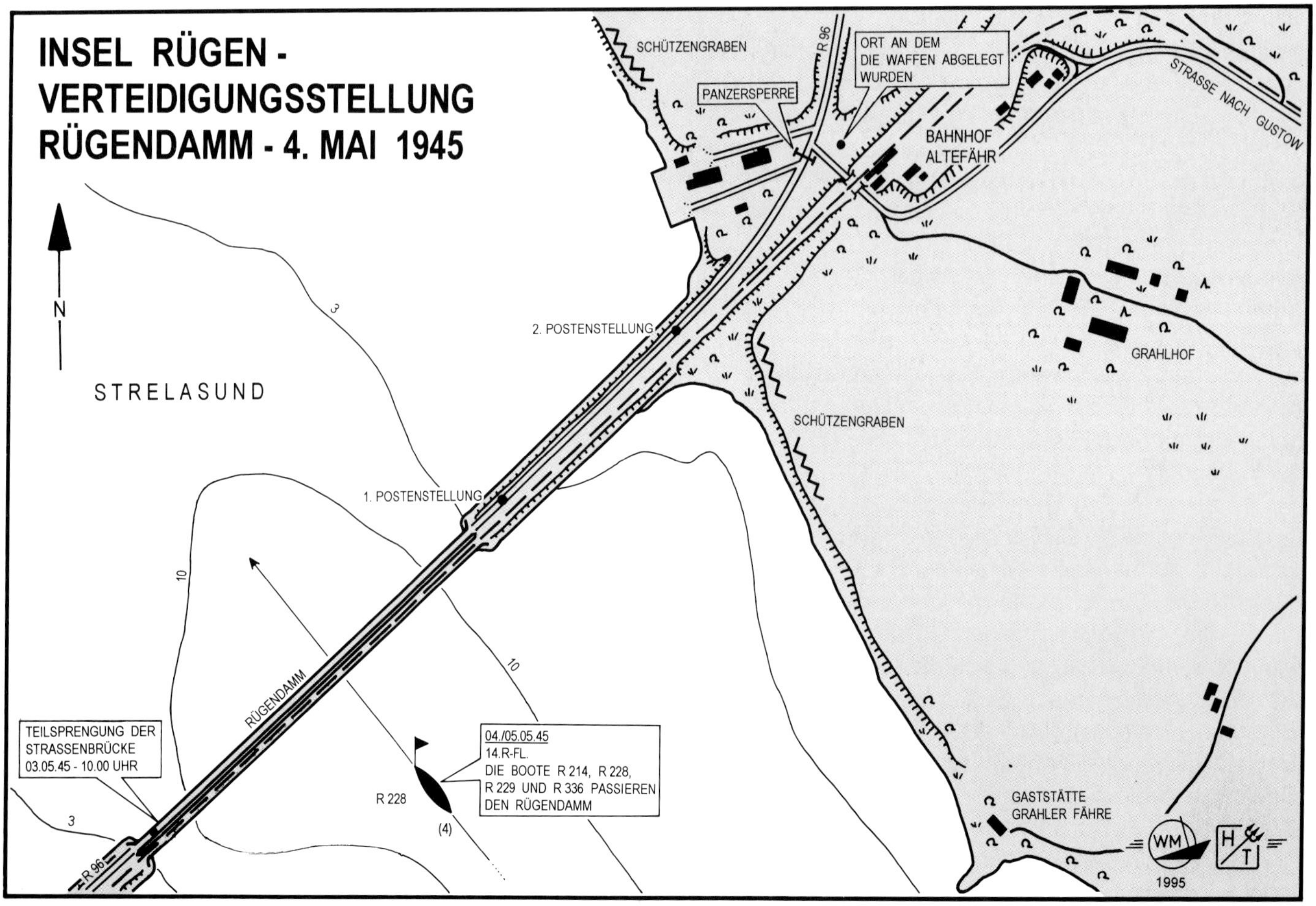

Hauptfeldwebel der 1. Kompanie der 1. S.St.A., Georg Müller, im Kreise seiner Familie.
Im Verlauf des Zweiten Weltkrieges an der Südfront eingesetzt, kam er nach deren Zusammenbruch im Februar 1945 nach Stralsund zurück und nahm seinen Dienst in der 1.S.St.A. auf. Mitte April erhielt die Kompanie den Befehl, bei dem Bahnhof Altefähr auf der Insel Rügen eine Verteidigungsstellung auszubauen. Da die Ausbauarbeiten bereits am 29. April abgeschlossen werden, gestattet man ihm, sich abends von seiner Familie zu verabschieden. Nachdem er auf seinen Posten zurückgekehrt war, setzte sich sein Kompaniechef, der Reserveoffizier Prof. Dr. Dr. Weyll unbemerkt ab und ließ seinen Hauptfeldwebel mit den jungen Kadetten im Stich. G. Müller blieb bei seinen Soldaten und gehörte zu denen, die Oblt. Meyer am 4. Mai, kurz vor 8.00 Uhr aus den Stellungen antreten ließ.
Die von sowjetischer Seite versprochene Freiheit wurde nicht gewährt.
Die Kompanie marschierte zur Frankenkaserne, der 2. S.St.A., der Wehrpaß mußte abgebeben werden, und es begann der Marsch in die Gefangenschaft, aus der er erst im Februar 1948, mit einem Körpergewicht von nur noch 95 Pfund (47,5 kg) nach Stralsund zurückkehrte.

kammern der Brücke. Unsere Einheit lag am 3. Mai in Altefähr, als unser Zugführer, Leutnant Schreiber (?) den Befehl zur Sprengung der Brücke erhielt. Mit mäßigem Erfolg gelang uns die Sprengung der Straßenbrücke. Danach setzten wir uns nach Saßnitz ab, wo es unserem Zugführer gelang, uns auf einem Räumboot unterzubringen. So verließen wir am frühen Vormittag des 4. Mai die Insel Rügen.«

»Blinkzeichen am Rügendamm,« so lautet ein Buch, in dem der letzte Adjutant des Festungskommandanten von Stralsund, Oberleutnant Hans-Jürgen Meyer, seine Erinnerungen über die letzten Kriegstage in Stralsund und auf der Insel Rügen niedergeschrieben hat. Er gehörte zum Ersatzbataillon 458 und war bei den Abwehrkämpfen an der Oder schwer verwundet worden. Über verschiedene Behelfslazarette gelangte er zur Genesung in das Lazarett von Schwerin. In einem persönlichen Gespräch schilderte er mir im April 1995 die damalige Situation:
»Nach meiner Genesung erhielt ich am 22. April 1945 den Befehl, mich in Stralsund beim Stadtkommandanten als Adjutant zu melden.
Der Gefechtsstand war im Stadttheater untergebracht. Bei meiner Ankunft am 25. April wurde ich vom Ia empfangen, General Hauschulz war nicht anwesend. Kurz darauf traf er ein, und ich konnte mich bei ihm melden. Nach einer kurzen Unterhaltung mußte ich ihn auf einer Inspektionsfahrt durch die Stadt begleiten. So lernte ich die eingeleiteten Verteidigungsmaßnahmen kennen.
Wenige Tage später verlegten wir den Gefechtsstand in die bombensicheren Räume des Getreidesilos von Koch & Poggendorf, der sich im Hafen befand. Am Vormittag des 30. April hatte Greifswald kapituliert und die Russen marschierten auf Stralsund zu. Mittags standen sie bereits vor Stralsund und erwarteten vermutlich auch hier die Kapitulation der Stadt. Oberst Petershagen, der Kampfkommandant von Greifswald, hatte ja General Hauschulz angerufen und ihn dazu aufgefordert. Dieser hatte jedoch abgelehnt.
Am Abend erfolgte eine Besprechung mit Kapt.z.S. Zollenkopf, auf der er vorschlug, die Stadt sofort zu räumen und sich nach Rügen abzusetzen. Dieser Vorschlag wurde akzeptiert und so setzten wir uns in der Nacht mit einem Fährschiff nach Rügen ab. Unser Stab nahm Quartier im Gutshaus Frankenthal. Um ein Nachrücken der Russen zu verhindern, wurde gegen 5.30 Uhr die Ziegelgrabenbrücke gesprengt. Bei der ersten Besprechung am 2. Mai habe ich festgestellt, daß General Breusing nicht mehr anwesend war. Wie ich erfuhr, war Breusing in belastende Vorfälle im Raum Lodz verwickelt und wollte schnell verschwinden (diese Andeutung wurde durch durch Kapt.z.S. Zollenkopf in seinem Bericht niedergeschrieben – d. Verf.).
Aufgrund eines russischen Ultimatums ließ sich General Hauschulz am 3. Mai gegen 15.00 Uhr mit einem Motorboot nach Stralsund zur Unterzeichnung der Kapitulationsurkunde übersetzen. (Nach Aussage von General Voigt, veröffentlicht in der Broschüre von H. H. Knütter ›Das Kriegsende in Stralsund und Rügen‹ auf S. 28 hat er Generalmajor Breusing, den er zum Abschnittskommandanten im südlichen Rügen eingesetzt hatte, nach Stralsund geschickt. Betrachten wir aber, daß sich Breusing wegen einer Mitverantwortung im Osten vor den sowjeti-

Eisenbahnfährschiff *Deutschland* im Hafen von Saßnitz. Ab 20. Januar 1945 kam das Schiff als VTS zum Einsatz. Ende April wurde es von Swinemünde nach Saßnitz beordert und ist am 30. April mit etwa 2000 Soldaten nach Kopenhagen ausgelaufen. Es mußte am 12. März 1946 an die UdSSR abgeliefert werden und kam dort unter dem Namen *Aniva* wieder in Fahrt.
Vermessung: 2 847 BRT
L/B/T: 113,8 m / 16,26 m / 4,90 m
Geschw.: 16,5 sm/h

Das torpedierte Eisenbahnfährschiff *Deutschland* im Hafen von Trelleborg.
Am 19. Oktober 1942 erhielt das Schiff vor Trelleborg einen Torpedotreffer eines sowjetischen U-Bootes. Die Reparaturarbeiten erfolgten bis März 1943 in Malmö.

schen Truppen in Sicherheit bringen wollte, so wird er wohl kaum nach Stralsund gegangen sein – d. Verf.).
Als sein Adjutant wollte ich ihn begleiten, doch er wies mich an, zurückzubleiben. So fuhr ich mit meinem Motorrad nach Frankenthal und wartete mit meinen zwei Offizierskameraden vom Stab auf seine Rückkehr. Es wurde Nacht und der General erschien nicht. Wir vermuteten, daß sich die Herren Generale und der Gauleiter abgesetzt hatten. Über das Fernamt Bergen ließen wir uns mit dem Rathaus in Stralsund verbinden. Die Verbindung kam zustande und so erfuhren wir, daß General Hauschulz die Kapitulation der Insel Rügen unterschrieben hatte. Da der General bei uns bisher nicht aufgetaucht war und wir keine Informationen über die Kapitulationsbedingungen hatten, schlugen wir vor, nach Stralsund zu kommen, um die Lage vor Ort zu besprechen – der Gesprächspartner am anderen Ende der Leitung schwieg. Ich war aufgeregt:

Dora Winkelmann, geb. Andres. Bei den Kampfhandlungen um den Oderübergang bei Oberschöning wurde die Ortschaft von sowjetischer Artillerie beschossen. Durch einen Granatsplitter erhielt sie eine Oberschenkelverletzung und kam in das Lazarett, die ehemalige Nervenheilanstalt Ueckermünde. Als man im April 1945 das Lazarett u.a. mit Schiffen evakuierte, kam sie an Bord eines geschlossenen Oderkahns. In dem Glauben an einen sicheren Hafen auf der Insel Rügen lief der Schleppverband den Kreide-Verladehafen Martinshafen an. Unter den Kranken an Bord war eine Typhusepidemie ausgebrochen, in deren Folge etwa 30 Menschen verstarben, darunter auch Frau Dora Winkelmann.

›Bedenken Sie doch, was auf dem Spiel steht. Die Soldaten liegen in den Stellungen und haben Schießbefehl. Bei Samtens ist Schwede-Coburg mit seiner SS. Wir müssen Genaueres wissen und würden sofort kommen. Geben Sie uns die Möglichkeit. Die Unterschrift von Hauschulz ist durch seine Flucht wertlos und ungültig geworden.‹
Man erteilte uns die Genehmigung. Es wurde vereinbart, daß wir an der Klappbrücke des Zielgrabens ein Blinkzeichen mit der Taschenlampe geben sollten. Gemeinsam mit Hptm. Winkler fuhr ich zum Rügendamm. Nachdem wir unsere Posten und das beschädigte Brückenteil passiert hatten, wurden wir wie abgesprochen an der Ziegelgrabenbrücke erwartet. Über eine in der Zwischenzeit errichtete provisorische Behelfsbrücke aus eingeschwommenen Booten und darüber gelegten Brettern gelangten wir auf die Festlandseite. Zum erstenmal stand ich russischen Offizieren gegenüber, die uns sehr höflich empfingen. Wir bestiegen einen PKW und man brachte uns zum russischen Generalstab (dieser befand sich in dem verlassenen Gebäude des Kommandeurs des 1. Schiffsstammregimentes – heute Frankendamm 7 – d. Verf.). Auch hier ein höflicher Empfang. Hptm. Winkler stellte uns vor, anschließend berichtete ich über die Lage auf Rügen. Wir

Das Grab von Frau Dora Winkelmann auf dem provisorischen Friedhof im Bereich von Martinshafen. Da dem Hafenmeister Emil Heidrich die Namen der Verstorbenen zugerufen werden mußte, ist vermutlich ein Übermittlungsfehler Schuld, daß aus Dora – Hildegard geworden ist.
Als Grabstein wurde ein Straßenbordstein verwendet. Diese Betonfertigteile lagen im Hafen herum, waren sie doch Produkte der Firma Zülchow aus Stettin, vorgesehen für den Straßenbau auf Rügen. Für die Portlandzementherstellung bezog die Firma die Kreide von der Insel Rügen.

Start eines Flugbootes Do 24. Die Flugboote der Seenotstaffel 81 verlassen im letzten Moment – am 7. Mai 1945 – den Fliegerhorst Bug mit Kurs auf Guldborg in Dänemark.

konnten danach die Kapitulationsurkunde einsehen und erfuhren so, daß ab 6.00 Uhr des 4. Mai die Übergabe der Insel Rügen erfolgen sollte.

Ich bat um eine Fristverlängerung von zwei Stunden. Meiner Bitte wurde stattgegeben. Man brachte uns zurück, wir überquerten den Rügendamm und fuhren zurück nach Frankenthal. In der Zwischenzeit war es Mitternacht geworden. Hptm. Winkler setzte sich ab. So übernahm ich die Verantwortung für unser Versprechen. Die mir noch zur Verfügung stehenden Melder schickte ich zu den im südwestlichen Küstenstreifen der Insel Rügen liegenden Einheiten. Ich selbst begab mich an den Rügendamm.

Hier ließ ich die beidseitig des Rügendamms liegenden Einheiten aus den Stellungen antreten und die Waffen ablegen. Zu meinem Erstaunen kamen etwas über 200 Mann zusammen. Gemeinsam warteten wir nun auf das Erscheinen der Russen. Kurz vor 8.00 Uhr verließ noch ein Zug den Bahnhof Altefähr in Richtung Saßnitz. Ich ließ die Panzersperre zurückschieben und ging in Begleitung einiger Unteroffiziere zur Brücke. Während meine Begleiter auf halbem Weg stehenblieben, ging ich weiter. Kurz vor Erreichen der Brücke tauchten plötzlich von der Eisenbahnbrücke her zwei russische Soldaten auf. Mit der Maschinenpistole im Anschlag, kamen sie auf mich zu

Flugbetriebsboot *Fl.B 5003* der Seenotflottille 81, Bootsführer Oberfeldwebel/Bootsmann Gustav Schütt, holte noch die letzten Kameraden der Flottille von Lohme ab. Als einige Boote im Hafen Gager, der 2. Seefahrtschule der Luftwaffe (See) lagen, mußten einige in den Verteidigungsbereich Saßnitz abkommandiert werden. In Abstimmung mit ihnen wurde festgelegt, wenn es die Situation erlaubt, sollten sie sich nach Lohme absetzen und werden dort an Bord genommen.

BESETZUNG DER INSEL RÜGEN DURCH SOWJETISCHE TRUPPEN

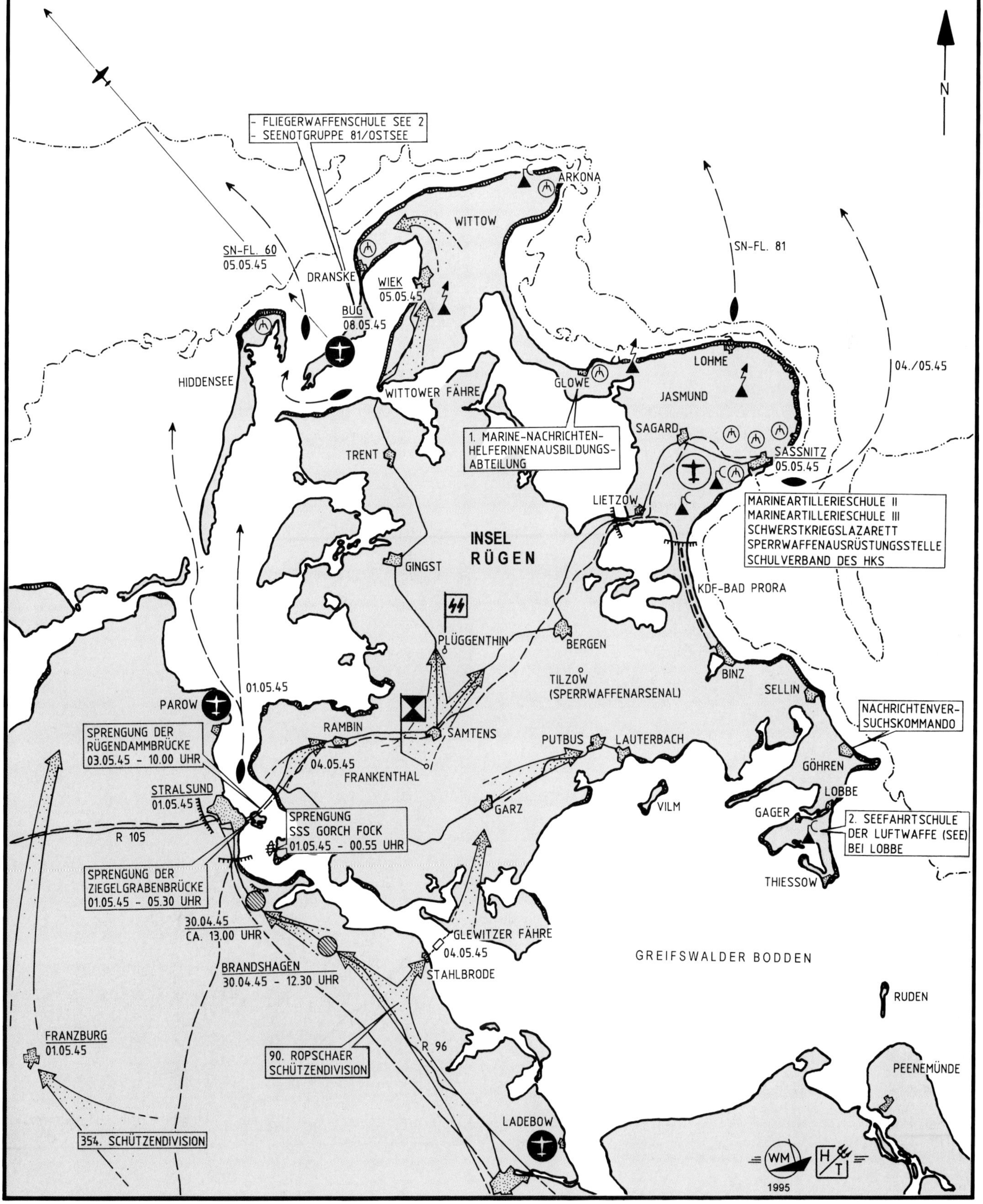

(es waren Soldaten der 90. Ropschaer Schützendivision – d. Verf.). Hinter ihnen erschien der russische General (Generalmajor Ljaschtschenko, Divisionskommandeur – d. Verf.), mit dem ich in der Nacht verhandelt hatte, in Begleitung weiterer Offiziere und Soldaten.
Als die Gruppe so frei und ohne Deckung vor mir stand, hoffte ich nur, daß kein Schuß fiel. Doch es blieb alles still.
Ein russischer Offizier kam auf mich zu und stellte sich in deutscher Sprache vor. Es war Hptm. Zyganow. Er hatte den Befehl, meine Meldung entgegenzunehmen. Die Frage nach General Hauschulz konnte ich nicht beantworten, da ich ja nicht wußte, wo er sich aufhielt. Im Auftrag des russischen Generals übermittelte er mir seinen Dank für das Einhalten meines gegebenen Versprechens. Danach überprüften wir gemeinsam die von mir eingeleiteten Maßnahmen.«
Während sich an der Rügendammbrücke bei Altefähr das Schicksal der Bevölkerung von Rügen entscheidet, hatte sich Generalmajor Voigt nach Westen abgesetzt. Bereits auf See, empfängt er am 4. Mai um 9.25 Uhr ein Funktelegramm des OKW mit dem Wortlaut:
»Insel nicht verteidigen, Antwort verzögern. Abtransportieren was möglich, danach Insel übergeben!«
Nicht alle auf der Insel verstreuten Einheiten hatten einen klaren Absetzbefehl erhalten und warteten auf weitere Befehle, andere erhielten über Funk die Anweisung zum Verlassen der Insel. So erging es auch Booten der 14. R-Fl, die im Rahmen der befohlenen Räumung von Swinemünde nach Gager, dem Hafen der 2. Seefahrtschule der Luftwaffe (See) Lobbe verlegt hatte.

Boot	Kommandant
R 214	Ob.Strm. Tekath, Helmut
R 228	Oblt.z.S. Bonin, Axel
R 229	Ltn.z.S. Rogowsky, Jochen
R 336	Ob.Strm. Hoppe, ...

Am Abend des 3. Mai erhält die Flottille gegen 22.30 Uhr eine Alarmnachricht, daß am 4. Mai um 5.00 Uhr der Russe die Insel besetzt. Die Boote verlegen vorerst in den Zickersee. Als dann die Signalstelle Thiessow die weiße Fahne hißte, verlegten die Boote in den Greifswalder Bodden. Nach einer Beratung zwischen den Kommandanten war man sich einig, in der Nacht vom 4. zum 5. Mai durch den Strelasund nach Norden abzulaufen.
Beim Passieren der Rügendammbrücke konnten die Fahrzeugbewegungen gut beobachtet werden. Ohne Feindberührung erreichten sie die offene See und steuerten Stubbeköbing an.
Als letzte Einheiten verließen vermutlich die Flugbetriebsboote der Seenotgruppe 81./Ostsee am 7. Mai den Hafen Gager und am 8. Mai den Fliegerhorst Bug.

Während sich der Gauleiter von Pommern, Schwede-Coburg unerkannt auf einem Schiff nach Westen absetzte, blieb sein Stellvertreter Simon und der Kreisleiter von Deutsch-Krone mit einer kleinen Gruppe von SS-Angehörigen freiwillig auf Rügen zurück. Diese Gruppe begab sich in die Wälder der Stubnitz und richtete sich in der Nachrichtenstelle, in der Nähe des Herthasees, ein. Hier spürten sie sowjetische Soldaten auf und bei dem anschließenden Schußwechsel wurden Simon und weitere SS-Angehörige erschossen.
Die vollständige Besetzung der Insel Rügen war erst am 8. Mai 1945 abgeschlossen.

Ein Erinnerungsfoto vom 11. Mai 1945 in Saßnitz.
Sergeant Michail Fjodorowitsch Iwanow (Mitte) im Kreis seiner Kameraden des 314. Schützenregimentes. Am 5. Mai 1945 marschierte die Einheit aus Stralsund kommend in Saßnitz ein und nahm Quartier im heutigen Kreiskrankenhaus.

Hafen Lauterbach – Die Katastrophe vom 24. Oktober 1945

Bei meinen Nachforschungen zur Situation am Kriegsende auf Rügen berichtete man mir im Juli 1988 von einem Unglück, daß sich am 24. Oktober 1945 zugetragen hatte und bei dem 81 Menschen in tragischer Weise ums Leben gekommen sind. Wie ich erfuhr, kam es bei der Versenkung von Munition im Seegebiet vor Lauterbach, vermutlich durch Fahrlässigkeit, zu einer folgenschweren Detonation.

Im März/April 1945 trafen nach und nach mit Munition, Lebensmittel und Effekten beladene Schleppkähne aus Swinemünde und Ueckermünde im Hafen von Lauterbach ein. Durch das Näherrücken der Front gelangten die im Raum von Ueckermünde befindlichen Fabrik- und Bunkeranlagen zur Herstellung und Lagerung von Munition in Gefahr, vom Gegner erobert zu werden. So befand sich u. a. in Eggesin eine Bomben- und Granatenfüllstation mit einer Nitrieranlage in Betrieb und in Torgelow eine Luftwaffen-Muna. Nach der eingeleiteten Evakuierung wurden auch größere Mengen Munition aus den Bunkeranlagen, die sich in den Wäldern östlich von Ueckermünde befanden, abtransportiert. So begann auch im Hafen von Ueckermünde die Beladung mehrerer Kähne, die anschließend nach Westen verschleppt wurden, von denen etwa sechs Kähne im Hafen Lauterbach festmachten.

Als bekannt wurde, daß die sowjetischen Einheiten Stralsund eingenommen hatten und sich anschickten, Rügen zu besetzen, mußten sich die Kapitäne und Schiffer der im Hafen Lauterbach liegenden Fahrzeuge zum Handeln entschließen. Der seit dem 13. März im Hafen liegende Eisbrecher *Stettin* konnte durch einen glücklichen Zufall wieder unter Dampf gesetzt werden und so am 2. Mai den Hafen mit Flüchtlingen verlassen. Zwei der mit Proviant und Effekten beladenen Kähne wollte der Kapitän der *Stettin* im Schlepp mitnehmen, doch aufgrund der Wetterverschlechterung lehnten die Schiffer ab. In Abstimmung zwischen den Schiffern war man sich einig geworden, die Kähne aus dem Hafen zu schleppen und auf Reede vor Anker zu legen. So erfolgte am 3. oder/und 4. Mai das Verschleppen der Kähne durch den Schlepper *Willi.*

Darunter waren die Kähne der Schiffer Max Daberkow (etwa 40 Tonnen Munition), Willi Rube (etwa 50 Tonnen Munition), Karl Radatz und Albert Schmidt. Nach dem Vorankergehen ließen die Schiffer die für sie gefährliche Munition über Bord werfen.

Nach dem Einmarsch der sowjetischen Einheiten ließ sich eine Kontrollgruppe mit dem Schlepper *Willi* zu den Kähnen übersetzen. Noch am gleichen Tag mußten die Kähne

Ansicht der im Greifswalder Bodden gelegenen Insel Vilm. Die Insel ist knapp einen Quadratkilometer groß und gehört zu den einzigartigen Naturschutzrefugien des Ostseeraums.
Das rechts im Bild sichtbare Seegebiet diente im Verlauf des Zweiten Weltkrieges als Ankerplatz für die Segelschulschiffe *Gorch Foch, Horst Wessel, Albert Leo Schlageter* und der *Seute Deern.* In Lauterbach selbst befand sich ein Marineausbildungslager, in dem auch die Marine-HJ ausgebildet wurde. Für die Ausbildung lagen Jachten, Kutter und V-Boote im Hafen. Nach dem Krieg diente sie den Mitgliedern des Politbüros der SED der DDR als Gästedomizil für hohe Staatsfunktionäre und war für die Bevölkerung gesperrt. Heute kann die Insel wieder betreten werden. Sie wurde zum Naturschutzgebiet erklärt und beherbergt die Internationale Naturschutzakademie.

Schiffer Alfred Kienaß vor dem Gedenkstein auf dem Friedhof von Putbus. Hier sind die am Strand von Lauterbach und der Insel Vilm angespülten Körperteile von vierzehn toten Soldaten der Katastrophe vom 24. Oktober 1945 beigesetzt.
Vor dem Gedenkstein liegen kleine Grabplatten von elf namentlich bekannten Toten und drei Unbekannten. Die Identifizierung erfolgte nach der Exhumierung im Jahre 1949 (v.l.n.r.)
Julius Alicht, Werner Hohmann (er stammte aus Wuppertal-Landerfeld), Herbert Dreßler, Artur Hevlandt, Erich Klamann, Franz Köllin, Kurt Meißner, H. Joachim Schröder, Heinz Skübin, Erich Streblow und Richard Werner.

Ausschnitt aus dem Schifferzeugnis von Max Daberkow.

Finowmaßkahn (Holzbau) Nr. 139 des Schiffers Max Daberkow im Westhafen von Berlin (v.l.n.r.)
Bootsmann (?), Max Daberkow und seine Frau Minna Daberkow geb. Pust.
Der Heimathafen des Schleppkahnes war Köpitz bei Groß-Stepenitz.

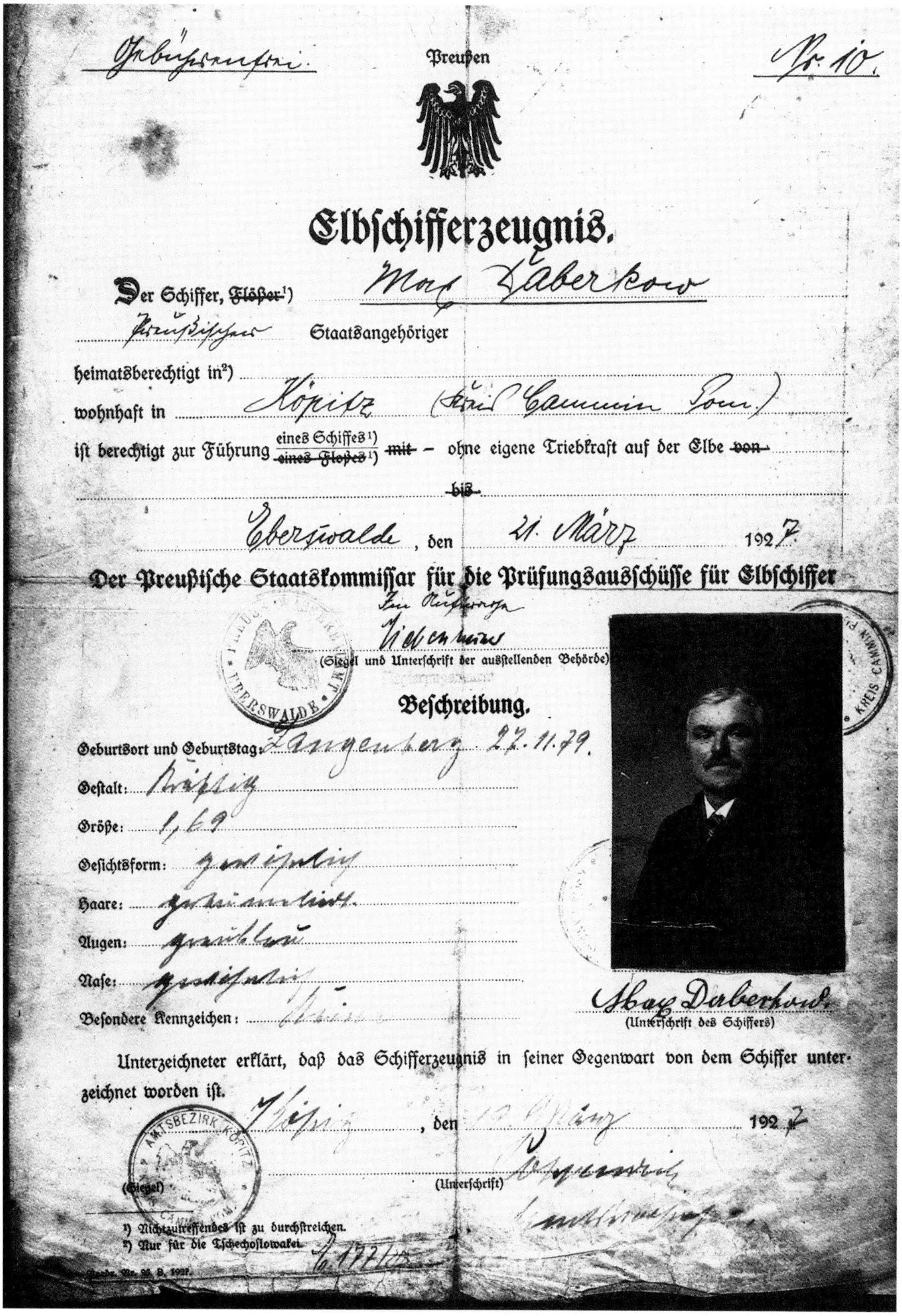
Gebührenfrei — Preußen — Nr. 10.

Elbschifferzeugnis.

Der Schiffer, ~~Flößer~~¹) Max Daberkow

preußischer Staatsangehöriger

heimatsberechtigt in²) ...

wohnhaft in Köpitz (Kreis Cammin Pom.)

ist berechtigt zur Führung eines Schiffes¹) ~~eines Floßes¹)~~ ~~mit~~ – ohne eigene Triebkraft auf der Elbe ~~von~~ ~~bis~~

Eberswalde, den 21. März 1927

Der Preußische Staatskommissar für die Prüfungsausschüsse für Elbschiffer

(Siegel und Unterschrift der ausstellenden Behörde)

Beschreibung.

Geburtsort und Geburtstag: Langenberg 27.11.79.

Gestalt: kräftig

Größe: 1,69

Gesichtsform: ...

Haare: ...

Augen: graublau

Nase: ...

Besondere Kennzeichen: keine

Max Daberkow
(Unterschrift des Schiffers)

Unterzeichneter erklärt, daß das Schifferzeugnis in seiner Gegenwart von dem Schiffer unterzeichnet worden ist.

Köpitz, den ... März 1927

(Siegel) (Unterschrift)

¹) Nichtzutreffendes ist zu durchstreichen.
²) Nur für die Tschechoslowakei.

in den Hafen geschleppt werden. Nach etwa drei Wochen erging die Anweisung, daß alle Schifferfamilien von Bord müssen. Sie erhielten die Einweisung in die Baracken des ehemaligen Marineausbildungslagers. Die Bewachung der Kähne übernahmen von jetzt ab sowjetische Soldaten. Die Kähne blieben weiterhin bis Oktober 1945 ungenutzt liegen. Als dann im Herbst 1945 die von den sowjetischen Behörden requirierte Getreideernte nach Osten gebracht werden sollte, erinnerte man sich der Kähne. Bis auf den offenen Finowmaßkahn *Nr. 139* von Max Daberkow wurden alle anderen Kähne entladen. Die Munition wurde an Land oder auf der Holzpier abgestellt. Zuzüglich seiner

Witwe Daberkow

Lauterbach, den 18. Juli 1946

An den Herrn
sowjetischen Inselkommandanten

Bergen

Sehr geehrter Herr Kommandant !

Ich bin die Witwe des am 24. Oktober 1945 verunglückten Schiffer Max Daberkow aus Köpitz bei Groß Stepenitz/Pommern. Mein Mann erhielt am 24. Oktober 1945 von dem Herrn Kommandanten in Lauterbach den Befehl, mit seinem Schiff Munition zwecks Sprengung nach der Insel Vilm zu bringen.

Durch eine bisher nicht aufgeklärte Ursache ist das Schiff in die Luft gesprengt worden. Mein Mann fand dabei den Tod. Ich stehe nun als alte arbeitsunfähige Frau vor einem Nichts und bin an den Bettelstab gekommen. Ich bitte Sie, mir eine nahmhafte geldliche Unterstützung zu gewähren, da ich hier in Lauterbach keine Angehörigen besitze und noch zu allem Unglück die beiden Waisen meiner verstorbenen Tochter und meines verstorbenen Schwiegersohnes zu ernähren habe. Von den örtlichen Behörden erhalte ich so wenig Unterstützung, daß wir buchstäblich in die allergrößte Not geraten sind.
Ich danke Ihnen im Voraus.

Hochachtungsvoll

Schreiben der Witwe Minna Daberkow an den zuständigen sowjetischen Kommandanten von Rügen mit der Bitte um Unterstützung. Eine Entschädigung hat die Familie bis heute nicht erhalten. Im weiteren war der Kahn ordnungsgemäß bei dem Schiffs-Versicherungsverein »Einigkeit« zu Fürstenwalde (Spree) unter der Nr.: E 650 für 7000,– RM versichert.

40 Tonnen erhielt der Kahn *Nr. 139* eine weitere Zuladung von etwa 50 Tonnen Munition aus dem Kahn des Schiffers Willi Rube. Dieser war übrigens aus Swinemünde und nicht wie die anderen aus Ueckermünde gekommen.
Zeitzeuge Egon Daberkow, Enkelsohn von Max Daberkow, berichtet:
»Wir saßen gerade beim Mittagessen, Großmutter hatte Großvaters Lieblingsgericht gekocht, das waren Fischkartoffeln (in Scheiben geschnittene Pellkartoffeln in Milch mit Petersilie und Butter), als ein russisches Kommando vorfuhr und ihn abholte. Während Großmutter das Essen warmstellte, lief ich zum Hafen. Dort angekommen, drückte mir Großvater eine Axt in die Hand mit der Weisung, diese der Großmutter zu bringen. Ich lief zurück, machte aber unterwegs kehrt. In der Zwischenzeit hatten sie abgelegt. Wie ich beobachten konnte, hatte ein kleiner Schlepper Großvaters Kahn längsseits genommen und lief Richtung der Insel Vilm ab. Ich begab mich auf die Mole und beobachtete das weitere Geschehen. Plötzlich gab es eine riesige Detonation und die Schiffe waren verschwunden. Keiner konnte gerettet werden und auch Großvater kam nicht mehr nach Hause. Großmutter ging danach öfter an den Strand der Goor und fand doch noch tatsächlich einen Jackenärmel ihres Mannes und Holzteile vom Kahn. Sie verstarb am 29. November 1945 an Kopfthypus.«
Für die Entladung und Beseitigung der Munition hatten die sowjetischen Behörden 70 deutsche Kriegsgefangene

eingesetzt. Wie überliefert ist, sollte es ihre letzte Aktion vor der Entlassung sein. Ausgehend vom Ergebnis der Recherchen kann man davon ausgehen, daß einschließlich der sowjetischen Soldaten 81 Mann zum Kommando gehörten.

Auf der Versenkungsposition angekommen, wurde die Munition per Hand über Bord geworfen. Gegen 16.30 Uhr erfolgte dann eine Detonation, bei der beide Fahrzeuge versenkt und alle beteiligten Personen ums Leben kamen. Im Laufe der Zeit trieben Schiffstrümmer und Körperteile von vierzehn Personen an den Strand der Inseln Rügen und Vilm. Bei dem Auffinden einzelner Extremitäten am Strand der Insel Vilm erfolgte eine sofortige Beisetzung unmittelbar am Fundort, während die an der rügenschen Küste angetriebenen Leichenteile in einem Sammelgrab in Lauterbach bestattet wurden.

Schiffer Alfred Kienaß kam im September 1946 als Umsiedler nach Lauterbach/Neuendorf. Er war 1949 an der Exhumierung der Toten und deren Umbettung auf dem Friedhof in Putbus beteiligt und berichtete: »Im Herbst 1949 veranlaßte der Rat der Stadt Putbus die Exhumierung der Toten und deren anschließende Beisetzung auf dem Friedhof in Putbus. Als wir die Gräber öffneten, fanden wir nur einzelne Körperteile. Einige hatten Beigaben, so daß auf den Namen des Toten geschlossen werden konnten. Was möglich war, haben wir getan, um sie würdig beizusetzen.

Da bekanntlich bei einer derartigen Detonation nur ein Teil der Munition vernichtet wird, habe ich diesen Sachverhalt 1988 dem damaligen SHD und dem zuständigen Volkspolizei-Kreisamt Rügen mitgeteilt. Eine sofortige Überprüfung bestätigte meine Recherchen und so erfolgte im Oktober 1989 eine erste Beräumung durch den Munitionsbergungsdienst (MBD) der BDVP Schwerin. Schätzungsweise wurden 20 Tonnen Infanteriemunition geborgen. Noch aber ist diese Fundstelle nicht vollständig beräumt und stellt nach wie vor eine Gefahr dar.«

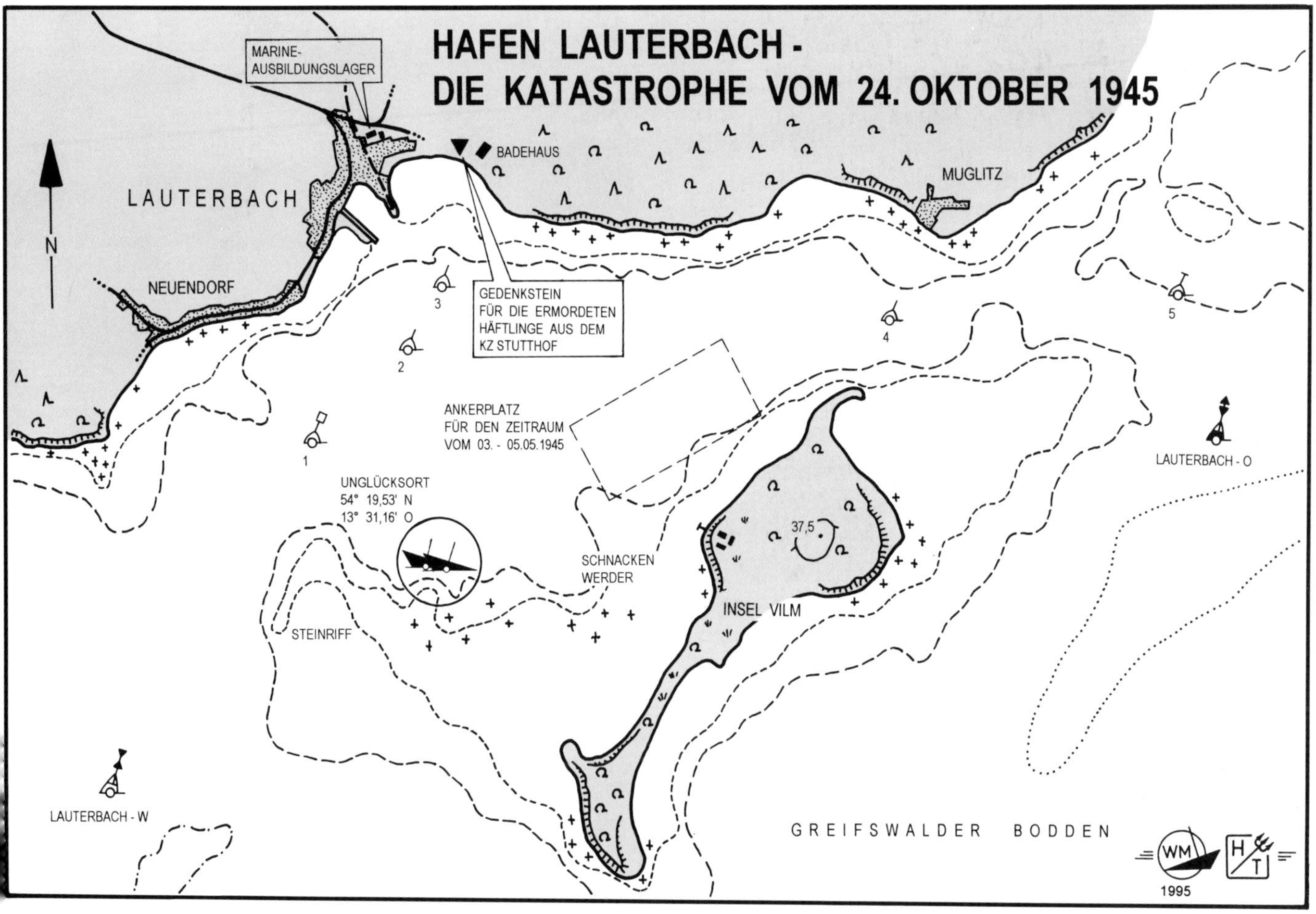

Die Kapitulation der deutschen Besatzung auf der Insel Bornholm

Ausgehend von den Bedingungen der Gesamtkapitulation der deutschen Wehrmacht war für den 9. Mai, 1.00 Uhr deutscher Sommerzeit, jede aktive Kampftätigkeit einzustellen. Somit mußte auch die deutsche Besatzung auf der Insel Bornholm die Waffen niederlegen und hatte den Befehlen der Siegermächte Folge zu leisten.
Die Insel war im Rahmen der Operation »Weserübung« – der Okkupation Dänemarks und Norwegens am 10. April 1940 – besetzt worden. Die Insel stellte für die Überwachung der südlichen Ostsee eine Schlüsselstellung dar und man bezeichnete sie auch inoffiziell als das »Malta der Ostsee«. So erfolgte unmittelbar nach der Besetzung der Baumaßnahmen zur Errichtung von Anlagen zur Überwachung des Luft- und Seeraumes, einer Funkstation, eines Flugplatzes sowie diverser Flakstellungen.
Erst im Oktober 1940 wurde die Dienststelle »Inselkommandant Bornholm« geschaffen und unterstand 1945 dem »Kommandierenden Admiral westliche Ostsee«. Der letzte Inselkommandant war vom 6. April 1945 bis zur Kapitulation Kapt.z.S. Gerhard v. Kamptz. Bis zum Januar 1945 befanden sich keine, dem Inselkommandanten direkt unterstellten Marineeinheiten auf Bornholm. Erst ab Januar 1945 wurde auf Bornholm die L.M.A.A. 535 unter K.Kapt. (M.A.) Ernst Werntgen stationiert. Nach den dänischen Veröffentlichungen kann für Mai 1945 für Bornholm eine Besatzungsstärke von etwa 19000 Mann angenommen werden. Dazu gehörten das 9. Artilleriekorps, die 252. Infanteriedivision, eine Flakdivision, eine Lazarettformation, ein Jagdgeschwader, ein Marinebau-Bataillon und weitere Einheiten.
Die Verteidigungsmaßnahmen waren bereits am 25. Januar 1945 im Führerhauptquartier beraten worden. Gerade Bornholm deckte mit seiner günstigen geographischen und strategischen Lage die Zwangswege der Kriegsmarine und die Luftroute der Transportflugzeuge der Luftwaffe gegen sowjetische Schiffs- und Fliegerkräfte. Im weiteren war das Seegebiet um Bornholm das vorerst einzige verbliebene U-Boot-Erprobungs- und Ausbildungsgebiet, das außerhalb der Feindeinwirkung lag. Entsprechend dem Vormarsch der Roten Armee entlang der Ostseeküste, bestand die Gefahr eines Angriffes auf die Insel.
Um eine Seelandung sowjetischer Einheiten zu verhindern, verstärkte man vorbeugend im Frühjahr 1945 die Küstenverteidigung durch Infanterie- und Heeresartillerie. Ein im Anmarsch auf Neksö befindliches MFP-Geleit, mit Infanterie an Bord, wurde am 1. Mai durch sowjetische Schlachtflugzeuge angegriffen. Dabei wurden zwei Sicherungsfahrzeuge der 13. L-Fl., der SAT *Westflandern* und der LAT *Prinses Beatrix* durch Bombentreffer vor Neksö versenkt. Zwei Tage später konnte ohne Feindberührung das Feldlazarett 189 von Hela nach Neksö evakuiert werden. Noch am 6. Mai bringt die *Bishorst* der 24. L.Fl. eine Gruppe Marineinfanteristen, ausgerüstet nur mit Handfeuerwaffen, von Hela nach Bornholm. Vom 4. bis 6. Mai erfolgte die Evakuierung des IX. Armeekorps der HGr.

Kapitän zur See Gerhard von Kamptz war vom 6. April 1945 bis Kriegsende Inselkommandant von Bornholm. Nach der Übergabe der Insel am 9. Mai 1945 wurde er mit sowjetischen Schnellbooten zur Berichterstattung zum Kommandeur der Flottenbasis Kolberg gebracht. Bis zum 1. Januar 1954 mußte er in sowjetischer Kriegsgefangenschaft verbleiben.

Blick auf den Hafen von Rönne im Mai 1945.

Nord nach Bornholm. Kommandierender General des IX. Armeekorps war General Wuthmann. Er wurde Stellvertreter des »Inselkommandanten Bornholm«.
Da abzusehen war, daß die Rote Armee die Seeherrschaft über die Ostsee vorerst nicht erringen wird, war für die sowjetische Führung die Besetzung der Insel Bornholm von strategischer Bedeutung. Erst damit wäre es möglich, die deutschen Geleite zu stören bzw. zu unterbinden. Doch erst mit der Einnahme von Kolberg, am 18. März 1945, ergab sich für die Führung der BRF die Möglichkeit,

Ansicht der zerstörten Stadt Rönne nach dem sowjetischen Bombenangriff vom 8. Mai 1945.

Abgabe der Waffen in Rönne.

Torpedoschnellboote (TS-Boote) im Wirkungsbereich zu Bornholm zu stationieren und von hier aus aktive Handlungen vorzunehmen. Auf dieser Grundlage wandte sich am 23. April 1945 Flottenadmiral Kusnezow an den Chef des Generalstabes mit dem Vorschlag zur Durchführung einer Seelandung auf Bornholm. In Vorbereitung der Seelandung wurden Einheiten der Fliegerkräfte der BRF in den Raum Kolberg (vermutlich auf dem Flugplatz Rohnshagen, östlich Kolberg – d. Verf.) verlegt, so daß ab dem 3. Mai mit Angriffen auf Schiffe im Seegebiet der Pommerschen Bucht begonnen werden konnte.

Im Ergebnis der separaten Kapitulationsverhandlungen mit dem britischen Feldmarschall Montgomery, trat für den 5. Mai 1945 um 8.00 Uhr eine Teilkapitulation gegenüber den britischen Truppen in Kraft. Damit bestand die Möglichkeit, daß britische Truppen Bornholm besetzen könnten.

Diese Entwicklung entsprach weder den militärischen noch politischen Interessen der sowjetischen Regierung, so daß sich eine beschleunigte Seelandung auf Bornholm als unumgänglich erwies. Ein Funkspruch des Chefs der Führungsgruppe im Wehrmachtsführungsstab, Generalmajor Erich Dethleffsen, zeigte, daß auch hier diese Möglichkeiten erörtert wurden:

> »Für Innehaltung zu Lande, zu Wasser und in der Luft Bornholm ist MOK Ost im Einvernehmen mit W.B. verantwortlich. Kampf gegen die Sowjets ist jedoch mit allen Mitteln fortzusetzen. Etwaige englische Landung auf Bornholm wird vorher durch OKW angekündigt.«

Beschleunigt verlegte die BRF TS-Boote und andere Übersetzmittel in den Hafen von Kolberg und die 18. Schützendivision aus dem Bestand der 2. Belorussischen Front wurde für die bevorstehende Landung bereitgestellt. In Kenntnis des Inhaltes der bedingungslosen Kapitulation der Wehrmacht wandte sich der Chef der BRF am 8. Mai über Funk mit einem Kapitulationsangebot an den Inselkommandanten Kapt.z.S. von Kamptz und seinen Stellvertreter General Wuthmann.

In Abstimmung zwischen Kapt.z.S. v. Kamptz und General Wuthmann ging man auf das sowjetische Angebot nicht ein und wollte die Waffen entsprechend den Befehlen nur gegenüber den Westalliierten niederlegen. Eine vorfristige Kapitulation gegenüber den Russen kam somit nicht in Frage.

Da vom Inselkommandanten die Antwort ausblieb, starteten gegen 12.00 Uhr Marineflieger der Baltischen Rotbannerflotte (BRF) von ihren Flugplätzen bei Kolberg und flogen Angriffe auf die sich in See und in den Häfen Rönne und Neksö befindlichen Schiffe.

Unter der dänischen Zivilbevölkerung kamen bei den Angriffen in Neksö eine Person und bei dem Angriff auf Rönne neun Personen ums Leben. Schiffsverluste waren nicht zu beklagen.

In Vorbereitung auf eine mögliche Fortführung der Fliegerangriffe erfolgte am 8. Mai die vollständige Evakuierung der dänischen Bevölkerung aus diesen beiden Städten. Wie zu erwarten, kam es in den Vormittagsstunden des 8. Mai erneut zu Fliegerangriffen, wobei nach sowjetischen

Angaben 21 Schlachtflugzeuge Il-2, 28 Bomber (?) und 62 Jäger Jak-9 zum Einsatz kamen.

Nach dem Angriff war der Wohnraum der Stadt Rönne zu 40 bis 50 Prozent und der in Neksö zu 70 Prozent zerstört und sechs Schiffe sowie 20 Fischerboote versenkt worden. Aufgrund der Evakuierungsmaßnahmen gab es glücklicherweise keine Toten und nur wenige Verletzte. Einen militärischen Erfolg erreichte die sowjetische Führung der BRF mit diesen Fliegerangriffen nicht.

In den frühen Morgenstunden des 9. Mai liefen sechs TS-Boote mit 110 Soldaten als Landungstruppen an Bord aus Kolberg aus und erreichten gegen 8.00 Uhr (7.00 Uhr DSZ) die Ansteuerungstonne Rönne. Aufgrund des dichten Nebels erfolgte das Einlaufen erst gegen Mittag. Das

Deutsche Soldaten auf dem Marsch in die sowjetische Gefangenschaft im Hafen Rönne.

Das dänische Fährschiff *Ostbornholm* ist am 8. Mai 1945 durch Bombennahtreffer im Hafen Neksö gekentert.

Der LAT *Prinses Beatrix* (WL-1/ Nr.: 235), zur 13. L-Fl. gehörend, 1944 im Hafen Gotenhafen liegend. Bei der Geleitsicherung am 1. Mai 1945 vor Neksö durch Bombentreffer versenkt.

Vermessung:	360 BRT
L/B/T:	43,20 m / 7,10 m / 2,13 m
Geschw.:	9,5 sm/h
Bew.:	(?).

Landungskommando ging an Land und sofort in Stellung. Kurz nach der Landung fuhr Kapt.z.S. von Kamptz mit dem Leiter der dänischen Widerstandsbewegung, Herrn Jörgensen, mit seinem Auto zum Hafen. Nach Aussage von Kapt.z.S. a.D. von Kamptz übergab er um 15.00 Uhr in seinem Hauptquartier im Hotel »Helligdommern« alle Vollmachten an seinen Stellvertreter General Wuthmann und begab sich in russische Kriegsgefangenschaft. Am Abend des 9. Mai 1945 traf das TS-Boot mit Kapt.z.S. Gerhard von Kamptz in Kolberg ein. Unter Mitwirkung dänischer Widerstandskämpfer erfolgte inzwischen die Besetzung der Nachrichtenzentrale bei Almindingen und des Flugplatzes. Am 10. Mai wurden von Kolberg aus weitere 600 Infanteristen mit TS-Booten nach Rönne gebracht. Nach sowjetischen Angaben befanden sich zu diesem Zeitpunkt 9 900 Offiziere und Soldaten, darunter 1 400 Verwundete und 4 500 deutsche Zivilisten auf der Insel.

U-Boot-Verluste im Seegebiet der südwestlichen Ostsee 1944/45

Lfd. Nr.	Flotille	Untergang Name	Typ	Datum	Ursache	Tote	letzter Kmdt.	Verbleib
1.	a.D.	*U 108*	IX B	11.04.44	FliBo	–	unbesetzt	25.4.1945 gespr.; verschr.
2.	a.D.	*U 803*	IX C40	27.04.44	Mine	9	Kptlt. Schimpf	geh. 9.4.1944
3.	4. U-Fl.	*U 854*	IX C	04.02.44	Mine	51	Kptlt. Weiher	geh.; unbek.
4.	31. U-Fl.	*U 1007*	VII C	02.05.45	Rak./(+)	1	Oblt.z.S. Raabe	geh. 5.1946; verschr.
5.	31. U-Fl.	*U 1013*	VII C	17.03.44	Kolli	25	Oblt.z.S. Linck	geh. 7.1944; unbek.
6.	32. U-Fl.	*U 2342*	XXIII	26.12.44	Mine	8	Oblt.z.S. Schad von Mittelbiberach	gespr.; verschr.
7.	32. U-Fl.	*U 2344*	XXIII	18.02.45	Kolli	7	Oblt.z.S. Ellerlage	geh. 1955; verschr.
8.	4. U-Fl.	*U 3012*	XXI	03.05.45	FliRa	?	Kptlt. Meier (?)	unbek.
9.	5. U-Fl.	*U 3519*	XXI	02.03.45	Mine	65	Kptlt. von Harpe	geh. 1949; unbek.

In dem betrachteten Seegebiet gingen durch Feindeinwirkung und Havarien 9 U-Boote verloren, wobei etwa 170 Angehörige der U-Boot-Waffe gefallen sind.
Bis zum heutigen Zeiptunkt konnte noch nicht für jedes der neun genannten U-Boote eine eindeutige Aussage über Untergang, Bergung und den Verbleib getroffen werden.
Eine Kurzbeschreibung mit Angabe zu den gefallenen Besatzungsangehörigen wurde bereits im Buch »Gesunken und verschollen« dargelegt. Auf der Grundlage neuer Hinweise kann der Untergang von *U 854* ausführlicher dargestellt werden.
Das Boot *U 854* (FP.Nr.: M 40499) wurde am 19. Juli 1943 bei DESCHIMAG, Bremen, in Dienst gestellt und gehörte zur 4. U-Fl. mit dem Stützpunkt Stettin. Am 4. Februar 1944 unternahm Kptlt. Horst Weiher mit dem U-Boot eine Ausbildungsfahrt. Als das Boot den vernichtenden Minentreffer erhielt, befand es sich in Überwasserfahrt. Aufgrund der geringen Wassertiefe kam es zu einem Totalverlust.
An diesem Tag waren außer *U 854* auch das Artillerieschulschiff *Mars* des Schulverbandes der Marineflakschule I Swinemünde und das Sicherheitsboot *C 10* in diesem Seegebiet. An Bord von *C 10* befand sich als Heizer und Maschinist der Masch.Gefr. Gerhard Kunze und berichtet:
»Wir gehörten zum Schulverband der Flakschule Swinemünde und hatten die Aufgabe, beim Flakschießen auf Luftziele im Verband der U-Boote mitzulaufen, um ggf. beim Abschuß der scheibenschleppenden Flugzeuge die Besatzungen zu bergen, und beim Seezielschießen schleppten wir die Scheibe. Oftmals blieb das Artillerieschulschiff *Mars* eine Woche lang bei der Ansteuerungstonne vor Anker liegen, und so mußten wir als Verbindungsboot fungieren. Wir brachten Austauschpersonal, Post und was sonst so anfiel zur *Mars*. Unser Kommandant war Bootsmann Meyer.
Als wir am 4. Februar gegen 9.00 Uhr zur *Mars* ausliefen, sehen wir in etwa 500 Meter Entfernung ein U-Boot. Das Wetter war an diesem Tag nicht besonders. Es herrschte ein starker Wind und wir hatten See 4, der Himmel war bedeckt. Ich hatte Dienst im Heizraum und habe von den Ereignissen nichts mitbekommen. Als der Maschinentele-

Artillerieschulschiff *Mars* ex *Samoa* im Seegebiet vor Swinemünde. Das Schiff gehörte ab 1. Juni 1943 zum Schulverband des HK Flak-K und unterstand direkt dem Kommandeur der Marineflakschule I, Swinemünde.
Als am 11. April 1944 Stettin von den Bombern der 8. US Air Force bombardiert wurde, erhielt auch die *Mars,* die sich gerade zur Werftüberholung in den Oderwerken befand, zwei Bombentreffer und brannte aus.
Vermessung: 2414 BRT
L/B/T: 105,12 m / 14,80 m / 5,0 m
Geschw.: 11,0 sm/h
Bew.: 8 x 3,7 cm, 10 x 2 cm.

Teilnehmer eines Flakleiterlehrganges für leichte Bordflak vom 15. November bis 20. Dezember 1943 an Bord des Artillerieschulschiffes *Mars*. Zweiter von links ist Ob.Fhr. (MA) Randolf Kugler.

Sicherheitsboot *C 10* ex ? im Hafen von Kolberg.

graph klingelte, war ich zunächst der Auffassung, daß wir bei der *Mars* anlegen. Doch die vielen weiteren Maschinenmanöver, die ich in der Folgezeit auszuführen hatte, deuteten darauf hin, daß etwas anderes vorgefallen sein mußte. Was eigentlich geschehen war, erfuhr ich dann von meinem Kameraden Heinrich Klein, der zu mir in den Maschinenraum kam. Seinem Bericht zufolge traf um 9.45 Uhr eine Mine das U-Boot. Das Boot sackte sofort weg, so daß die Besatzung keine Zeit mehr für Rettungsmaßnahmen hatte. In etwa zwei Minuten war *C 10* am Unfallort, doch bei der bewegten See waren die im Wasser Treibenden schon weit entfernt. Als ich daraufhin einen Blick nach draußen warf, erblickte ich gleich neben dem Maschinenoberlicht zwei tote junge U-Boot-Leute auf dem Oberdeck. Etwas später kam ein durchgefrorener Oberfeldwebel zu mir in den Maschinenraum. Von ihm erfuhr ich dann, daß das Boot noch das Flakschießen absolvieren sollte, und sich deshalb auch noch einige Ausbilder der Flakschule an Bord befunden hatten. Wir konnten sechs Mann lebend und zwei tote Kameraden bergen. Von den

Geretteten erfuhren wir, daß es *U 854* gewesen war. Wir erhielten den Einlaufbefehl nach Swinemünde, wo sie sofort in das Marinelazarett eingeliefert wurden. Als wir abliefen waren zwei R-Boote zur Fortsetzung der Suche eingetroffen. Doch wie wir erfuhren, konnten sie nur noch zwei weitere Tote bergen. Einige Zeit später wurde *U 854* gehoben.«

Der genaue Zeitpunkt der Bergung durch das Marine-Bergungs- und Seedienstkommando konnte bis heute noch nicht ermittelt werden, liegt aber eindeutig im Frühjahr 1944. Der Verbleib des U-Boot-Wracks ist bis heute nicht geklärt.

51 Angehörige der U-Boot-Besatzung sind bei diesem Minentreffer gefallen, unter ihnen auch der Kommandant Horst Weiher. Auf dem Friedhof bei der Ortschaft Kamminke fanden sie in einer Gemeinschaftsgrabanlage ihre letzte Ruhestätte.

Leider wurden alle Grabstellen auf dem Golm, einschließlich die der U-Boot-Besatzung, im Zuge der Schaffung einer allgemeinen Gedenkstätte für die Kriegstoten des Zweiten Weltkrieges eingeebnet.

Gerhard Kunze gehörte zur Besatzung des Sicherheitsbootes *C 10* und war an der Rettung der Überlebenden von *U 854* beteiligt.

Travemünde – letzter Stützpunkt der 25. U-Flottille

Aufgestellt im April 1940 als 2. Unterseebootausbildungsflottille in Danzig, verlegte die Flottille nach Drontheim. Bereits im Juli 1940 wurde sie in 25. U-Flottille umbenannt. Im September 1941 erfolgte die Rückverlegung in die Ostsee, vorerst nach Memel und danach zum Hauptstützpunkt nach Libau. In Abhängigkeit vom Frontverlauf mußte Ende 1944 die Flottille nach Gotenhafen verlegt werden. Die Aufgabe der U-Flottille bestand in der Durchführung der Torpedo-Schießausbildung. Flottillenchef von Dezember 1943 bis zum April 1945 war K.Kapt. Robert Gysae. Im Rahmen der Operation »Hannibal« verlegte dann die Flottille im Frühjahr 1945 nach Travemünde, um von hier aus die Ausbildung für die neuen U-Boote vom Typ XXI weiter durchzuführen.

Ritterkreuzträger K.Kapt. Georg Wilhelm Schulz, letzter Flottillenchef der 25. U-Flottille. Als Kommandant der Boote *U 64* und *U 124* versenkte er 19 Schiffe mit rund 100 000 BRT (die Alliierten ermittelten nach dem Krieg 88 986 BRT). Am 4. April 1941 wurde ihm das Ritterkreuz verliehen.

Lfd. Nr.	Schiffs-/Bootsname	Kommandant
1.	U-Begleiter *Messina*	Oblt.z.S.d.R. Girndt, Otto
2.	U-Begleiter *Wilhelm Bauer*	Kptlt. Kelling, Heinrich
3.	U-Begleiter *Isar*	Kptlt. Lindke
4.	U-Begleiter *Lech*	Kptlt. Hasse, Erich
5.	U-Tender *Ürdingen*	Ob.Strm. Hopp
6.	U-Tender *Mosel*	St.ObStrm. Fischer, Erich
7.	Zielschiff *Vega*	Kptlt. Otto, Wilhelm
8.	Hilfszielschiff *Salzburg*	
9.	Hilfszielschiff *Askari*	
10.	Hilfszielschiff *Neisse*	Oblt.z.S. Engelmann
	Torpedofangboote (umgebaute Geleitboote)	
11.	*F 2*	Oblt.z.S. Götze, Heinz
12.	*F 5*	Oblt.z.S.(Kr.O) Steegmann, Albert
13.	*F 6*	Oblt.z.S. Schneider, Fritz
14.	*F 7*	Oblt.z.S.(Kr.O) Keller, Hans
15.	*F 8*	Oblt.z.S. Bartels, Walter
16.	*F 10*	Oblt.z.S. Eisen, Rudolf
	Große Torpedofangboote	
17.	*TF 1*	Oblt.z.S. Schmitz, Josef
18.	*TF 2*	Oblt.z.S.d.R. Mörstedt, Alfred
19.	*TF 3*	Oblt.z.S.(Kr.O) Neumann, Ernst
20.	*TF 4*	Oblt.z.S.(Kr.O) Etterich, Hans
21.	*TF 5*	Oblt.z.S.d.R. Klinger, Heinz
22.	*TF 6*	Oblt.z.S.(Kr.O) Aßmann, Paul
23.	*TF 7*	Oblt.z.S.(Kr.O) Lammers, Bruno
23.	*TF 8*	Oblt.z.S.d.R. Jürgensen, Heinz
25.	*TF 24*	Oblt.z.S.d.R. Albrecht, Fritz

Bis zum 8. April 1945 konnte die Ausbildung vom Gegner unbehelligt weitergeführt werden. Erst in den Abendstunden des 8. April griffen britische Jagdbomber des Typs »Mosquito« Travemünde an. Der Angriff gilt nicht dem Ort, sondern den auf dem Priwall befindlichen Dienststellen. Mehrere Schiffe und Boote der Flottille werden getroffen und das U-Boot-Begleitschiff *Wilhelm Bauer* versenkt.
Mitte April 1945 übernimmt Ritterkreuzträger K.Kapt. Wilhelm Schulz die Flottille. Bis zu diesem Zeitpunkt diente das ehemalige Passagierschiff *Vega* (in vielen Veröffentlichungen auch *Wega* genannt) als Führerschiff. Aufgrund der besseren Manövrierfähigkeit machte er aber die *Messina* zu seinem Führerschiff, wo auch alle Geheimdokumente von den U-Booten und den Überwasserschiffen deponiert werden.
Für die Zeit nach Hitlers Tod schreibt W. Schulz in seinem Buch »Über dem nassen Abgrund«:
»Mir selbst wurden sämtliche U-Bootausbildungsflottillen, die in der östlichen Ostsee lagen, unterstellt. (Es kann sich hierbei nur noch um die 25. und 26. U-Fl. gehandelt haben – d. Verf.), so daß ich praktisch den gesamten Ver-

Das U-Boot-Begleitschiff *Wilhelm Bauer,* am 30. April 1940 in Dienst gestellt.
Vermessung: 5600 BRT
L/B/T: 132,70 m / 16,00 m / 4,97 m
Geschw.: 20,5 sm/h.

Das Wrack des U-Boot-Begleitschiffes *Wilhelm Bauer* im Hafenbecken der Maureb Travemünde liegend – 1947. Am 8. April 1945 erhielt das Schiff einen Bombentreffer und brannte aus.

band des Führers der Unterseebootausbildungsflottillen (F.d.U.-Ausb.) zu betreuen hatte.
Am 2. Mai erhielt ich die Meldung, daß die englischen Panzer acht Kilometer vor Lübeck standen. Daraufhin gab ich das verabredete Signal, sämtliche nicht fahrbereiten Unterseeboote auf den befohlenen Plätzen zu versenken. Am 3. Mai um 5.00 Uhr morgens verließ unser gesamter Verband Travemünde mit Kurs Nord.«

Luftbildaufnahme vom 10. April 1945.
Funkmeß-Forschungsingenieur von der Erprobungsstelle der Luftwaffe Travemünde, Dipl.-Ing. Frikko von Rautenfeld, führte am 10. April mit einem ihm bekannten Piloten einen Rundflug über Travemünde durch und fotografierte die angerichteten Schäden.
Gut zu erkennen die versenkte *Wilhelm Bauer* und das an der Westseite der Trave liegende Führerschiff *Vega* mit seinem hellen Anstrich.

Sperrbrecher *Spbr. 27* ex *H. C. Horn* im Evakuierungseinsatz 1945 in der Ostsee. Nach seiner letzten Fahrt läuft das Schiff in Travemünde ein und wird während des britischen Fliegerangriffs am 2. Mai 1945 schwer beschädigt.
Der Sperrbrecher wird sicherheitshalber auf Grund gesetzt.

Vermessung:	4 132 BRT
L/B/T:	99,70 m / 15,20 m / 7,10 m
Geschw.:	14,1 sm/h

Taucherschule N. Freyenhagen, Travemünde.
Taucher Siegfried Bergandt (dritter von rechts) anläßlich des Ausbildungslehrganges für Schiffs- und Torpedotaucher von April bis Juni 1943. Vom 1. Mai 1941 bis zum 8. Mai 1945 war er als Zivilangestellter auf Schiffen der Luftwaffe tätig.

Der Leuchtturm von Travemünde mit Blick auf die Halbinsel Priwall.

Die Besatzung von *U 3013* vor dem Leuchtturm Travemünde, aufgenommen am 3. Mai 1945. In den Vormittagstunden verließen sie ihr auf der Reede vor Travemünde liegendes Boot, während das zurückgebliebene Versenkungskommando das Boot befehlsgemäß an diesem Tag versenkte.
Wie das Foto beweist, hat die Besatzung das Bootswappen demontiert und mitgenommen. Die beiden Wappenhalter sind Mtr.Ob.Gefr. Ede Pülm – Dieselgast und Mtr.Hpt.Gefr. Harry Makowski – Zentralegast.

Ansicht des Fliegerhorstes der Seeflugzeug-Erprobungsstelle Travemünde auf der Halbinsel Priwall.

M/S *Wullenwever* ex *Rouen* beim Durchlaufen des Nord-Ostsee-Kanals. Im April 1945 lag das Schiff im Hafen der 3. U.L.D. in Neustadt.
Nachdem die Aktion »Regenbogen«, ohne Genehmigung von Dönitz, angelaufen war, trafen nach und nach die Besatzungen der zur Versenkung vorbereiteten U-Boote in Neustadt ein. Diese Besatzungen sollten nun zur Fortführung des U-Boot-Krieges nach Norwegen gebracht werden. So erging der Befehl zur Einschiffung an Bord der *Wullenwever.* Zielhafen in Norwegen war Horten. Bereits auf dem Marsch erging der Befehl zum Einlaufen in den dänischen Hafen Fredericia, der am 4. Mai 1945 erreicht wurde.

Vermessung:	1 882 BRT
L/B/T:	93,10 m / 10,54 m / 5,00 m
Geschw.:	20,0 sm/h
Bew.:	2 x 7,5 cm, 4 x 2 cm, 4 x WaBo-Werfer.

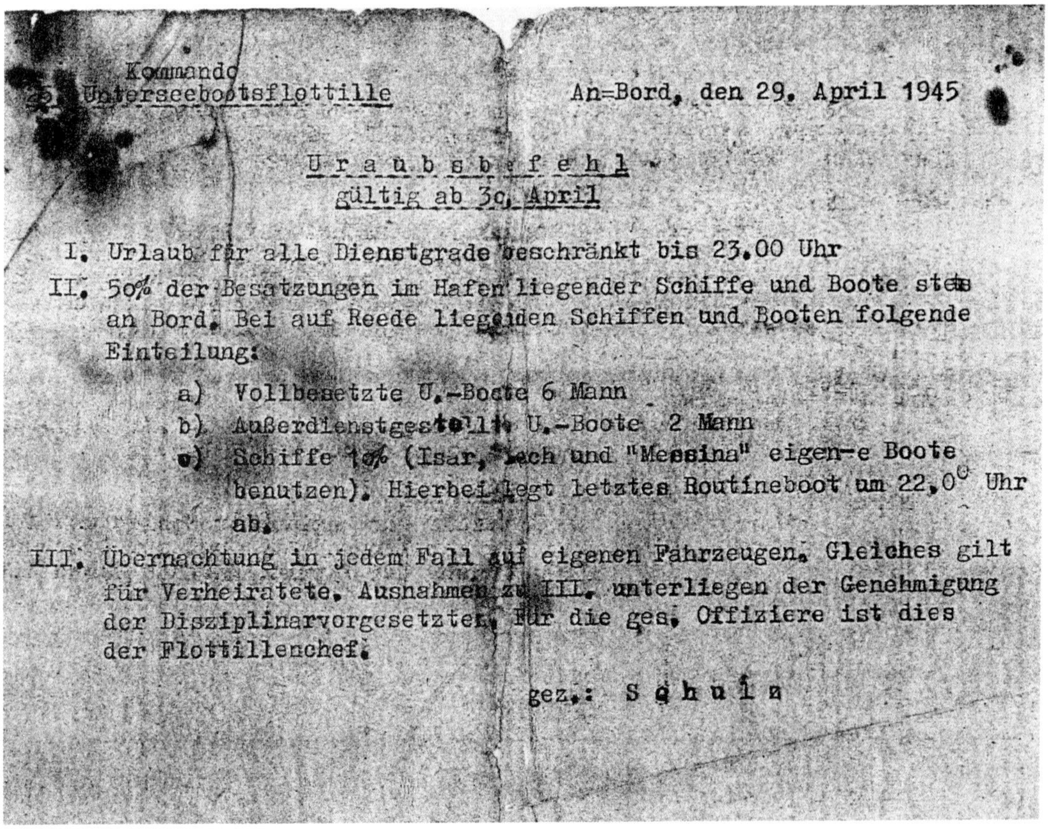

Kommando
25. Unterseebootsflottille An=Bord, den 29. April 1945

Urlaubsbefehl
gültig ab 30. April

I. Urlaub für alle Dienstgrade beschränkt bis 23.00 Uhr
II. 50% der Besatzungen im Hafen liegender Schiffe und Boote stets an Bord. Bei auf Reede liegenden Schiffen und Booten folgende Einteilung:
a) Vollbesetzte U.-Boote 6 Mann
b) Außerdienstgestellt U.-Boote 2 Mann
c) Schiffe 10% (Isar, Lech und "Messina" eigen-e Boote benutzen). Hierbei legt letztes Routineboot um 22.00 Uhr ab.
III. Übernachtung in jedem Fall auf eigenen Fahrzeugen. Gleiches gilt für Verheiratete. Ausnahmen zu III. unterliegen der Genehmigung der Disziplinarvorgesetzten. Für die ges. Offiziere ist dies der Flottillenchef.

gez.: Schulz

Urlaubsbefehl des Chefs der 25. U-Flottille.

Die britischen Fliegerangriffe auf die im Seegebiet der westlichen Ostsee befindlichen Schiffe und Boote am 3./4. Mai 1945

Nach Tagen defensiver Kampftätigkeit der Royal Air Force (RAF) begann diese überraschend am 3. Mai gegen 12.00 Uhr mit ihren Angriffen auf alle in der westlichen Ostsee in See befindlichen deutschen Schiffe und Boote.
Den Einsatzbefehl erteilte in den frühen Morgenstunden des 3. Mai 1945 das Hauptquartier der 2. Taktischen Luftflotte der RAF (H.Q. 2nd T.A.F.) in Süchteln. Zum Einsatz gelangten die Gruppe 83 mit 14 Staffeln, sechs Staffeln der Gruppe 84 sowie Einheiten des Küstenkommandos (Coast Command) und der 9. Luftflotte. Für die Durchführung der »Operations Record Books« kamen damit annähernd 200 Flugzeuge zum Einsatz. Als Grund für die Operation wird die Verhinderung der Verlegung deutscher Schiffe nach Norwegen angegeben.
Den Briten war bekannt, daß die ersten neuen U-Boote des Typs XXI einsatzklar in norwegischen Häfen lagen bzw. sich auf dem Marsch dahin befanden. Gegen diese U-Boote hatten die Alliierten nichts Gleichwertiges entgegenzusetzen und so war man unter allen Umständen bestrebt, die nach Norden auslaufenden U-Boote zu vernichten und einen Personalnachschub zur Weiterführung des U-Boot-Krieges von Norwegen aus zu verhindern.
Am 30. April 1945 lief das erste neue Boot, *U 2511* unter seinem Kommandanten K.Kapt. Adelbert Schnee, zur Feindfahrt aus. Unentdeckt am Feind stehend mußte er, entsprechend den Bedingungen der Teilkapitulation gegenüber den britischen Truppen, am 4. Mai die Feindfahrt abbrechen.
Vor Unterzeichnung der Teilkapitulation wurde noch am 3. Mai der Befehl zur Weiterführung des U-Boot-Krieges von Norwegen aus vom OKM nochmals bestätigt, worauf Admiral Godt und F.Kapt. Hessler am 4. Mai 1945 nach Norwegen flogen.
Nach Aussagen einzelner Zeitzeugen sollen die Briten über Funk eine Warnung an alle in See befindlichen deutschen Schiffe gesendet und sie darin zum Einlaufen in den

Britischer einsitziger Jagdbomber Hawker Typhoon der Baureihe I B gekennzeichnet noch mit den schwarzen und weißen Streifen der »D-day-Invasion«.
Geschw.: 663 km/h
Reichw.: 820 km
Bew.: 4 x 20 mm Kanonen, 2 x 454 kg Bomben oder 8 x 76 mm Raketen

nächstgelegenen Hafen aufgefordert haben. Ein Beweis dafür konnte bisher nicht erbracht werden. Zum anderen wurden auch Schiffe in Häfen sowie Ankerlieger in See angegriffen und beschossen.
Die Gesamtbilanz in den zwei Tagen verzeichnete 23 versenkte und 115 beschädigte Schiffe. Unter diesen Schiffen befanden sich viele, die von Osten kommend, mit Flüchtlingen und Soldaten beladen die rettenden Häfen der zukünftigen britischen Besatzungszone ansteuerten. In der nachstehenden Liste sind einige der am 3. Mai 1945 durch Bomben- und Raketentreffer versenkte Handelsschiffe aufgeführt.

Typ	Name	BRT	Versenkungsort
Feuerschiff	*Adlergrund*	500	Mecklenburger Bucht
Passagierschiff	*Cap Arcona*	27571	Neustädter Bucht
Passagierschiff	*Deutschland*	21046	Neustädter Bucht
Transporter	*Dorpat*	3535	Großer Belt
Transporter	*Dwarssee*	552	Fehmarnbelt
Transporter	*Erna Gaulke*	400	vor Ins. Fehmarn
Schlepper	*Energie*	1867	Kieler Bucht
Transporter	*Inster*	4747	Kieler Bucht
Transporter	*Insterburg*	2301	Kieler Bucht
Transporter	*Irmtraud Cords*	2814	Kieler Bucht
Transporter	*Jade*	536	vor Ins. Fehmarn
Wassertanker	*Leda*	594	Kieler Bucht
Transporter	*Musketier*	2762	vor Ins. Fehmarn
Transporter	*Thielbek*	2815	Neustädter Bucht
Transporter	*Pallas*	627	bei Ins. Langeland
Transporter	*Polycarp*	6405	Großer Belt
Hilfszielschiff	*Swakopmund*	6133	vor Ins. Fehmarn
Hilfszielschiff	*Vega*	7287	vor Ins. Fehmarn
Transporter	*Wolgast*	164	Kiel Bucht

Selbst am 4. Mai flog die RAF ununterbrochen ihre Angriffe weiter, obwohl Admiral v. Friedeburg, Oberbefehlshaber der Kriegsmarine, an diesem Tag die Teilkapitulation für den Nordwestraum und damit auch die Beendigung des U-Boot-Krieges gegen England, im Hauptquartier von Marschall Montgomery unterzeichnet hatte.

Pilot Jonny Baldwin, als Wing Commander auf seiner »Typhoon« stehend. Er war an der Versenkung der *Cap Arcona* mit beteiligt.

Art	Name	BRT	Versenkungsort
Hilfszielschiff	*Bolkoburg*	3436	vor Ins. Fehmarn
Transporter	*Else Hugo Stinnes*	3291	bei Ins. Ärö
Transporter	*Ernst Hugo Stinnes*	3295	bei Ins. Ärö
Transporter	*Freiburg*	5156	Kieler Bucht
Transporter	*Wolfgang L. M. Russ*	3000	Flensburger Fjörde
Transporter	*Graudenz*	500	Kieler Bucht

Wie viele Menschen noch in den letzten Stunden des Krieges durch die »Operations Record Books« sterben mußten, ist derzeit nicht bekannt.

Das Inferno in der Neustädter Bucht

Es ist der 3. Mai 1945. 44 Stunden bevor die deutschen Truppen im Nordwestraum gegenüber den britischen Truppen kapitulierten, ereignete sich eine der erschütterndsten Katastrophen in der Geschichte der Schiffahrt.
Geschunden, gequält, oftmals gemeuchelt – das war der jahrelange Leidensweg von ungezählten Menschen aus vielen Ländern Europas in den von den Nationalsozialisten errichteten Konzentrationslagern. Tausende Häftlinge fanden noch in den letzten Wochen des Krieges, als die Freiheit schon greifbar nahe war, in diesen Lagern den Tod oder kamen auf den Evakuierungstransporten oder -märschen ums Leben. Doch von unvergeßlicher Grausamkeit und Ironie des Schicksals war für etwa 10 000 Häftlinge der 3. Mai 1945.
Eine als schwimmendes Konzentrationslager eingerichtete Flotte, belegt mit etwa 10 000 Häftlingen des KZ Neuengamme, lag in der Neustädter Bucht vor Anker. Weitere Überwasserschiffe und U-Boote der Kriegsmarine vervollständigten die Konzentration von Schiffen in diesem Seegebiet.
Für alle völlig unerwartet griffen am 3. Mai, mittags gegen 12.05 Uhr, britische Jagdbomber die Schiffe mit Bomben und Raketen an. Danach werden die brennenden Schiffe und die im Wasser um ihr Leben kämpfenden Menschen mit Bordwaffen beschossen. Nicht verschont bleiben auch die Menschen, die sich am Strand, im Hafen und auf den Straßen von Neustadt befinden.
So finden in dieser letzten Phase des Krieges etwa 7 250 Häftlinge unterschiedlicher Nationalität, auf die Befreiung hoffend, und etwa 750 Angehörige der Schiffsbesatzungen und Wachmannschaften einen sinnlosen Tod. Es ist noch keine Stunde nach dem letzten Fliegerangriff vergangen, als eine britische Panzereinheit unter

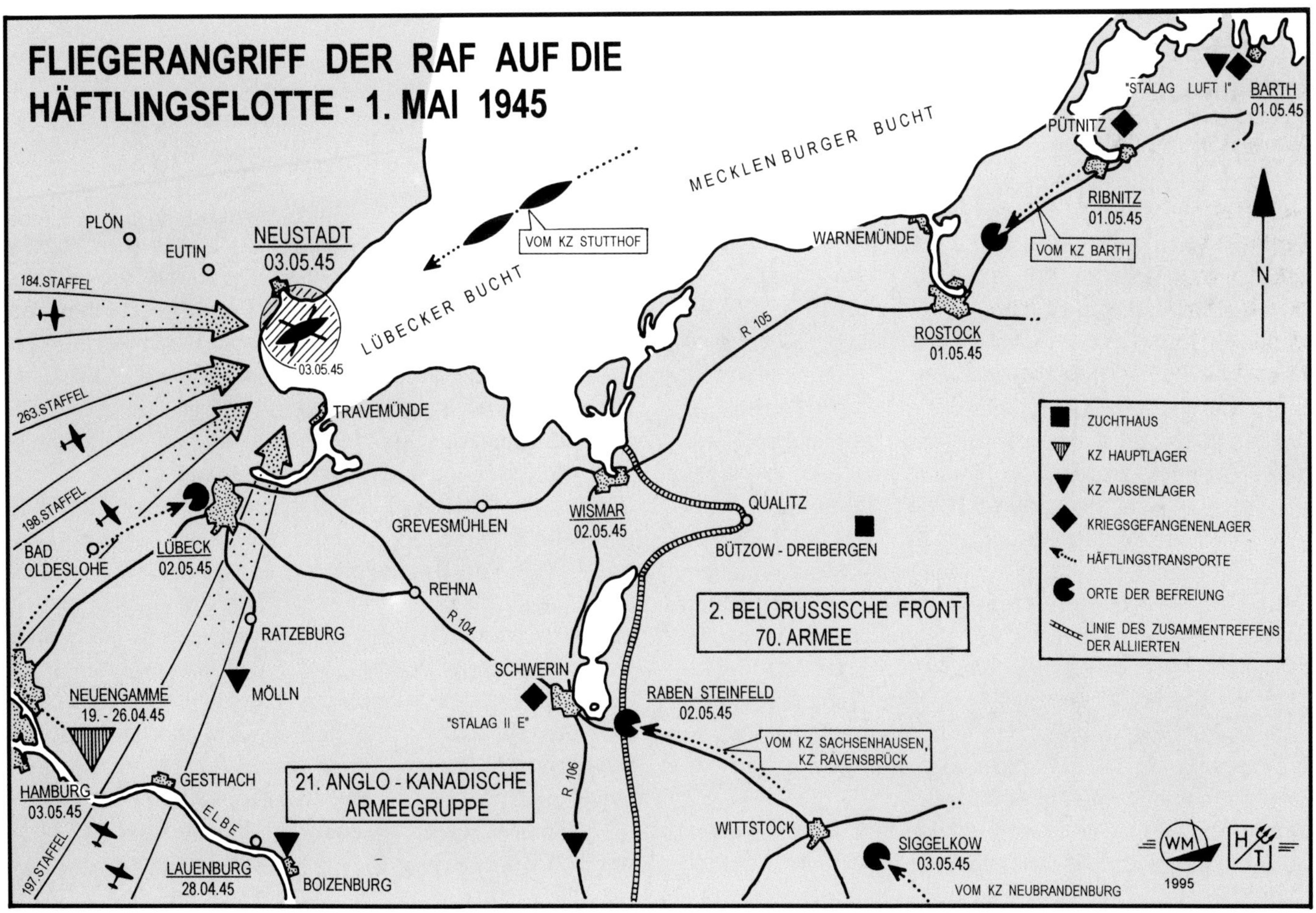

Vorkriegsaufnahme mit Blick auf die Neustädter Bucht. Im Vordergrund ist der Fliegerhorst und dahinter Travemünde zu sehen. Die Maureb existierte zu diesem Zeitpunkt noch nicht.

Capitain Pratt (zwischen 16.30 bis 17.00 Uhr) kampflos in Neustadt einrückt.
Wie konnte es dazu kommen:
Gauleiter Karl Kaufmann, er war gleichzeitig Reichsstadthalter von Hamburg sowie Reichsverteidigungskommissar und Reichskommissar für die Seeschiffahrt (Reikosee), wollte Hamburg kampflos übergeben. Um vor den Briten seine Unschuld zu beweisen, beabsichtigt er, das südöstlich von Hamburg gelegene KZ Neuengamme zu evakuieren. Auf einer Arbeitsberatung am 19. April beim »Reikosee« wurde vorgeschlagen, die Häftlinge zu diesem Zweck auf die in der Neustädter Bucht vor Anker liegenden großen Passagierschiffe *Cap Arcona* und *Deutschland* sowie die im Lübecker Industriehafen liegenden Frachtschiffe *Thielbek, Athen, Elmenhorst* und *Ottersberg* unterzubringen. Diesem Vorschlag wurde zugestimmt und so erging noch am 19. April der Evakuierungsbefehl an den Lagerkommandanten Max Pauly.
Ohne Abstimmung mit der Seekriegsleitung werden am 20. April durch die SS die Häftlinge an Bord der *Thielbek* und *Athen* getrieben. Die *Athen* nutzte man als Zubringerschiff für die auf der Neustädter Reede liegenden Schiffe. Kapitän Heinrich Bertram von der *Cap Arcona* verweigerte die Anbordnahme der Häftlinge. So kam es zu einer Verzögerung. Erst mit dem Eingreifen des »Reikosee« am 23. April erfolgte die offizielle Übernahme der Schiffe *Cap Arcona, Deutschland, Thielbek* und *Athen* von der Schifffahrtsabteilung der Seekriegsleitung durch die Dienststelle des »Reikosee« zum Zwecke der Häftlingsunterbringung. Seitens der Schiffahrtsabteilung gab es keinen triftigen Grund für die Ablehnung, da der technische Zustand sowie das Fehlen von Brennstoffen einen weiteren Einsatz als Flüchtlingstransportschiffe ausschloß. Der Schiffsbestand der sogenannten Häftlingsflottille war damit festgelegt. Das Kommando wurde dem SS-Obersturmbannführer Hoppe übertragen. Hoppe war der ehemalige Kommandant des KZ Stutthof. Zu gleicher Zeit werden auch die Häftlinge aus den KZ-Lagern Sachsenhausen, Ravensbrück und Barth und der Schleppverband aus dem KZ Stutthof in Richtung Lübeck in Marsch gesetzt.
Am 3. Mai erhält gegen 12.00 Uhr der Kapitän des Frachters *Athen* über Funk den Befehl, in den Hafen Neu-

Flugplatz	Entf. z. Ziel (km)	Staffel	Staffelkapitän	Angriffszeit	Ziel
Hastede	200	184.	D. L. Stevenson	12.05	*Deutschland*
Ahlborn	210	263.	M. T. S. Rumbold	12.12	ohne Erfolg
Plattlüne	300	198.	I. Baldwind	14.30	*Cap Arcona, Thielbek, Athen*
Ahlborn	210	263.	M. T. S. Rumbold	15.55	*Deutschland*
Celle	170	197.	K. J. Harding	16.00	*Deutschland*

stadt einzulaufen um weitere Häftlinge zu übernehmen. Während er mit seinem Schiff im Hafen festmacht, befinden sich die britischen Jagdbomber im Anflug.
Den Einsatzbefehl für das Seegebiet der Lübecker Bucht erhielt die 84. Gruppe der RAF.
Nachdem der letzte Angriff vorüber war, drangen britische Panzer um 16.30 Uhr aus ihren Ausgangsstellungen südlich der Stadtgrenze vor und trafen um 17.00 Uhr auf dem Marktplatz von Neustadt ein. Die Stadt wurde kampflos übergeben. Den britischen Truppen, den befreiten Häftlingen und der Bevölkerung von Neustadt wurde erst jetzt das Ausmaß der Tragödie offenbar. Das, was die NS-Führung vielleicht vorgehabt hatte, wozu ihr im Chaos der letzten Kriegsstunden jedoch nicht mehr die nötige Zeit blieb, hatte die britische Luftwaffe ungewollt vollzogen. Das Ergebnis war erschütternd:
Von den in Neustadt gelandeten Stutthof-Häftlingen überlebten 700, und von den Schiffsbesatzungen und Wachmannschaften konnten sich etwa 200 retten bzw. wurden gerettet. Ausgehend von den rund 11 000 an Bord der vier Schiffe befindlichen Menschen muß davon ausgegangen werden, daß etwa 8 000 den Tod fanden. Das ist das grau-

Das Flaggschiff der Hamburg-Süd, das Passagierschiff *Cap Arcona,* in Hamburg liegend. Dahinter die Schiffe *Monte Rosa* und *Monte Pascoal.*
Die *Cap Arcona* wurde zuerst Wohnschiff für die Kriegsmarine in Gotenhafen, dann als Evakuierungstransporter eingesetzt.
Vermessung: 27 561 BRT
L/B/T: 205,90 m / 25,78 m / 8,67 m
Geschw.: 20,0 sm/h
Passagiere: 1 296 Personen

Dampffrachtschiff *Thielbek* der Reederei Knöhr & Nachf., Hamburg.

Vermessung:	2 815 BRT
L/B/T:	98,00 m / 14,60 m / 5,70 m
Geschw.:	11,0 sm/h.

Das Passagierschiff *Deutschland* war bis zur Auflösung der 23. U-Fl. im März 1945 als Wohnschiff in Danzig stationiert. Danach kam es zur Evakuierung von Flüchtlingen wieder in Fahrt.

Vermessung:	21 046 BRT
L/B/T:	206,30 m / 24,00 m / 12,80 m
Geschw.:	19,5 sm/h
Passagiere:	960 Personen.

Brandentwicklung auf der *Cap Arcona* und der *Thielbek* (im Vordergrund) nach dem ersten Angriff.

Das Wrack der gekenterten *Cap Arcona* in der Neustädter Bucht.

sige Ergebnis des Angriffes der 84. Gruppe der 2. Taktischen Luftflotte der RAF auf die in der Neustädter Bucht und im Hafen liegenden Schiffe.
In den nachfolgenden Tagen schwemmte die See die in der Lübecker Bucht treibenden Leichen an den Strand von Bliesendorf über Pelzerhaken, Timmendorfer Strand, Barendorf bis hin zur im Osten liegenden Insel Poel an. Bis Anfang 1950 konnten 3 484 Opfer beigesetzt werden, doch bis in die siebziger Jahre kam es immer wieder an der Küste zu Funden menschlicher Gebeine, die an den 3. Mai 1945 erinnerten. Besonders bei der Bergung der *Thielbek* konnten im Februar 1951 weitere 13, in Fettwachs übergegangene Leichen und 175 Schädel geborgen werden. Aus der nicht mehr bergungswürdigen *Cap Arcona* wurde vor der Sprengung ein Teil der Leichen geborgen, d.h. ausgetaucht und beigesetzt.
Der Neustädter Historiker Wilhelm Lange ist nach gründlichen Recherchen zu dem Ergebnis gekommen, daß der Angriff auf die Häftlingsflotte keine gezielte Einzelaktion war, sondern im Zusammenhang mit der groß angelegten Operation gegen die der deutschen Seekriegsführung verbliebenen Tonnage zu sehen ist.

Mahn- und Gedenkstätte Raben Steinfeld bei Schwerin.

Kranzniederlegung am 26. Oktober 1981 auf dem Gelände des ehemaligen KZ Neuengamme.

Die Hölle von Staberhuk

In Vorbereitung zur »Operations Record Books« entdeckten britische Aufklärer auch eine größere Ansammlung von Schiffen östlich der Insel Fehmarn. Es waren Schiffs- und Bootseinheiten der 24., 25. und 26. U-Flottille, die teilweise vor Anker lagen oder auf und ab standen.
Erklären läßt sich diese Ansammlung mit der Anwesenheit des F.d.U. Ost auf dem U-Boot-Begleitschiff *Saar,* des F.d.U.-Ausb. an Bord des U-Boot-Begleitschiffes *Otto Wünsche,* des Flo.Chefs der 24. U-Fl. an Bord der *Vega* und des Flo.Chefs der 25. U-Fl. an Bord der *Messina.* Erst am Morgen des 3. Mai hatten die letzten Einheiten der 25. U-Fl. den Hafen Travemünde verlassen und sich vor Fehmarn eingefunden.
Beabsichtigt war, die noch eingetroffenen Boote *U 2524, U 2538, U 2540, U 3012, U 3030* und *U 3032* zu versenken. Das Hilfszielschiff *Bolkoburg* und die *Otto Wünsche* sollte die Besatzungen der versenkten U-Boote aufnehmen.
Zum Zeitpunkt des Angriffs befand sich an der Bb.-Seite der *Bolkoburg U 2524* und an der Stb.-Seite der *Bolkoburg* im Päckchen die Boote *U 3032* und *U 2540.* Die Besatzungen aller drei Boote bereiteten diese zur Versenkung vor. An der *Otto Wünsche* lag ein frontklares VII C-Boot und übernahm Treibstoff von *U 3030,* das zur Versenkung vorbereitet wurde.
In dieser Situation begannen gegen 14.00 Uhr die britischen Fliegerangriffe auf die bei der Insel Fehmarn liegenden Schiffe und Boote. Als erstes wird das auf den Verband zulaufende Boot *U 3012* getroffen und vernichtet. Ein Teil der Besatzung kann gerettet werden und wird an Bord der *Bolkoburg* gebracht.
Zu diesem Zeitpunkt steuerte Oblt.z.S. Heinrich Klapdor mit seinem frontklaren Boot *U 2538* die *Bolkoburg* an. Noch rechtzeitig erkannte er die Situation und konnte sich durch ein sofortiges Tauchen den Angriffen entziehen. Bei dem Angriff auf die *Bolkoburg* wird das Schiff u.a. von einer Raketenbombe, einem Blindgänger getroffen. Dieser durchschlägt die Aufbauten und beschädigt dabei den Druckkörper im Vorschiff des noch längsseits liegenden *U 2524.* Unbeschädigt können *U 3032* und *U 2540* von der *Bolkoburg* ablegen. Doch *U 2540* wird kurz vor dem Tauchen durch einen Bombennahtreffer leicht beschädigt.
Auch Kptlt. Ernst von Witzendorff, Kmdt. von *U 2524,* erkannte die Situation. Sofort befahl er die Besatzung wieder an Bord, legte ab und ließ in der Nähe der *Bolkoburg*

M/S *Bolkoburg,* Hilfszielschiff der 26. U-Flottille wurde am 3. Mai bei einem Jabo-Angriff schwer beschädigt und am 4. Mai bei einem erneuten Angriff in Brand geschossen.

Vermessung:	3 437 BRT
L/B/T:	94,50 m / 13,55 m / 4,95 m
Geschw.:	13,5 sm/h
Bew.:	2 x 3,7 cm, 3 x 2 cm.

Das M/S *Vega* gehörte als Zielschiff zur 25. U-Fl.
In vielen Veröffentlichungen wird von einer Namensänderung in *Wega* ausgegangen.
Ausgehend von einer geheimen Kommandosache vom 1. August 1944 wird das Zielschiff aber immer noch als *Vega* geführt. Am 3. Mai wird das Schiff östlich der Insel Fehmarn bei einem britischen Fliegerangriff durch Bombentreffer versenkt.
Vermessung: 7287 BRT
L/B/T: 135,63 m / 17,68 m / 6,10 m
Geschw.: 20,0 sm/h
Bew.: ? x 3,7 cm,
? x 2 cm.

U-Boot-Begleitschiff der 27. U-Fl. *Saar,* letzter Kommandant war Kptlt. Erich Reinke.
Vermessung: 2710 t
L/B/T: 93,90 m / 13,50 m / 4,30 m
Geschw.: 15,0 sm/h
Bew.: 3 x 10,5 cm,
4 MG.

tauchen. Trotz der leichten Beschädigungen des Druckkörpers bestand bei der geringen Wassertiefe von etwa 24 Metern keine ernsthafte Gefahr.

Der ehemalige Bootsmannsmaat Hans Wentler von *U 3030* erlebte als Augenzeuge diese Angriffe und erinnert sich:

»Gemeinsam mit den Booten *U 2540* und *U 3032* sind wir am 1. Mai aus Swinemünde ausgelaufen und sollten uns auf der Position »rot 07« mit der *Otto Wünsche* und der *Bolkoburg* treffen. Als wir dort eintrafen, mußte unser Boot an der *Otto Wünsche* längsseits gehen, und unser Kommandant, Oblt.z.S. Bernhard Luttmann, erhielt von Kapt.z.S. Schütze den Befehl zur Versenkung des Bootes. Vorher hatten wir aber unseren Treibstoff an ein VII C Boot abzugeben. Der Kommandant dieses Bootes hatte den Befehl, sich noch nach Norwegen durchzuschlagen.

Wrack des großen Torpedofangbootes *TF 14,* gestrandet am 3. Mai 1945 an der Nordküste (Aufnahme vom Januar/ Februar 1946).

Dicht an unserer Bb.-Seite lag das Torpedoboot *Löwe.* Da sich *Löwe* sehr dicht neben uns befand, konnte ich mich mit dem Geschützführer der Vierlings-Flak unterhalten. Wir kannten uns von gemeinsamen Lehrgängen. Plötzlich wurden wir von britischen Jabos angegriffen. Zuerst die *Bolkoburg,* danach kamen wir dran. Durch das Abwehrfeuer von *Löwe* verfehlten uns die Bomben und schlugen dicht neben uns in die See. Kurz darauf erfolgte der nächste Angriff und gleichzeitig für uns der Befehl: ›Alle Leinen los und ein!‹

Unser Kommandant ließ das Boot über den Achtersteven ablaufen, stoppte auf und löste sich mit hart Ruderlage von der *Otto Wünsche* und nahm Fahrt voraus auf. Wir nahmen Kurs auf den Großen Belt, vor uns lief *U 3032.* Wieder und

Zielschiff *Pionier* ex *Parkeston* am 3. Mai 1945 vor der Nordküste der Insel Fehmarn, nordwestlich der *Messina,* auf Grund gesetzt.

Die Besatzung von *U 3030* ist an Bord anläßlich der Indienststellung angetreten (v.l.n.r.) Kmdt. Oblt.z.S. Bernhard Luttmann, I.WO Friedrich Hausmann, Kommandantenschüler Willy Woelke, LI Oblt. (Ing.) Horst Winkelsdorf, WI Lt.(Ing.) Rudolf Brazel und Stb.Ob. Strm. Karl Feyerabend. Bauwerft: Deschimag AG Weser, Bremen.

wieder erfolgte ein Angriff nach dem anderen. Wir schossen aus allen Rohren. In der Zwischenzeit war es dem LI gelungen, unser Boot wieder tauchklar zu bekommen. Nach Abstimmung zwischen dem I. WO und dem LI wurde gegen den Willen unseres Kommandanten ein Alarmtauchen durchgeführt. Bis zum Einbruch der Dunkelheit blieben wir auf Grund liegen.«

Bei einem der nächsten Angriffe wird die *Bolkoburg* schwer getroffen und beginnt zu brennen. Während die Löscharbeiten eingeleitet werden, wird der größte Teil der sich an Bord befindlichen Soldaten von einem längsseits gekommenen Torpedoboot übernommen.

In dieser Situation und in Erwartung weiterer Fliegerangriffe befiehlt K.Kapt. Schulz, Flo.Chef der 25. U-Fl., die Dislozierung seiner Schiffe. *Vega, Swakopmund* und *Bolkoburg* werden zur Südostküste von Fehmarn beordert, während er die *Messina, Kürassier* und *Pionier* mit geringster Fahrt an der Nordostküste von Fehmarn auf den Strand setzen läßt (Anm.: Die Schiffe *Messina, Kürassier* und *Pionier* wurden bereits in der Zeit vom 19. bis 21. Mai wieder abgeborgen und nach Kiel geschleppt. Sie waren nicht in Wracklage gekommen – d. Verf.). Danach erteilte er den Befehl, die Schiffe außer Dienst zu stellen und die Besatzungen an Land in Sicherheit zu bringen.

Nach diesen ersten Angriffen erhielt der Kmdt. von *U 3032* Oblt.z.S. Horst Slevogt, den Befehl zur Versenkung seines Bootes. Ein Offizier vom Stab des F.d.U.-Ausb. kam auf einem Schlepper längsseits und wiederholte den Versenkungsbefehl. Die Besatzung stieg bis auf den Kmdt'en und den LI, Oblt. (Ing.) Josef Schmitz, auf den Schlepper über. Kurz nach dem Ablegen des Schleppers erfolgte ein Jabo-Angriff auf das U-Boot. Das Boot wird getroffen, Kommandant und LI können sich noch rechtszeitig in einem Schlauchboot retten, bevor es in den Fluten versinkt. Unmittelbar darauf wird der Schlepper von beiden Seiten angegriffen und mit Bordkanonen beschossen. Er wird so schwer getroffen, daß er zu sinken beginnt. Nachdem der Kmdt. und sein LI von einem Torpedoboot (?) aufgenommen worden sind, gelingt es noch rechtzeitig, die Überlebenden und die Gefallenen von Bord des sinkenden Schleppers zu übernehmen. Die vor Angst über Bord Gesprungenen werden von einem Torpedofangboot (?) aufgefischt. 28 Mann der Besatzung sind bei diesem Bordwaffenbeschuß gefallen.

Aus den Berichten von Zeitzeugen wurden an diesem Tag nicht nur Kriegsschiffe angegriffen, sondern auch alle anderen im Seegebiet befindlichen Schiffe und Boote. So lag östlich der Einfahrt von Burgstaaken das Segelschulschiff *Großherzogin Elisabeth* vor Anker. Auch dieses Schiff wird von Jabos angegriffen und mit Bomben und Bordwaffenbeschuß eingedeckt, einen Bombentreffer erzielten die Briten nicht. Nur die Frau des Kapitäns Wagner wird so schwer verwundet, daß ihr ein Bein und ein Arm amputiert werden mußten.

Nordöstlich von Puttgarden lag nördlich des Zwangsweges »Weg 1« der VTS *Der Deutsche* wegen Kohlenmangels vor Anker. Er war am 2. Mai aus Wismar mit Verwundeten und Flüchtlingen ausgelaufen, in der Hoffnung, Kiel zu

April 1945, *U 2524* in der Schlichting-Werft Travemünde. Am 3. Mai wird das Boot östlich der Insel Fehmarn von seiner Besatzung versenkt.
Der LI, Oblt. (Ing.) Werner Braun wählt den Freitod und versinkt mit dem Boot in den Fluten. 1953 wird das Wrack gehoben und seine sterblichen Überreste werden auf dem Friedhof in Lübeck beigesetzt.

Karl Jäger als Arimixer an Bord des Zielschiffes *Kürassier*.

erreichen. Das am 3. Mai vorbeikommende Frachtschiff *Dwarssee* hatte noch ausreichend Kohlen und konnte einige Tonnen abgeben. Während der Bekohlung erfolgte der Angriff auf die beiden Schiffe.

Die *Dwarssee* erhielt einen Bombenvolltreffer und sackte weg, während *Der Deutsche* einen Bombennahtreffer erhält, der ein großes Leck reißt. Um der Gefahr des Sinkens vorzubeugen, wird das Schiff beim Puttgardenriff auf Grund gesetzt. Menschenverluste waren glücklicherweise nicht zu beklagen. Nach eindeutiger Schadensanalyse und provisorischer Leckabdichtung setzte das Schiff die Fahrt nach Kiel fort.

Auch das im Zwangsweg 1 auf der Position »rot 07« vor Anker liegende Feuerschiff Adlergrund wird getroffen und versenkt.

In den Abendstunden fliegen die Briten noch einen letzten, aber erfolglosen Angriff auf das U-Boot-Begleitschiff *Saar*, danach wird von Bord der *Saar* ein Morsespruch an die *Bolkoburg* abgesetzt: »Auf nach Norwegen!« Die *Saar* ging ankerauf und lief nach Norden ab. Doch Kapitän Salz konnte diesem Befehl mit der schwer beschädigten *Bolkoburg* nicht befolgen. Da ein Bombentreffer auf der Back die Ankerwinsch verklemmt hatte, ließ er den Bb. Anker slippen. Mit einer Restbesatzung von etwa 25 Mann und mit unklarer Steuerbordmaschine verläßt die *Bolkoburg* ihre Ankerposition und läuft Richtung Burgstaaken ab. Auf der Fahrt werden die Gefallenen in Segeltuch eingenäht und der See übergeben.

In dieser Phase taucht *U 2524* auf und geht bei dem Torpedoboot *Löwe* längsseits. Nach kurzer Absprache zwischen den beiden Kommandanten steigt die Besatzung von *U 2524* über und versenkt anschließend das Boot. Von Bord der *Löwe* aus beobachteten Kommandant und Besatzung das Versinken ihres Bootes und müssen mit Entsetzen feststellen, daß ihr LI, Oblt. (Ing.) Werner Braun, den Freitod gewählt hatte und mit dem rasch sinkenden Boote unterging. Unmittelbar danach lief das Torpedoboot nach Flensburg-Mürwik ab.

Nachdem sich die Kommandanten der auf Grund liegenden Boote *U 2540, U 2538* und *U 3030* über die Unterwassertelefonanlage (UT-Anlage) verständigt hatten, tauchten sie gemeinsam bei Einbruch der Dunkelheit auf und laufen unter Führung von *U 2538* durch den Fehmarnbelt nach Westen ab.

Am nächsten Tag erreicht die *Bolkoburg* in den frühen Morgenstunden (gegen 5.00 Uhr) die Position östlich der Einfahrt nach Burgstaaken. Hier läßt Kapitän Salz Anker werfen und verläßt mit der restlichen Besatzung das Schiff. In den Vormittagsstunden wird die *Bolkoburg* erneut angegriffen und dabei in Brand geschossen. Sie brennt in den nächsten Tagen völlig aus.

Mit diesen Fliegerangriffen am 4. Mai 1945 fanden die britischen »Operations Record Books« auf die Schiffe und Boote im Seegebiet der südwestlichen Ostsee ihren Abschluß.

Anhang

Wracklisten

Die im Anhang des Buches »Gesunken und verschollen« aufgeführten zwei Wracklisten enthalten in der alphabetischen Reihenfolge die im Verlaufe des Krieges in dem betrachteten Seegebiet in Wracklage gekommenen Schiffe und Boote. Ihnen wurde eine laufende Nummer zugeordnet, die die Grundlage für die Eintragung in den jeweiligen Karten bildet.
Die Wrackliste 1 (WL-1) ist die Hauptliste und enthielt anfangs 795 Positionen. Im Verlauf der Bearbeitung mußten 11 Datensätze wegen unklarer bzw. zweifelhafter Wrackinformationen gelöscht werden. In der 2. Auflage des Buches konnten dank der Leserzuschriften weitere Wrackinformationen gelöscht werden, so daß letztendlich 772 Wracks in ihr enthalten sind. Besonders zu beachten ist die Tatsache, daß die in der Wrackliste 2 (WL-2) aufgeführten Wracks zwar namentlich bekannt sind doch in der WL-1 enthalten sind. Es war bisher nicht möglich, ihnen eine konkrete Untergangsposition zuzuordnen.
Aus der Vielzahl der in Wracklage geratenen Schiffe und Boote werden einige prädestinierte Wracks zur Information nachstehend vorgestellt.

Gorch Fock (WL-1/Nr.: 97) Segelschulschiff

Auf Befehl des Kommandeurs des 1. Schiffstammregiments, Kapt.z.S. Zollenkopf, wurde in der Nacht zum 1. Mai 1945 das zum Regiment gehörende Segelschulschiff *Gorch Fock* gegen 0.55 Uhr durch Sprengung versenkt.
Die *Gorch Fock* war während des Krieges zeitweise mit den anderen Segelschulschiffen der Kriegsmarine, *Horst Wessel* und *Albert Leo Schlageter,* auf der Reede vor Lauterbach stationiert. Wegen der ungenügenden Beheizungsmöglichkeit wurde die *Gorch Fock* vor Einbruch des Winters 1944 im Oktober nach Stralsund verlegt.
Die *Albert Leo Schlageter* und die *Horst Wessel* führten die Seeausbildung weiterhin durch. Während die *Gorch Fock* im Stralsunder Hafen lag, verlegten die anderen beiden Schiffe mit Rekruten an Bord nach Saßnitz, von wo aus sie am 14. November zur Seeausbildung ausliefen. Voraus lief als taktische Nr. 1 die *Albert Leo Schlageter.* Es herrschte ein starker Nordwestwind und grobe See. Auf dieser Fahrt erhält die *Schlageter* nordöstlich von Kap Arkona einen Minentreffer, wird schwer beschädigt und eine noch unbekannte Anzahl von Angehörigen der Stammbesatzung und der Rekruten werden getötet. Das Schulschiff wird nach Swinemünde eingeschleppt und muß vorerst außer Dienst gestellt werden. Die *Horst Wessel* dagegen kehrt nach Lauterbach zurück, überwintert hier und bleibt bis zum 29. oder 30. April 1945 vor Anker liegen. Erst zu diesem Zeitpunkt lief das Schiff, nur mit der Stammbesatzung und einigen Familienangehörigen an Bord, über Saßnitz nach Westen ab. Warum nicht weitere Soldaten mit evakuiert wurden, ist unklar. Genau so unklar ist bis heute, warum man die *Gorch Fock* nicht im März 1945 wieder nach Lauterbach verlegt hat.
Die *Gorch Fock* verholte am 9. März 1945 aus dem Stralsunder Hafen und ging im Fahrwasser des Strelasundes, nordwestlich der Halbinsel Drigge vor Anker.
Befehlsgemäß stellte Kptlt. Wilhelm Kahle, Kommandant des Schiffes, am 27. April das Schiff außer Dienst. Die Segel wurden abgeschlagen und die Ausrüstung zum Teil im Bootsschuppen der 1. S.St.A. auf dem Dänholm eingelagert.
Nach dem Kriege wurde, entsprechend den Potsdamer Beschlüssen, die deutsche Kriegs- und Handelsflotte unter den Alliierten aufgeteilt. Die Sowjetunion erhält u. a. das Wrack der *Gorch Fock* zugesprochen.
Da die Bergungswürdigkeit des Wracks gegeben war und der Segler wieder als Schulschiff zum Einsatz kommen sollte, gehörte das Wrack mit zu den wichtigsten Reparationsobjekten der Sowjetunion. Im Auftrag der Sowjeti-

Unter vollen Segeln – Segelschulschiff *Gorch Fock* auf Ausbildungsfahrt in der Ostsee. Am 27. Juni 1933 erfolgte seine Indienststellung. Das Schiff war als Ersatz für die am 26. Juli 1932 in Fehmarnbelt gekenterte *Niobe* bei Blohm & Voss in Hamburg gebaut worden.

Die *Gorch Fock* vor der Halbinsel Drigge im Fahrwasser des Strelasundes vor Anker liegend. Es ist vermutlich die letzte Aufnahme vor der Selbstversenkung des Seglers. Die Aufnahme wurde vom Flo.Chef der 8. A-Fl., Gerd-Dietrich Schneider zur Verfügung gestellt. Als er mit seinem Artillerieträger am 7. April 1945 den Hafen Stralsund verließ und seinen Marsch nach Swinemünde fortsetzte, passierte er in den frühen Morgenstunden die *Gorch Fock*.

Die bronzene Gedenktafel (10 x 250 x 350 mm) stellt den maritimen Schriftsteller Gorch Fock dar. Sie wurde bei den Bergungsarbeiten an Bord des Wracks des ehemaligen SSS *Gorch Fock* gefunden.
Der Name Gorch Fock war das Pseudonym des Dichters Johann Kinau. 1880 in Finkenwerder bei Hamburg geboren, wird er durch seinen 1913 erschienenen Roman »Seefahrt ist not« landesweit bekannt.

Blick über das Wrack der *Gorch Fock* – Frühjahr 1947.

schen Militäradministration in Deutschland (SMAD) wurde die Stralsunder Bergungsfirma Berthold Staude GmbH mit der Bergung beauftragt.

Der Abschluß des Reparationsauftrages Nr. R 50/704099 erfolgte am 29. März 1947. Nach der geglückten Bergung im Juni 1947 reinigte man das Wrack und bereitete es zur Werftaufnahme vor. Die Gesamtkosten der Bergung und Säuberung beliefen sich im November 1947 auf 800 000,– RM.

Im November 1947 schleppten drei sowjetische Seeschlepper den Schiffskörper zur Instandsetzung nach Rostock in die Neptunwerft. Nach der Schiffskörperinstandsetzung erfolgte die Überführung nach Wismar. Die dort neu entstandene »Schiffsreparatur-Werft Wismar« (Landeseigener Betrieb), der heutigen »Mathias-Thesen-Werft Schiffswerft GmbH Wismar«, war für die Endausrüstung und Auftaklung verantwortlich. Das Auftakeln der Bark stellte die Werft vor eine fast unlösbare Aufgabe. Hier erwarb sich Kapitän Helmut Ernst, der am 31. Oktober 1948 nach Wismar kam, besondere Verdienste. Unter dem Namen *Towarischtsch* (deutsch) / *Tovarishch* (englisch) erfolgte dann am 15. Juni 1951 die Indienststellung als Segelschulschiff der sowjetischen Marine durch Kapitän Baklay.

Als 1974 anläßlich des 30. Jahrestages der Gründung der Volksrepublik Polen die »Operation Sail 74«, vom 18. bis 21. Juli 1974 in der Ostsee gestartet wurde, nahmen erstmals Segelschiffe aus den damaligen sozialistischen Ländern, der Sowjetunion, der DDR und der VR Polen teil.

Das gehobene Wrack der *Gorch Fock* vor der Insel Dänholm liegend. Deutlich ist auf der Backbordseite der Einschuß einer Panzergranate vom Beschuß am 30. April 1945 zu sehen. Mit stehenden Masten (Großmast 41,50 Meter über Deck) gelang 1947 die Bergung des Schiffes.

Berthold Staude / Schiffsbergungen GmbH.

Stralsund ~~Barther Straße 47~~ Bleistrasse 5

Fernruf: ~~218~~, 488 ~~und 728~~

Bankkonten:

Stadtbank Stralsund Nr. 12 516 ~~und 10 120~~

Ihre Nachricht vom | Ihr Zeichen | Unsere Nachricht vom | Unser Zeichen | Tag 30.6.48

Betreff:

Zeugnis

Herr Paul W i l l b r a n d t , geb. am 10.8.98, wohnhaft in B o r n a/Darss war vom 1.12.46 bis zum heutigen Tage bei uns als Bergungskapitän beschäftigt.

Wir bescheinigen Herrn W i l l b r a n d t anlässlich seines Ausscheidens aus unserer Firma gern, dass er uns ein sehr wert= voller Mitarbeiter gewesen ist. Besonders hervorzuheben sind seine Verdienste um die Bergung des bei Drigge versenkt gewesenen Segelschulschiffs "Gorch Fock" , dessen Hebung von uns im Auftrage der russischen Besatzungsmacht durchzuführen war. Kapitän Willbrandt hatte die verantwortliche Leitung für diese Bergung und dabei bewiesen, dass er schwierigen Aufgaben einer Bergung jederzeit voll gewachsen ist.

Infolge erheblicher Verkleinerung unseres Betriebes sehen wir uns leider veranlasst, Herrn Kapitän Willbrandt mit Ablauf des heutigen Tages aus unseren Diensten zu entlassen. Wir wünschen ihm für die Zukunft alles Gute.

Berthold Staude
Schiffsbergungen GmbH.
Stralsund

Bergungskapitän Paul Willbrandt. Geb. am 10. August 1898 in Bliesenrade, erwarb er 1923 das »Steuermannspatent« und 1926 das Patent als »Kapitän auf Großer Fahrt«. Auf Grund seiner Erfahrungen als ehemaliger Bergungskapitän bei der Bugsier- und Bergungsreederei Hamburg, glückte ihm im Juni 1947 die Bergung des Wracks der *Gorch Fock* mit stehenden Masten.
Er und sein Tauchermeister Hermann Behrens erhielten für diese Leistung von der Sowjetischen Militäradministration jeder achtzig Zentner Steinkohle (4 Tonnen) geschenkt. Die Kohle wurde ihnen wunschgemäß nach Hause angeliefert. Beide wohnten in Born auf dem Darß.

Diese Veranstaltung, die von »The Sail Training Association«, mit dem Sitz in London, seit 1956 organisiert wird, war auch Auftakt zur Teilnahme der *Tovarishch* ex *Gorch Fock* an dem internationalen Treffen und Wettrennen der Großsegler.
Unter dem Kommando von Kapitän Wandenko gewann die *Tovarishch* die 320 Seemeilen lange Route von Kopenhagen nach Gdynia/Danzig mit einem beeindruckenden Vorsprung von 16 Stunden vor der *Gorch Fock* (II) der BRD. Im August 1990 nahm der Segler erstmals an einem Treffen der Windjammer in Bremerhaven teil und besuchte

Das SSS *Tovarishch* ex *Gorch Fock* am 17. August 1993 im Strelasund vor Anker liegend. Aufgrund der über den Strelasund verlaufenden 110 kV Hochspannungsleitung konnte der Segler nicht im Hafen von Stralsund festmachen.
Das Segelschulschiff befand sich auf einer Erinnerungsreise anläßlich seines Stapellaufes vor 60 Jahren. Die Organisation der Reise lag in den Händen der Firma »Inmaris Perestroika Sailing«, Hamburg.

damit zum ersten Mal die Bundesrepublik Deutschland. Im darauffolgenden Jahr nahm der Segler an der »Hanse Sail« 1991 teil und steuerte Warnemünde an.
Mit dem Beginn der Perestroika gerieten die herkömmlichen Strukturen der Sowjetunion ins Wanken. Am 17. Dezember 1991 wurde schließlich die Auflösung der UdSSR vereinbart. Die ehemaligen Teilrepubliken der Sowjetunion erhielten ihre staatliche Souveränität, darunter auch die Ukraine. Da der Heimathafen der *Tovarishch,* der am Dnepr gelegene Hafen Cherson ist, übernahm die Ukraine das Schulschiff. Seitdem segelt die *Tovarishch* ex *Gorch Fock* unter ukrainischer Flagge.

Hamburg (WL-1/Nr.: 102) Passagierschiff

Im Ergebnis der Aufteilung der deutschen Flotte wurde der Sowjetunion das Wrack der *Hamburg* zuerkannt. Im Sommer 1950 gelang dem sowjetischen Havarie- und Rettungsdienst die Bergung in Zusammenarbeit mit dem Bergungsdienst der DDR. Das Wrack wurde noch vor Saßnitz grob gesäubert und erst dann nach Warnemünde in die Warnowwerft überführt. Bis zum Mai 1951 führte man umfangreiche Demontagearbeiten einschließlich der Maschinenanlage durch.
Am 20. Mai 1951 verschleppte man den Schiffskörper nach Antwerpen. Im Dock der Firma John Cockerill erfolgte die Beseitigung der Schäden am Unterwasserschiff. Danach überführte der sowjetische Bergungsdienst das Schiff wieder in die DDR und übergab es am 3. Dezember 1951 der Warnowwerft in Warnemünde zum weiteren Ausbau als Fahrgastschiff.
Die Ausbauarbeiten wurden jedoch durch den sowjetischen Auftraggeber im Juli 1955 gestoppt. Die Sowjetunion benötigte für ihre Walfangflotte ein Verarbeitungsschiff und so verlangte man den Umbau zu einem Walfangmutterschiff.
Am 27. März 1960 konnte das Schiff zur Werfterprobung auslaufen. Die Übergabe erfolgte am 12. Juli 1960 auf der Reede von Warnemünde. Es war das größte, teuerste und langwierigste Reparaturprojekt für den DDR-Schiffbau.
Nach 16 Dienstjahren als Walfangmutterschiff, mit Heimathafen Wladiwostok im Fernen Osten, wurde es 1976 außer Dienst gestellt und 1977 verschrottet.

Das Turbinenpassagierschiff *Hamburg* wurde im Auftrag der HAPAG bei Blohm & Voß in Hamburg erbaut. Die Kriegsmarine übernahm die *Hamburg* ab 1940 als Wohnschiff der U.L.D. und stationierte sie in Danzig.
Im Januar 1945 kam das Schiff im Rahmen der Operation »Hannibal« zur Evakuierung wieder in Fahrt.

Vermessung:	22 337 BRT
L/B/T:	206,50 m / 24,00 m / 9,95 m
Geschw.:	19,0 sm/h
Bes.:	420 Mann
Passagiere:	1 000 Personen

Das Passagierschiff *Hamburg* diente bei der 8. U-Fl. in Danzig als Wohnschiff für die in der Baubelehrung oder Ausbildung befindlichen U-Boot-Besatzungen. Die in der Baubelehrung befindlichen Besatzungen waren vorwiegend im Narvik-Lager (Barackenlager) der 7. K.L.A. untergebracht.

Feierstunde anläßlich der Indienststellung von *U 1171* am 22. März 1944 an Bord des Wohnschiffes *Hamburg* im Speisesaal der 1. Klasse.
Der Direktor der Schichau-Werft Danzig, Dr. L. Fischer, hält eine Ansprache. Kommandant, Oblt.z.S. Otto H. Nachtigall (sitzend) links neben Dr. Fischer.
Jede Besatzung, die hier in Danzig ein Boot übernahm, wurde anläßlich der Indienststellung von der Werftleitung und der Kriegsmarinedienststelle zu einer Feierstunde auf den großen Amerika-Liner eingeladen. Zu den Gästen gehörten sowohl beteiligte Werftarbeiter als auch Firmenvertreter der bedeutendsten Zulieferbetriebe wie Siemens und AEG.

Die *Hamburg* als Flüchtlingstransporter auf der Reede vor Saßnitz im März 1945. Es ist vermutlich die letzte Aufnahme vor der Versenkung am 7. März.

Das Wrack der *Hamburg.* Die Wassertiefe in der Prorer Wiek beträgt an der Untergangsstelle 22 Meter.

Da für derart große Schiffe in der ehemaligen DDR keine Dockkapazität vorhanden war, überführte man das Wrack nach Antwerpen zur Instandsetzung des Schiffskörpers. Anfang Dezember 1951 kehrt die *Juri Dolgoruki* ex *Hamburg* in die DDR zurück. Die Aufnahme zeigt das Einschleppen nach Warnemünde.

Die *Juri Dolgoruki* ex *Hamburg* nach dem Umbau zum Walfangmutterschiff auf der Reede vor Warnemünde liegend.

M 14 (WL-1/Nr.: 176) Minensuchboot Typ M 35

Es war der 16. Mai 1982, als das Forschungsschiff des Seehydrographischen Dienstes (SHD) der DDR *Professor Albrecht Penck* zur Erprobung eines speziellen Suchgerätes in das Seegebiet südlich der Insel Greifswalder Oie auslief.

Nachdem Einlaufen in dieses Gebiet beobachtete man, daß sich das Aufklärungsschiff der Bundesmarine *Oker – A 53* in unmittelbarer Nähe (etwa 0,5 sm = 926 m – d. Verf.) der ehemaligen Grenze aufhielt. Mit nachgeschlepptem Suchgerät lief das Forschungsschiff auf *A 53* zu.

Im späteren Bericht des Kapitäns heißt es:

»Als wir in dieses Seegebiet einliefen, befand sich *A 53* dort und muß mit diesem Wrack kollidiert sein. Bei unserem Näherkommen lief *A 53* langsam ab. Als wir diese Stelle überliefen, blieb unser Suchgerät an einem Unterwasserhindernis hängen. Bei einer Wassertiefe von 10,40 Meter fanden unsere Taucher das Wrack eines Kriegsschiffes von 70 Meter Länge und einer Spiegelheckbreite von 6,20 Meter vor. Das Wrack war fast in der Mitte auseinandergebrochen!«

Damit war das deutsche Minensuchboot *M 14* von der 1. MS-Fl., fast auf den Tag genau nach 27 Jahren durch Zufall entdeckt worden. Es erfolgte eine eingehende Untersuchung durch Bergungstaucher von der 4. Fl. der Volksmarine. Dabei konnte ermittelt werden, daß es sich um ein Minensuchtboot vom Typ M 35 handelte, das durch Minentreffer mitschiffs versenkt worden war. Anhand des gefundenen Logbuches konnte das Schiff als *M 14* identifiziert werden. Die aufgefundenen Erkennungsmarken sollen dem Roten Kreuz von der Volksmarine übergeben worden sein. Das Wrack trug noch seine komplette Bewaffnung und die Muniton lag verstreut umher.

Fragment des in der Brücke von *M 14* aufgefundenen Logbuches.

Erwartungsgemäß fand man auch diverse Wasserbomben, jedoch ohne eingesetzte Zünder. Um die Gefahr, die von der Munition ausging zu beseitigen, erfolgte in der Zeit vom 4. bis zum 17. August 1986 eine erste Munitionsberäumung durch den Munitionsbergungsdienst der BDVP Schwerin. Die Aufgabe bestand in der Bergung von 100 Grananten des Kalibers 10,5 Zentimeter sowie diverser Granatpatronen der Kaliber 3,7 und 2 Zentimeter.
Am Ende des Krieges war die Bewaffung einzelner Boote in Abhängigkeit von der Aufgabe oder aber auch vom Organisationstalent des jeweiligen Kommandanten ergänzt worden, so daß dadurch einzelne Boote bis zu 30 000 Schuß an Bord hatten.

Munitionsausrüstung (geschätzt):	480 Schuß 10,5 cm,
	6 000 Schuß 3,7 cm,
	12 000 Schuß 2 cm.

Diese erste Beräumungsaktion mußte sich somit nur auf ein Absammeln der lose umherliegenden Munition beschränken. Im Verlauf der nächsten Jahre, unter teilweiser Sprengung des Wracks, erfolgte eine vollständige Beräumung. Nicht unbegründet ist aber auch heute noch die Befürchtung der Küstenanlieger über eine mögliche Ölverschmutzung der Strände, denn das zu DDR-Zeiten geplante Abpumpen von etwa 140 Tonnen Heizöl ist bis heute nicht erfolgt!

Bis zum heutigen Zeitpunkt konnte noch kein überlebender Besatzungsangehöriger ermittelt werden um über das Ereignis zu berichten. Dafür ergab sich aber über einen Zeitzeugen die Aufklärung des Untergangs. Der ehemalige Rudergänger des Räumbootes *R 234,* Mtr.Stpt.Gefr. Georg Gomm, war Augenzeuge und berichtet:
»Das Räumboot *R 234,* Kommandant Lt.z.S. Hans-Joachim Sommer, gehörte zur 14. R-Flottille. Wir von der 14. R-Fl. gehörten genauso wie die Boote der 1. MS-Fl. zur 10. Sicherungs-Division. Unser Stützpunkt war Swinemünde. Am 3. Mai 1945 erfuhren wir, daß das Linienschiff *Schlesien* einen Minentreffer erhalten hatte. Daraufhin erhielten wir den Befehl mit *M 14* zum Minenräumen auszulaufen.
M 14 war Führerboot und lief voraus, wir mit ausgebrachten SDG 4 hinterher. Es ging in Richtung Greifswalder Oie. Kurz vor Erreichen der *Schlesien* detonierte plötzlich unter *M 14* eine Mine, wir kappten sofort das Räumgerät und liefen zur Hilfeleistung. Von der gesamten Besatzung konnten wir leider nur noch 40 Mann retten. Mit den geretteten Kameraden liefen wir sofort nach Swinemünde zurück und übergaben sie dort dem Sanitätspersonal.«

Minensuchboot *M 3* auslaufend Saßnitz. Am Hochufer im Wald ist das Schloß Dwasieden zu sehen. Links daneben das RC-Funkfeuer.
Auch *M 3* gehörte wie *M 14* zur 1. MS-Fl. und war vom Typ *M 35.*
Es waren Boote mit verhältnismäßig guten See- und Manövriereigenschaften.
An der Stelle der bisher üblichen Klappspier erhielten sie für den Bugschutz eine um 40 Grad geneigte, ausfahrbare Bugspier. Die Dampferzeugung für die Kolbendampfmaschine erfolgte durch ölgefeuerte Kessel. Der Bunkervorrat belief sich auf 143 Tonnen Heizöl und gestattete eine Fahrstrecke von 5 000 Seemeilen bei einer Marschfahrt von 10 Seemeilen pro Stunde.

Vermessung:	874 t
L/B/T:	68,10 m / 8,70 m / 2,65 m
Geschw.:	18,30 sm/h
Bes.:	5/110 Mann (geschätzt)
Bew.:	2 x 10,5 cm, 2 x 3,7 cm, 6 x 2 cm, Flarakete FÖHN möglich, Wasserbomben,
Zuladung:	30 Minen EMC
Räumausr.:	SDG, KFRG, GBT und HFG möglich.

Fragment des Berichtes über die Nachrichtenmittelerprobung von *M 14.*

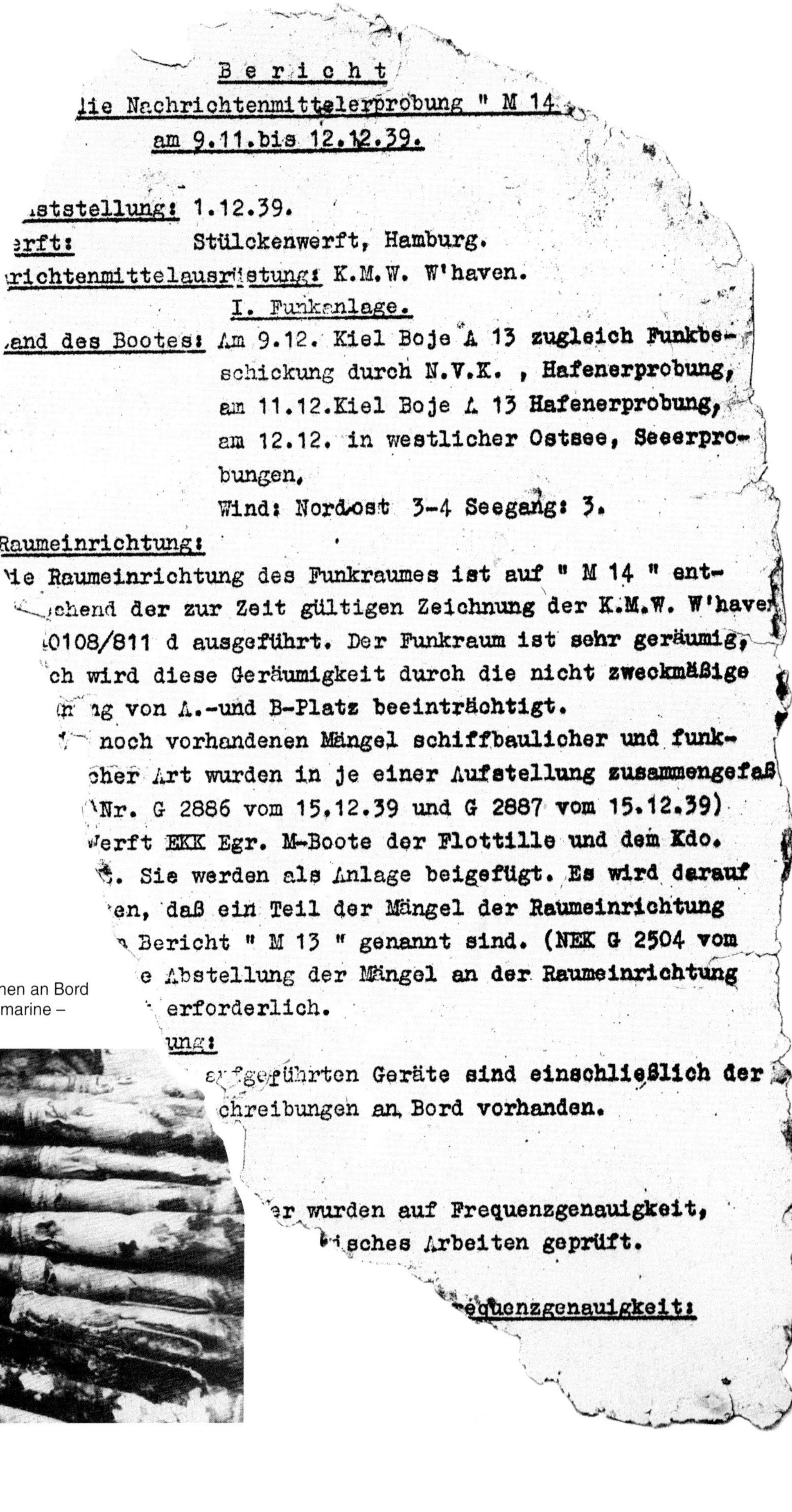

B e r i c h t
lie Nachrichtenmittelerprobung " M 14.
am 9.11.bis 12.12.39.

ıststellung: 1.12.39.
ərft: Stülckenwerft, Hamburg.
ıichtenmittelausrüstung: K.M.W. W'haven.

I. Funkanlage.

ıand des Bootes: Am 9.12. Kiel Boje A 13 zugleich Funkbeschickung durch N.V.K. , Hafenerprobung, am 11.12.Kiel Boje A 13 Hafenerprobung, am 12.12. in westlicher Ostsee, Seeerprobungen,
Wind: Nordost 3-4 Seegang: 3.

Raumeinrichtung:
ie Raumeinrichtung des Funkraumes ist auf " M 14 " entıchend der zur Zeit gültigen Zeichnung der K.M.W. W'haven ı0108/811 d ausgeführt. Der Funkraum ist sehr geräumig, ch wird diese Geräumigkeit durch die nicht zweckmäßige ıg von A.-und B-Platz beeinträchtigt.
noch vorhandenen Mängel schiffbaulicher und funkcher Art wurden in je einer Aufstellung zusammengefaß (Nr. G 2886 vom 15.12.39 und G 2887 vom 15.12.39) Werft EKK Egr. M-Boote der Flottille und dem Kdo. . Sie werden als Anlage beigefügt. Es wird darauf en, daß ein Teil der Mängel der Raumeinrichtung Bericht " M 13 " genannt sind. (NEK G 2504 vom e Abstellung der Mängel an der Raumeinrichtung erforderlich.
ung:
aufgeführten Geräte sind einschließlich der chreibungen an Bord vorhanden.

er wurden auf Frequenzgenauigkeit, ısches Arbeiten geprüft.

equenzgenauigkeit:

Aufgestapelte 10,5-cm-Granatpatronen an Bord des Reedeschleppers *Hai* der Volksmarine – 4. Flottille der ehemaligen DDR.

Schlesien (WL-1/Nr.: 258)
Flakkreuzer

Seit dem 31. März 1945 befand sich die *Schlesien* im Seeraum der Pommerschen Bucht und gelegentlich auf der Gefechtsposition in der Swine. In Abhängigkeit vom Vordringen sowjetischer Einheiten im Bereich der Dievenow-Front nahmen die gegnerischen Fliegerangriffe zu. Die Jagdfieger der Luftwaffe waren zum größten Teil an der Oderfront gebunden oder konnten wegen fehlenden Treibstoffs nicht mehr starten, so daß sich die Kriegsmarine auf eigene Sicherungskräfte stützen mußte.

Zur Verstärkung des Flakschutzes im Bereich des Flottenstützpunktes Swinemünde wurde so auch das zum Flakkreuzer umgebaute Schulschiff *Schlesien* herangezogen.

Im Rahmen der »Berliner-Operation« drangen die Armeen der 2. Belorussischen Front nach Westen vor. Einheiten der 2. Stoßarmee erreichten am 29. April die Peene bei Kamp und am 30. April die Stadt Wolgast. Die Peenebrücken waren gesprengt, so daß der Vormarsch aufgehalten werden konnte und somit Zeit für die Evakuierung deutscher Einheiten von der Insel Usedom gewonnen worden war. Als sowjetische Einheiten bei Wolgast versuchten, die Peene zu überwinden, erhielt F.Kapt. Hans-

Der Flakkreuzer ex Schul-Linienschiff *Schlesien* Ende April 1945 in der Kaiserfahrt liegend.
Die ständigen sowjetischen Fliegerangriffe auf deutsche Geleite in der östlichen Ostsee verlangten nach einem verstärkten Geleitschutz. Aus diesem Grund erfolgte die Anweisung, die Schulschiffe *Schleswig-Holstein* und *Schlesien* zu Flakkreuzern umzurüsten. In der Nacht vom 18. zum 19. Dezember 1944 fliegt die RAF einen Bombenangriff auf Gotenhafen und versenkt u.a. das Schlachtschiff *Gneisenau* und die in der Umrüstung befindliche *Schleswig-Holstein.*

Die Werftliegezeit der *Schlesien* dauerte bis Anfang Februar 1945. Nachstehende Veränderungen wurden vorgenommen:

1. Überholung der Maschinenanlage
2. Installation einer MES-Anlage
3. Montage von zwei Funkmeß-Anlagen von Typ »FuMo-25« und »FuMo-36«
4. Neuberohrung der 28-cm-Geschütze
5. Veränderung der Flak-Bewaffnung:
   4 x 10,5 cm SK L/45 C/32
   7 x 4 cm Flak Bofors 28
   18 x 2 cm Flak

Am späten Nachmittag des 3. Mai 1945 wird ein Teil der Besatzung auf der Reede vor Swinemünde von Bord der durch Minentreffer schwer beschädigten *Schlesien* genommen.

Das Wrack der *Schlesien* vor Beginn der Bergungsarbeiten. Bis 1949 wurde das Wrack von der Roten Armee als Zielobjekt verwendet.
Mit der Nutzung des Minenzwangsweges durch die internationale Schiffahrt war ein militärisches Übungsgebiet innerhalb dieser Gewässer nicht mehr tragbar, und so wurde das Wrack zur Schrottbergung an eine deutsche Firma freigegeben.

Blick auf den vorderen 28-cm-Geschützturm während der Bergungsarbeiten. Im Vordergrund haben sich Bergungsarbeiter für eine Erinnerungsaufnahme aufgestellt.
(v.l.n.r.): Fritz Peters,
Hans-Jürgen Tesch,
Arno Lange,
Walter Hannemann.

Der Gefechtsleitstand der *Schlesien* wird gesprengt.

Der letzte Schuß.
Bei der Überprüfung der vorderen 28-cm-Geschützrohre waren die Bodenstücke geschlossen. Die Verschlüsse konnten nicht entriegelt werden und so versuchte man, diese mit Tellerminen aufzusprengen, doch ohne Erfolg. Somit war eine Kontrolle des Ladungsraumes der Rohre nicht möglich.
Aus Sicherheitsgründen schob man von der Mündung her eine 10-Kilogramm-Sprengladung in das Rohr, zündet diese und es kam zur Auslösung des Schußes.

Eberhard Busch, Kmdt. der *Schlesien,* am 2. Mai den Befehl, mit der schweren Artillerie die Übergänge unter Beschuß zu nehmen. Auf seinem Marsch zur Schußposition, südöstlich der Insel Greifswalder Oie, erhielt das Schiff am 3. Mai um 3.01 Uhr einen Minentreffer im Vorschiff. Die Aufgabe konnte nicht weitergeführt werden und so schleppte der sie begleitende Zerstörer *Z 39*, über den Achtersteven, zurück auf die Reede vor Swinemünde. Hier wurde das Schiff mit dem Bug auf Grund gesetzt, die Besatzung abgeborgen und im Rahmen des Rückzuges am 4. Mai 1945 durch Teilsprengungen vernichtet.

Bergung eines der 28-cm-Geschützrohre (Rohrgewicht = 45,5 t) vom achteren Turm durch das H/S *1. Mai.*

Die vom Wrack der *Schlesien* geborgenen 28-cm-Granaten werden an Bord des M/S *Polar* verladen. Im Usedomer Hafen Karlshagen erfolgte die Anlandung und Übernahme durch den Munitionsbergungsdienst.

Das Wrack des Flakkreuzers *Schlesien* ist 1958 endgültig beräumt.
Durch den Schrott-Transporter M/S *Polar* wird der letzte Kleinschrott vom Meeresboden geborgen.

T 34 (WL-1/Nr.: 290) Flottentorpedoboot 1939

Gemeinsam haben der ehemalige Kommandant von *T 34,* Kptlt. Frhr. v. Luttitz, und sein damaliger Seekadett, Karl Heinz Marten, den Sachverhalt des Untergangs von *T 34* rekonstruiert.
Es kann jetzt eindeutig belegt werden, daß die bisher angegebene Wrackposition (Nr.: 290), nach den Unterlagen des damaligen VE Bergungsbetriebes der DDR, nicht stimmt. Zwar liegt auf dieser Position noch heute ein größeres Wrackteil, doch um ein Teilstück von *T 34* handelt es sich dabei nicht. Unter Beachtung des gegißten Standortes von *T 34* und der Wetterverhältnisse liegt das vordere Wrackteil vermutlich auf der Position Nr.: 607.

Am 12. August 1944 erfolgte die Indienststellung des Flottentorpedobootes *T 34* in der Schichau-Werft Elbing. Das Boot gehörte zur 5. T-Fl.

Vermessung:	1 754 t;
L/B/T:	102,50 m / 10,00 m / 3,22 m
Geschw.:	32,5 sm/h
Bes.:	206 Mann
Bew.:	4 x 10,5 cm L/45 Geschütze, 4 x 3,7-cm-Flak (Doppellaffette), 1 x 2-cm-Flak, 6 x 2-cm-Flak (Drillingslafette), 4 x 2-cm-Flak (Vierling), 6 x 53,3-cm-TR (Drillingsatz)
Zuladung:	50 Ankertauminen.

Oblt.z.S. Horst Frhr. von Luttitz, I.WO des Torpedobootes *Jaguar* – 1943.
Als Kptlt. und Kommandant des Torpedobootes *T 34* stellte er am 12. August 1944 das Boot in Dienst. Nach dem Untergang von *T 34* übernahm er bis Kriegsende als Kmdt. das Torpedoboot *T 19.*

Die Richtigkeit dieser Schlußfolgerung wird durch den ehemaligen Bergungstaucher Gerhard Werzner aus Saßnitz bestätigt. Nach seiner Aussage wurde das Wrack gesprengt und er selbst war an der Bergung der Kessel aus dem Wrack beteiligt.
Was war geschehen:
Das Torpedoboot *T 34* war zur Schießausbildung für die Schiffsartillerieschule Saßnitz (Marine-Artillerieschule II oder III?) seit dem 13. November 1944 abkommandiert. Bereits am 14. November mußte *T 34* zur Hilfeleistung in das Schießgebiet nordöstlich von Rügen auslaufen. Das Segelschulschiff *Albert Leo Schlageter* war durch einen Minentreffer im Vorschiff beschädigt worden und es bestand die Gefahr des Sinkens. Gemeinsam mit dem SSS *Horst Wessel* befand es sich auf einer Ausbildungsfahrt. Die Segelschiffe liefen in Kiellinie und unter Maschinenkraft, als es die *Albert Leo Schlageter* als taktische Nr. 1 erwischte. Durch einen Hochseeschlepper wurde die *Albert Leo Schlageter* vorerst in ihrer Drift aufgehalten. *T 34* sollte Schleppunterstützung geben, konnte aber aufgrund der Schlechtwetterlage keine feste Schleppverbindung herstellen und wurde nach Saßnitz entlassen.
Am 17. November lief dann *T 34* mit einer Gruppe von Artillerieoffizieren zum Kaliberschießen aus. Der erste Übungsabschnitt umfaßte das Schießen auf eine Schleppscheibe. Anschließend ging *T 34* in die Tromper Wiek vor Anker.
Für den 20. November war das Schießen mit der Feuerleitanlage auf das durch das Fernlenkboot *Blitz* ex *T 185* ferngelenkte Zielschiff *Hessen* vorgesehen. Bis zu diesem Tag blieb *T 34* vor Anker liegen.
In den frühen Morgenstunden des 20. November ging *T 34* ankerauf, nahm Fahrt auf, passierte den Weg 51 bei Tonne 13 und ging auf Gefechtskurs.

Karl-Heinz Marten, damaliger Seekadett Crew VII/44, befand sich zum Zeitpunkt des Minentreffers auf der Brücke und war mit dem Gefechtskoppeln unter Anleitung des Strm.Mt. Brühe beauftragt.

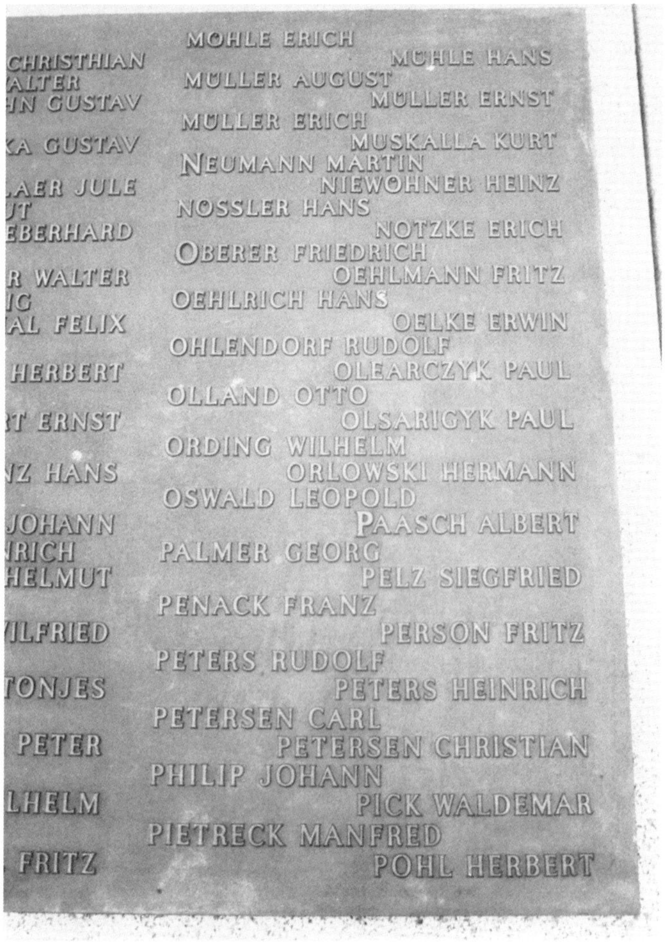

Ausschnitt aus den Namenstafeln der Gefallenen, darunter auch die Namen von vier Besatzungsangehörigen von *T 34.*

Erst nach der Vereinigung beider deutscher Staaten war es dem Kommandanten von *T 34,* Kptlt.a.D. Frhr. von Luttitz möglich, im Mai 1994 einen Kranz an der Grabstätte seiner gefallenen Besatzungsangehörigen niederzulegen.

Das Zielschiff befand sich an Backbordseite. Nach etwa einer Stunde war das Schießgebiet erreicht, das Schießen begann. Gegen 11.00 Uhr wurde eine Pause eingelegt und das Schiff lief mit langsamer Geschwindigkeit auf Nordkurs weiter.

Gedenkstätte auf dem Höhenzug des Golm bei Kamminke. Heutige Ansicht des Gräberfeldes; hier wurden die gefallenen Angehörigen der Kriegsmarine beigesetzt.

Um 11.10 Uhr erhielt *T 34* im Bereich des Achterschiffes einen Minentreffer in dessen Folge 15 Meter vom Heck abgerissen wurden.
Wenige Minuten nach dem Treffer neigte sich das Schiff nach Backbord, kenterte und sackte über das Heck weg. Der Bug richtete sich steil aus dem Wasser und trieb so einige Minuten im See. Ein erneuter Minentreffer beendete endgültig das Schicksal von *T 34*. Die Überlebenden wurden vom Fernlenkboot *Blitz* aus der rauhen See geborgen. Einige Besatzungsangehörige, die zuviel von dem aufgeschwommenen Heizöl geschluckt hatten, verstarben noch an Bord, während *Blitz* auf dem Marsch nach Saßnitz war.
Bedenkt man die Tragik des Geschehens, daß wenige Tage zuvor, fast an der gleichen Stelle, das Segelschulschiff *Albert Leo Schlageter* durch einen Minentreffer schwer beschädigt worden ist und dabei 18 Mann gefallen sind, so war es ein eklatantes Versäumnis, das Seegebiet nicht gesperrt zu haben.
Der Tiefwasserbereich der Arkonasee galt als minenfrei und so fühlte man sich relativ sicher, so daß von einer Sperrung des Seegebiets und einer Minensuchfahrt abgesehen wurde. Doch das sowjetische U-Boot *L 3* war weit nach Westen vorgedrungen und hatte unbemerkt in diesem Gebiet, nach sowjetischen Angaben, eine Minensperre gelegt.
Kurz vor der Detonation wurde ein metallisches Reiben an der Außenhaut hörbar. Nach dieser Aussage hat *L 3* vermutlich Ankerstuhlminen mit Fernzündung eingesetzt. Deren Einsatztiefe lag damals schon bei über 100 Meter Wassertiefe.
Liste der gefallenen Besatzungsangehörigen von *T 34*:

Lfd. Nr.	Name	Vorname	Dienstgrad	
1.	Baersch	Werner	Ob.Masch.	– gefallen
2.	Birkholz	Henry	Mech.Gefr.	– tot geborgen / Golm
3.	Dieckmann	Wilhelm	Masch.Gefr.	– verstorben / Revier Saßnitz
4.	Edlinger	Rudolf	Masch.Ob.Gefr.	– gefallen
5.	Giehl	Friedrich	Verw.Gefr.	– ertrunken
6.	Kettner		Masch.Ob.Gefr.	– verstorben / Revier Saßnitz
7.	Kroczewski	Reinhard	Ob.Masch.	– gefallen
8.	Kundrus	Helmut	Masch.Gefr.	– gefallen
9.	Leisner	Walter	Masch.Ob.Gefr.	– tot geborgen / Golm
10.	Liebthal	Felix	Mtr.Gefr.	– tot geborgen / Golm
11.	Müller	Ernst	Ob.Btsm	– tot geborgen / Golm
12.	Neumann	Martin	Mtr.Ob.Gefr.	– Rev. Saßnitz verst. / Golm
13.	Oberkoxolt	Willi	Schr.Hpt.Gefr.	– ertrunken
14.	Olland	Otto	San.Ob.Gefr.	– tot geborgen / Golm
15.	Peters	Rudolf	Mtr.Sig.Gefr.	– gestorben / Golm
16.	Preikschat	Heinz	Mtr.Ob.Gefr.	– tot geborgen
17.	Posch	Ernst	Masch.Gefr.	– tot geborgen / Golm
18.	Post	Renatus	Mtr.II	– tot geborgen / Golm
19.	Praske	Kurt	Masch.Ob.Gefr.	– Unterkühlung / Golm
20.	Rogowski	Gerhard	Fk.Gefr.	– ertrunken
21.	Rosse	Gerhard	Masch.Mt.	– tot geborgen / Golm
22.	Rudolf	Hans	Fk.Ob.Gefr.	– tot geborgen
23.	Seckel	Fritz	Masch.Ob.Mt.	– gefallen
24.	Stunz	Helmut	Masch.Gefr.	– gefallen
25.	Thom	Hans	Masch.Gefr.	– Unterkühlung / Golm
26.	Zahlten	Paul	Mtr.Ob.Gefr.	– gestorben auf *Hestia* / Golm
27.	Zink	Hans-Joachim	Mtr.Gefr.	– gestorben auf *Blitz* / Golm

Ferngelenktes Zielschiff *Hessen*. Am 12. November 1934 erfolgte die Außerdienststellung des Linienschiffes. Nach dem Umbau wurde die *Hessen* am 1. April 1937 als Zielschiff in Dienst gestellt.
Vermessung: 13 257 t
L/B/T: 138,10 m / 21,50 m / 7,65 m
Geschw.: 20,3 sm/h.

Die gefallenen Besatzungsangehörigen wurden erst nach Swinemünde überführt und danach feierlich auf dem Friedhof bei Kamminke, der heutigen Gedenkstätte auf dem Golm, beigesetzt.

Leider liegen über die Namen der gefallenen Artillerieoffiziere (Lehrgangsteilnehmer) der Saßnitzer Artillerieschule bis jetzt keine Informationen vor.

Liste der vermißten Besatzungsangehörigen von *T 34*

Lfd.Nr.	Name	Vorname	Dienstgrad	Lfd.Nr.	Name	Vorname	Dienstgrad
1.	Angermeyer	Otto	Mech.Ob.Mt(T)	16.	Kamm	Rudolf	Mtr.I
2.	Ball	Walter	Masch.Gefr.	17.	Krause	Karl-Heinz	Mtr.Ob.Gefr.
3.	Bergin	Hans Georg	Seekadett	18.	Küpper	Bernhard	Fw.Ob.Gefr.
4.	Buederius	Bodo	Mtr.Gefr.	19.	Lorenz	Karl	Mtr.Ob.Gefr.
5.	Chenatzgi	Otto	Mtr.Ob.Gefr.	20.	Maitre	Günther	Mtr.Gefr.
6.	Dobberke	Erich	Btsm.	18.	Rave	Werner	Mtr.Ob.Gefr.
7.	Fabritz	Helmut	Mtr.Ob.Gefr.	20.	Schnelle	Ernst	Mtr.Ob.Gefr.
8.	Farana	Josef	Masch.Gefr.	21.	Schütze	Hans Hugo	Mech.Gefr.
9.	Fröh	Karl	Masch.Ob.Gefr.	19.	Steinbach	Karl-Heinz	Mtr.Ob.Gefr.
10.	Hanff	Wolfgang	Seekadett	17.	Stumpf	Mathias	Masch.Mt.
11.	Haselow	Kurz	Mtr.Ob.Befr.	22.	von Bargen	Heinrich	Mtr.Hpt.Gefr.
12.	Härtwig	Gottfried	Mech.Ob.Gefr.	19.	von Bontani	Willy	Masch.Gefr.
13.	Hossinger	Konrad	Mtr.Gefr.	23.	Weh	Johannes	Mtr.Ob.Gefr.
14.	Hüter	Rudolf	Mtr.Ob.Gefr.	24.	Wolter	Gerhard	Mech.Ob.Gefr.
15.	Kania	Josef	Mtr.Ob.Gefr.				

UNTERGANG DES FLOTTENTORPEDOBOOTES *T 34* AM 20. NOVEMBER 1944

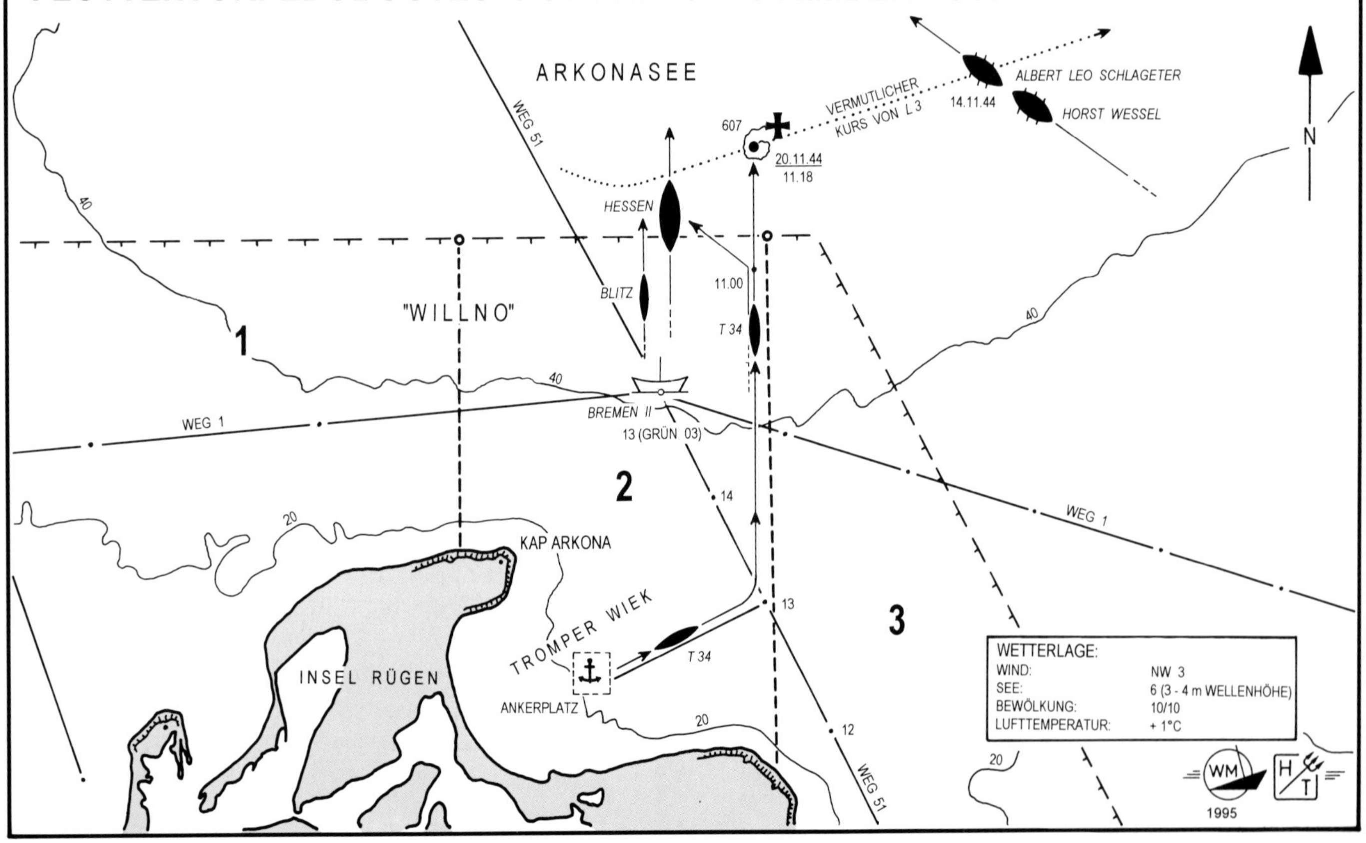

Abkürzungsverzeichnis

a.D.	außer Dienst
Abt.	Abteilung
Adm.	Admiral
AF	Artilleriefährprahm
Agru-Front	Technische Ausbildungsgruppe für Front U-Boote
Ar	Arado
Art.	Artillerie
Ars.	Arsenal
Art.	Artillerie
Asto.	Admiralstabsoffizier
AT	Artillerieträger
B	Breite (geographische)
b	Breite
B.d.Sich.	Befehlshaber der Sicherungsstreitkräfte
Batr.	Batterie
Bb.	Backbord
Bde.	Bände
BDVP	Bezirksdirektion der Deutschen Volkspolizei
Bes.	Besatzung
Bew.	Bewaffnung
BRD	Bundesrepublik Deutschland
BRT	Bruttoregistertonne
Btsm.	Bootsmann
BV	Blohm & Voss
cm	Zentimeter
d.R.	der Reserve
DDR	Deutsche Demokratische Republik
DGzRS	Deutsche Gesellschaft zur Rettung Schiffbrüchiger
DHI	Deutsches Hydrographisches Institut
Div.	Division
Do	Dornier
F.d.U.	Führer der U-Boote
F.d.U.-Ausb.	Führer der U-Boot-Ausbildungsflottillen
F.d.Z.	Führer der Zerstörer
F.Kapt.	Fregattenkapitän
Fhr.z.S.	Fähnrich zur See
Fk.Mt.	Funkmaat
Fk.Ob.Gefr.	Funkobergefreiter
Fk.Ob Mt.	Funkobermaat
Fl.	Flottille
Fl.B.	Flugbetriebsboot
Flak	Flugabwehrkanone
FliBo	Fliegerbombe(n)
Flo.-Chef	Flottillenchef
FluKo	Flakgruppenkommando
FM	Funkmeß
Frhr.	Freiherr
FT	Funktelegramm(e)
Fw.	Feldwebel
g.Kdos.	geheime Kommandosache
Gefr.	Gefreiter
Gen.Mj.	Generalmajor
Gen.Lt.	Generalleutnant
Geschw.	Geschwindigkeit
Gr.	Gruppe
Gr. Adm.	Großadmiral
h	Stunde
He	Heinkel
HGr.	Heeresgruppe
HKL	Hauptkampflinie
HKS	Höheres Kommando der Schiffsartillerie-schulen
hm	Hektometer (1 hm = 100 m)
Hpt.Gefr.	Hauptgefreiter
Hptm.	Hauptmann
i.D.	in Dienst
Il	Iljuschin
Ins.	Insel
Ing.	Ingenieur
Jak	Jakowlew
Ju	Junkers
K.Adm.	Konteradmiral
K.Kapt.	Korvettenkapitän
K.Kapt.(M.A.)	Korvettenkapitän der Marineartillerie
K.L.A.	Kriegsschiffbaulehrabteilung
Kapt.	Kapitän
Kapt.(Ing.)	Kapitän Ingenieur
Kapt.z.S.	Kapitän zur See
kbl.	Kabellänge (185,2 m)
KdF	Kraft durch Freude (NS-Freizeitorganisation)
Kdo.	Kommando
Kdr.	Kommandeur
KFK	Kriegsfischkutter
kg	Kilogramm
KGr.	Kampfgruppe
KLV	Kinderlandverschickung
KM	Kriegsmarine
km	Kilometer
Kmdt.	Kommandant
Kom.Adm.	Kommandierender Admiral
Kptlt.	Kapitänleutnant
Kptlt.(Ing.)	Kapitänleutnant Ing.
Kr.O.	Kriegsoffizier
KTB	Kriegstagebuch
Kümo	Küstenmotorschiff
KZ	Konzentrationslager
L	Länge (geographische)
l	Länge (m)
lb.	Libs (435,59 g)
Ldgs.Pi.Br.Kp.	Landungspionierbrückenkompanie
Le.M.A.A.	Leichte Marineartillerieabteilung
LI	Leitender Ingenieur

LKW	Lastkraftwagen
Lt.	Leutnant
Lt.(Ing.)	Leutnant Ing.
Ltr.	Leiter
LW	Luftwaffe
LZ	Lazarettschiff
M	Minenräumboot
m	Meter
M-Flak	Marineflak
M.A.	Mittlere Artillerie
M.Fl.A.	Marineflakabteilung
M.Fla.A	Marineflakabteilung
M.Ob.StArzt	Marineoberstabsarzt
M/S	Motorschiff
M/T	Motortanker
MAL	Marineartillerieleichter
Masch.	Maschine
Masch.Gefr.	Maschinengefreiter
Maureb.	Marineausrüstungs- und Reparaturbetrieb
Me	Messerschmitt
Mech.Mt.	Mechanikermaat
MEZ	Mitteleuropäische Zeit
Mfk	Motorfischkutter
Mfl	Motorfischlogger
MFP	Marinefährprahm(e)
Min.	Minuten
MOK	Marineoberkommando
MS	Minenschiff
MS-Fl.	Minensuchflottille
Mstr.	Meister
Mt.	Maat
Mtr.	Matrose
Mtr.Ob.Gefr.	Matrosenobergefreiter
N	Nord(en)
NS	Nationalsozialismus
NW	Nordwest(en)
O	Ost(en)
o.J.	ohne Jahr
O.T.	Organisation Todt
OB	Oberbefehlshaber
OB d.M.	Oberbefehlshaber der Marine
Ob.Fhr.z.S.	Oberfähnrich zur See
Ob.Gefr.	Obergefreiter
Ob.Masch.	Obermaschinist
Ob.Masch.Mt.	Obermaschinenmaat
Ob.Mt.	Obermaat
Ob.Strm.Mt.	Obersteuermannsmaat
Oblt.(Ing.)	Oberleutnant Ing.
Oblt.z.S.	Oberleutnant zur See
Offz.	Offizier
OKH	Oberkommando des Heeres
OKM	Oberkommando der Kriegsmarine
OKW	Oberkommando der Wehrmacht
Pg	Parteigenosse
PS	Pferdestärke (Leistung / 1 PS = 735,5 W)
Pz.Fst.	Panzerfaust
qm	Quadratmeter
R	Reichsstraße
R-Boot	Räumboot
Reg.	Regiment
Reiko See	Reichskommissar für die Seeschiffahrt
Rep.	Reparatur
S	Süd(en)
S-Boot	Schnellboot
S-Fl.	Schnellbootflottille
S-Flak	schwere Flak
S.Ari.	Schwere Artillerie
S.St.A.	Schiffstammabteilung
SAGr.	Seeaufklärungsgruppe
San.Mt.	Sanitätsmaat
SAT	Schwerer Artillerieträger
SBK	Seenotbereichskommando
Seeko	Seekommandant
Seetra	Seetransport, Kurzbez. für Schiffahrtsabteilung
SG	Seegebiet
SHAEF	Alliiertes Oberkommando
Sich.Div.	Sicherungsdivision
Sk	schwerer Kreuzer
Skl.	Seekriegsleitung
sm	Seemeile (1 sm = 1852 m)
sm/h	Seemeilen pro Stunde
SNGr.	Seenotgruppe
sowj.	sowjetische(n)
Spbr.-Fl.	Sperrbrecherflottille
SprBo	Sprengbomben
SSS	Segelschulschiff
St.Ob.Masch.	Stabsobermaschinist
St.Ob.Strm.	Stabsobersteuermann
Stalag	Stammlager
Stb.	Steuerbord
Stellv.	Stellvertreter
Strm.	Steuermann
SU	Sowjetunion
T	Torpedoboot
T	Tiefgang
t	Zeit
t	Tonne (Gewichtsmaß)
T-Fl.	Torpedobootsflottille
TN	Technische Nothilfe
Tn.	Tonne (Fahrwasserboje)
U-Fl.	U-Boot-Flottille
U-Torp.	Von einem U-Boot abgeschossener Torpedo
U.A.A.	Unterseebootsausbildungsabteilung
U.L.D.	Unterseebootlehrdivision
UBA	U-Boot-Archiv
Uffz.	Unteroffizier
UJ	U-Boot-Jäger
UK	Ultrakurzwelle
USAAF	US-Air Force (amerikanische Luftwaffe)
V.Adm.	Vizeadmiral
VEB	Volkseigener Betrieb
Vert.Ber.	Verteidigungsbereich
Vert.Abschn.	Verteidigungsabschnitt
Verw.	Verwundeter
Verw.Mt.	Verwaltungsmaat
Vp.	Vorpostenboot
Vp.-Fl.	Vorpostenflottille
Vs	Vorpostensicherungsboot
VTS	Verwundetentransporter
(W)	Waffenoffizier

Literaturverzeichnis

Autorenkollektiv: Stadtbilder aus Demmin, Leipzig 1993.

Born, Karl: Rettung zwischen den Fronten, Hamburg 1995.

Brustat-Naval, Fritz: Unternehmen Rettung, 4. Aufl., Herford 1985.

Buske, Norbert: Das Kriegsende in Demmin 1945, Schwerin 1995.

Dobson, Christopher / Miller, John / Payne, Ronald: Die Versenkung der »Wilhelm Gustloff«, Berlin 1995.

Fredmann, Ernst: Sie kamen übers Meer. Die größte Rettungsaktion der Geschichte, Köln 1971.

Frhr. von Ledebur, Gerhard: Die Räumung von Seeminen in den Gewässern von Nord-, West-Osteuropa nach 1945. In: Marine-Rundschau 67 (1970) 5, S. 273–282.

Groehler, Olaf: Kampf um die Luftherrschaft, Berlin (Ost) 1988.

Gröner, Erich / Jung, Dieter / Maas, Martin: Die deutschen Kriegsschiffe. 8 Bde., München/Koblenz/Bonn 1982–1993.

Grube, Frank / Richter, Gerhard: Flucht und Vertreibung. Deutschland zwischen 1944 und 1947, Hamburg 1980.

Knütter, H. H.: Das Kriegsende in Stralsund und Rügen. Recklinghausen 1986.

Köhl, Fritz: Vom Original zum Modell: Uboottyp XXI, Koblenz 1989.

Koopmann, Herbert: Lotfernrohr 7B, C, C/D und D. In: »Luft und See« Nachrichtenblatt 2/1995, S. 126–130.

Kugler, Randolf: Das Landungswesen in Deutschland seit 1900, Berlin 1989.

Lange, Wilhelm: *Cap Arcona* – Dokumentation, Eutin 1988.

Lohmann, Walter / Hildebrand, Hans-H.: Die deutsche Kriegsmarine 1939–1945, Bad Nauheim 1956.

Lüdde-Neurath, Walter: Regierung Dönitz – Die letzten Tage des Dritten Reiches, Göttingen 1950.

Mehner, Kurt: Die geheimen Tagesberichte der deutschen Wehrmachtführung im Zweiten Weltkrieg 1939–1945, Band 12: 1. Januar 1945 – 9. Mai 1945, Osnabrück 1984.

Meyer, Hans-Jürgen: Blinkzeichen am Rügendamm, Berlin (Ost) 1975.

Müller, Wolfgang: Die Stunde Null – Kriegsende und Neubeginn im Küstenabschnitt der heutigen DDR. In: Jahrbuch der Schiffahrt 1985, S. 6–15, Berlin (Ost) 1984.

Müller, Wolfgang / Kramer, Reinhard: Gesunken und verschollen. Menschen- und Schiffsschicksale Ostsee 1945, Herford 1994.

Quadt, Heinz-Gerhard: DEMMIN wie es früher war, Gudensberg-Gleichen 1993.

Pfefferle, Ernst: Kameraden zur See. Blaue Jungs erzählen, 11 Bde., Altmannstein 1985–1995.

Prager, Hans Georg: Panzerschiff *Deutschland,* Schwerer Kreuzer *Lützow,* Herford 1981.

Rauschert, Manfred: SPRENGKOMMANDOS. Geschichte der Blindgängerbeseitigung, Stuttgart 1980.

Rothe, Claus: Deutsche Ozean-Passagierschiffe 1919 bis 1985, Berlin 1987.

Rohwer, Jürgen: Der Krieg zur See 1939–1945, Gräfeling 1992.

Schön, Heinz: Die letzten Kriegstage, Ostseehäfen 1945, Stuttgart 1995.

Schön, Heinz: Flucht über die Ostsee 1944/45 im Bild, Stuttgart 1990.

Schulz, Wilhelm: Über dem nassen Abgrund. Als Kommandant und Flottillenchef im U-Boot-Krieg, Herford 1994.

Strobel, Dietrich / Dame, Günter: Schiffbau zwischen Elbe und Oder, Herford, 1993.

Thamm, Wolfgang: Feuerwerker im Einsatz. Die Kampfmittelbeseitigung in der Bundesrepublik Deutschland 1945–1993, Osnabrück 1995.

Dank des Verfassers

Die Darlegungen im Buch stützen sich neben Archivunterlagen und bisherigen Veröffentlichungen vorwiegend auf die Aussagen und sachdienlichen Hinweise von Zeitzeugen. Sie, die diesen Abschnitt der Geschichte miterlebt haben, machten es mir erst möglich, dieses Buch zu schreiben.
Das im Buch verwendete Bildmaterial stützt sich vorwiegend auf Privatfotos, die oftmals von den Kriegsteilnehmern zur Erinnerung selbst aufgenommen wurden. So war es auch möglich in persönlichen Gesprächen oder im Schriftverkehr das Bildmaterial korrekt zu beschriften.
Für die besondere Unterstützung und freundliche Hilfe möchte ich mich bei nachstehend genannten Zeitzeugen besonders bedanken. Wer ungenannt geblieben ist, dem danke ich und bitte herzlichst um Verständnis.

Awe, Fritz	Fürth;
Behrens, Werner	Demmin;
Belde, Günther	Köln;
Bessel, Joachim	Travemünde;
Born, Karl	Oldenburg;
Braatz, Rudolf	Insum;
Bruelheide, Ernst	Dortmund;
Clement, Günter	Hamburg;
Duske, Siegfried	Bamberg;
Drewelow, K.-Heinz	Elmshorn;
Frhr. v. Luttitz, Horst	Gut Niederaltenburg;
Gallas, Wilhelm	Minden;
Ganzert, Hans-Joachim	Eisenach;
Gilardoni, Günter	Magdeburg;
Goldschalt, Rudolf	Grassau;
Gomm, Georg	Bottrop;
Goroncy, Günther	Hamburg;
Grote, Otto	Bremen;
Güth, Rudolf	Bad Wörishofen;
Hartmann, Gerhard	Rostock;
Haun, Oswald	Bingen;
Herrmann, Werner	Völklingen;
Heinze, Willi	Traunstein;
Horn, Heinz	Strasburg;
Ittner,Sepp	Augsburg;
Iwanow, M. F.	Pskow/Rußland;
Jäger, Karl	Ziegenrück;
Kahlert, Reinhard	Althagen;
Klemusch, Wolfgang	Bonn;
Kneter, Günter	Bremen;
Knop, Hans	Wunstorf,
Kolling, Peter	Neuhütten;
Krause, Erwin	Gettorf;
Krogmann, Erwin	Hamburg;
Kugler, Randolf	Speyer;
Kunze, Gerhard	Fürstenwalde;
Kutscher, Elli	Stralsund;
Kühn, Walter	Hamburg;
Lambrecht, Walter	Kamen;
Lange, Hans	Radeberg;
Mattern, Gustav	Bonn;
Marten, Karl-Heinz, Dr.	Wolfsburg;
Masberg, W., Dr.	Hamburg;
Meyer, Hans-Jürgen	Rostock;
Misch, Joachim (†)	Travemünde;
Müller, Wilhelm	Bergen;
Müller, Meta	Stralsund;
Moll, Jürgen, Prof.	Bremen;
Möller, Heinrich	Bansin;
Nachtigall, Otto-H.	Dortmund;
Nickisch, Wilhelm	Waiblingen-Hegnach;
Peters, Joachim	Warnemünde;
Prause, Willy	Krefeld-Traar;
Quadt, Heinz-Gerhard	Demmin;
Richter, Jürgen	Schwerin;
Reiher, Georg	Stralsund;
Schadewaldt, Hans, Prof. Dr.	Düsseldorf;
Schatz, Erwin, Dr.	Klagenfurt/Österreich;
Schneider, Gerd-Dietrich	Bremerhaven;
Schrader, Hans-Frido, Dr.	Lörrach;
Schulz, Otto	Stralsund;
Schulz, Eleonore	Hamburg;
Schubert, Gerhard	Greifswald;
Schütt, Gustav	Norderney;
Seifert, Gerhard	Schwerin;
Springmann, Günter	Ueckermünde;
Strelow, Kurt	Wolfenbüttel;
Tornow, Elsbeth	Stralsund;
Trings, Rudi	Neubrandenburg;
Voss, Dietrich	Stralsund;
Vöge, Ulrich	Reinbek;
Wamers, Otto	Bochum;
Wentler, Hans	Langballingholz;
Werzner, Gerhard	Saßnitz;

Im weiteren bedanke ich mich für die Unterstützung bei:
Verlagsgruppe Koehler/Mittler, Hamburg;
Archiv Volkswerft GmbH, Stralsund;
Archiv des Bundesamtes für Schiffahrt und Hydrographie (ehem. DHI/BRD, Hamburg und SHD/DDR, Rostock);
Archiv der Hansestadt Stralsund;
Archiv der Stralsunder Hafen- und Lagerhaus GmbH, Stralsund;
Bundesarchiv Koblenz;
Stadtarchiv Rostock;
Marinemuseum Dänholm, Stralsund;
U-Boot-Archiv, Cuxhaven;
Wehrmuseum Bornholm, Rönne;

Förderlich und hilfreich unterstützten mich:

Andrae, Fritz	Stralsund;
Bredow, Horst	Cuxhaven;
Csallner, Heinz	Frankfurt/Main;
Daberkow, Egon	Zingst;
Grunert, Manfred	Rostock;
Israel, Ulrich	Potsdam;
Jung, Dieter, Dr.	Berlin;
Karfik, Franz, Dr.	Stralsund;
Kinaß, Alfred (†)	Lauterbach;
Köhl, Fritz	Winterthur/Schweiz;
Kramer, Reinhard	Rostock;
Kraninger, Bernd	Karlshagen;
Lindberg, Lennart	Stockholm/Schweden;
Maringer, Peter	Hamburg;
Möller, Ulrich	Kirchdorf;
Nahrendorf, Rolf, Dr.	Stralsund;
Pfefferle, Ernst	Schwabstetten;
Prager, Hans Georg	Hamburg;
Prühsing, Helmut	Lauterbach;
Rieve, Hans-Otto	Altenholz;
Rohwer, Jürgen, Prof. Dr.	Weinstadt;
Rothe, Claus	Berlin;
Siereck, Joachim, Dr.	Bad Soden;
Skaarup, Jens C.	Rönne/Dänemark;
Strobel, Dietrich	Rostock;
Surbier, Friedrich	Travemünde;
Theuerkauf, Heiner	Stralsund;
Trepping, Klaus	Stralsund;
Wentzel, Hans-Günther	Brinkum;
Zschiesche, Eckahard	Usedom;

Für ergänzende Hinweise jeglicher Art bin ich jederzeit dankbar.
Meine Anschrift lautet:
Wolfgang Müller, Heinrich-von-Stephan-Straße 45, 18435 Stralsund, Tel.: 0 38 31/38 05 70

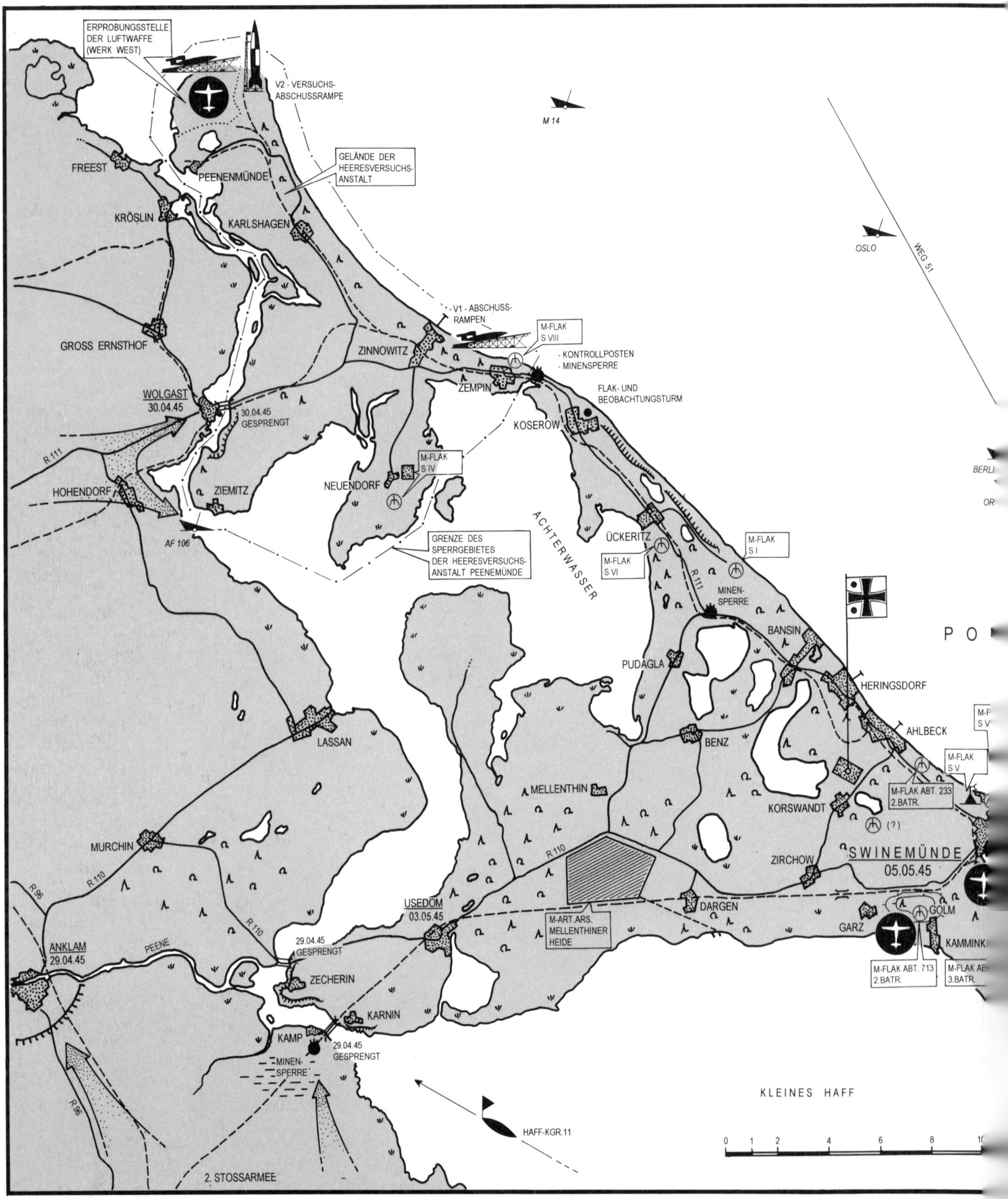
ERPROBUNGSSTELLE DER LUFTWAFFE (WERK WEST)
V2 - VERSUCHS-ABSCHUSSRAMPE
M 14
FREEST
PEENEMÜNDE
GELÄNDE DER HEERESVERSUCHS-ANSTALT
KRÖSLIN
KARLSHAGEN
OSLO
WEG 51
V1 - ABSCHUSS-RAMPEN
M-FLAK S VIII
GROSS ERNSTHOF
ZINNOWITZ
- KONTROLLPOSTEN
- MINENSPERRE
ZEMPIN
FLAK- UND BEOBACHTUNGSTURM
WOLGAST 30.04.45
30.04.45 GESPRENGT
KOSEROW
M-FLAK S IV
R 111
NEUENDORF
HOHENDORF
ZIEMITZ
AF 106
ACHTERWASSER
GRENZE DES SPERRGEBIETES DER HEERESVERSUCHS-ANSTALT PEENEMÜNDE
ÜCKERITZ
M-FLAK S I
M-FLAK S VI
R 111
MINEN-SPERRE
BANSIN
PUDAGLA
HERINGSDORF
LASSAN
BENZ
AHLBECK
M-FLAK S V
MELLENTHIN
M-FLAK ABT. 233 2.BATR.
KORSWANDT
(?)
MURCHIN
R 110
SWINEMÜNDE 05.05.45
ZIRCHOW
R 96
R 110
USEDOM 03.05.45
DARGEN
GOLM
GARZ
M-ART.ARS. MELLENTHINER HEIDE
ANKLAM 29.04.45
PEENE
R 110
29.04.45 GESPRENGT
ZECHERIN
M-FLAK ABT. 713 2.BATR.
M-FLAK AB 3.BATR.
KARNIN
KAMP
29.04.45 GESPRENGT
MINEN-SPERRE
KLEINES HAFF
R 96
HAFF-KGR.11
0 1 2 4 6 8 10
2. STOSSARMEE